KOSSMANN 1990

LE PETIT

BUFFON

LE PETIT
BUFFON
ILLUSTRÉ

HISTOIRE ET DESCRIPTION DES ANIMAUX

EXTRAITE DES ŒUVRES

DE BUFFON ET DE LACÉPÈDE

NOMBREUSES VIGNETTES

GRAVÉES PAR LES MEILLEURS ARTISTES

D'APRÈS LES DESSINS DE FREEMAN, MASSIEU, ETC.

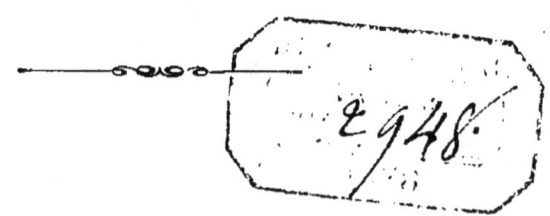

PARIS

GARNIER FRÈRES, LIBRAIRES-ÉDITEURS

6, RUE DES SAINTS-PÈRES, 6.

1878

CLICHY. — Impr. PAUL DUPONT, 12, rue du Bac-d'Asnières.

L'HOMME.

SA SUPÉRIORITÉ SUR LES ANIMAUX.

Le plus stupide des hommes suffit pour conduire le plus spirituel des animaux; il le commande et le fait servir à ses usages, et c'est moins par force et par adresse que par supériorité de nature, et parce qu'il a un projet raisonné, un ordre d'actions et une suite de moyens par lesquels il contraint l'animal à lui obéir; car nous ne voyons pas que les animaux qui sont plus forts et plus adroits commandent aux autres et les fassent servir à leur usage : les plus forts mangent les plus faibles, mais cette action ne suppose qu'un besoin, un appétit, qualités fort différentes de celle qui peut produire une suite d'actions dirigées vers le même but. Si les animaux étaient doués de cette faculté, n'en verrions-nous pas quelques-uns prendre l'empire sur les autres et les obliger à leur chercher la nourriture, à les veiller, à les garder, à les soulager lorsqu'ils sont malades ou blessés ? Or il n'y a parmi tous les animaux aucune remarque de subordination, aucune apparence que quelqu'un d'entre eux connaisse ou sente la supériorité de sa nature sur celle des autres ; par conséquent on doit penser qu'ils sont en effet tous de même nature, et en même temps on doit conclure que celle de l'homme est non-seulement fort au-dessus de celle de l'animal, mais qu'elle est aussi tout à fait différente.

L'homme rend par un signe extérieur ce qui se passe au-dedans de lui ; il communique sa pensée par la parole : ce signe est commun à toute l'espèce humaine. L'homme sauvage parle comme l'homme policé, et tous deux parlent naturellement, et parlent pour se faire entendre ; aucun des animaux n'a ce signe de la pensée : ce n'est pas, comme on le croit communément, faute d'organes. La langue du singe a paru aux anatomistes aussi parfaite que celle de l'homme ; le singe parlerait donc, s'il pensait ; si l'ordre de ses pensées avait quelque chose de commun avec les nôtres, il parlerait notre langue, et en supposant qu'il n'eût que des pensées de singe, il parlerait aux autres singes ; mais on ne les a jamais vus s'entretenir ou discourir ensemble ; ils n'ont donc pas la pensée, même au plus petit degré.

Il est si vrai que ce n'est pas faute d'organes que les animaux ne parlent pas, qu'on en connaît de plusieurs espèces auxquels on apprend à prononcer des mots et même à répéter des phrases assez longues, et peut-être y en aurait-il un grand nombre d'autres auxquels on pourrait, si l'on voulait s'en donner la peine, faire articuler quelques sons ; mais jamais on est parvenu à leur faire naître l'idée que ces mots expriment ; ils semblent ne les répéter, même ne les articuler, que comme un écho ou une machine artificielle les répéterait ou les articulerait : ce ne sont pas les puissances mécaniques ou les organes matériels, mais c'est la puissance intellectuelle, c'est la pensée qui leur manque.

S'ils étaient doués de la puissance de réfléchir, ils seraient capables de quelque espèce de progrès, ils acquerraient plus d'industrie ; les castors d'aujourd'hui bâtiraient avec plus d'art et de solidité que ne bâtissaient les premiers castors, l'abeille perfectionnerait encore tous les jours la cellule qu'elle habite.

D'où peut venir cette uniformité dans tous les ouvrages des animaux ? pourquoi chaque espèce ne fait-elle jamais que la même chose, de la même façon, et pourquoi chaque individu ne la fait-il mieux ni plus mal qu'un autre individu ? S'ils avaient la moindre étincelle de la lumière qui nous éclaire, on trouverait au moins de la variété si l'on ne voyait pas de la perfection dans leurs ouvrages.

Pourquoi mettons-nous au-contraire tant de diversité et de variété dans nos productions et dans nos ouvrages ? C'est parce que notre âme est à nous, qu'elle est indépendante de celle d'un autre, que nous n'avons rien de commun avec notre espèce que la matière de notre corps, et que ce n'est en effet que par les dernières de nos facultés que nous ressemblons aux animaux.

En voilà plus qu'il n'en faut pour nous démontrer l'excellence de notre nature et la distance immense que la bonté du Créateur a mise entre l'homme et la bête. L'homme est un être raisonnable, l'animal est un être sans raison ; et comme il n'y a point d'êtres intermédiaires entre l'être raisonnable et l'être sans raison, il est évident que l'homme est d'une nature entièrement différente de celle de l'animal, qui ne lui ressemble que par l'extérieur, et que le juger par cette ressemblance matérielle, c'est se laisser tromper par l'apparence et fermer volontairement les yeux à la lumière qui doit nous la faire distinguer de la réalité.

QUADRUPÈDES.

ANIMAUX DOMESTIQUES.

'homme force les animaux à lui obéir et les fait servir à son usage : son empire sur eux est un empire légitime qu'aucune révolution ne peut flétrir; c'est l'empire de l'esprit sur la matière, c'est non-seulement un droit de nature, un pouvoir fondé sur des lois inaltérables, mais c'est encore un don de Dieu, par lequel l'homme peut reconnaître à tout instant l'excellence de son être. Car ce n'est pas parce qu'il est le plus parfait, le plus fort ou le plus adroit des animaux qu'il leur commande : s'il n'était que le premier du même ordre, les seconds se réuniraient par lui disputer l'empire; mais c'est par la supériorité de nature que l'homme règne et commande : il pense, et dès lors il est maître des êtres qui ne pensent point.

Il est maître des corps bruts, qui ne peuvent opposer à sa volonté qu'une lourde résistance ou qu'une inflexible dureté, que sa main sait toujours surmonter et vaincre en les faisant agir les uns contre les autres; il est maître des végétaux que, par son industrie, il peut augmenter, diminuer, renouveler, dénaturer, détruire ou multiplier à l'infini; il est maître des animaux, parce que non-seulement il a comme eux du mouvement et du sentiment, mais qu'il a de plus la lumière de la pensée, qu'il connaît les fins et les moyens, qu'il sait diriger ses actions, concerter ses opérations, mesurer ses mouvements, vaincre la force par l'esprit, et la vitesse par l'emploi du temps.

Cependant, parmi les animaux, les uns paraissent plus ou moins familiers, plus ou moins sauvages, plus ou moins doux, plus ou moins féroces. Que l'on compare la docilité et la soumission du chien avec la fierté et la férocité du tigre : l'un paraît être l'ami de l'homme, et l'autre son ennemi; son empire sur les animaux n'est donc pas absolu.

Mais le rayon divin dont l'homme est animé l'ennoblit et l'élève au-dessus de tous les êtres matériels; cette substance spirituelle, loin d'être sujette à la matière, a le droit de la faire obéir, et quoiqu'elle ne puisse pas commander à la nature entière, elle domine sur les êtres particuliers. Dieu, source unique de toute lumière et de toute intelligence, régit l'univers et les espèces entières avec une puissance infinie : l'homme qui n'a qu'un rayon de cette intelligence, n'a de même qu'une puissance limitée à de petites portions de matière, et n'est maître que des individus.

C'est donc par les talents de l'esprit, et non par la force et par les autres qualités de la matière, que l'homme a su subjuguer les animaux.

Lorsque avec le temps l'espèce humaine s'est étendue, multipliée, répandue, et qu'à la faveur des arts et de la société l'homme a pu marcher en force pour conquérir l'univers, il a fait reculer peu à peu les bêtes féroces, il a purgé la terre de ces animaux gigantesques dont nous trouvons encore les ossements énormes, il a détruit ou réduit à un petit nombre d'individus les espèces voraces et nuisibles, il a opposé les animaux aux animaux ; et subjuguant les uns par adresse, domptant les autres par la force, ou les écartant par le nombre et les attaquant tous par des moyens raisonnés, il est parvenu à se mettre en sûreté et à établir un empire qui n'est borné que par des lieux inaccessibles, les solitudes reculées, les sables brûlants, les montagnes glacées, les cavernes obscures, qui servent de retraites au petit nombre d'espèces d'animaux indomptables.

LE CHEVAL.

La plus noble conquête que l'homme ait jamais faite est celle de ce fier et fougueux animal qui partage avec lui les fatigues de la guerre et la gloire des combats : aussi intrépide que son maître, le cheval voit le péril et l'affronte, il se fait au bruit des armes, il l'aime, il le cherche et s'anime de la même ardeur. Il partage aussi ses plaisirs : à la chasse, aux tournois, à la course, il brille, il étincelle ; mais docile autant que courageux, il ne se laisse point emporter à son feu, il sait réprimer ses mouvements. Non-seulement il fléchit sous la main de celui qui le guide, mais il semble consulter ses désirs, et obéissant toujours aux impressions qu'il en reçoit, il se précipite, se modère ou s'arrête, et n'agit que pour y satisfaire. C'est une créature qui renonce à son être pour n'exister que par la volonté d'un autre, qui sait même la prévenir, qui par la promptitude et la précision de ses mouvements l'exprime et l'exécute, qui sent autant qu'on le désire, et ne rend qu'autant qu'on veut ; qui, se livrant sans réserve, ne se refuse à rien, sert de toutes ses forces, s'excède, et même meurt pour mieux obéir.

Les chevaux sont naturellement doux et très-disposés à se familiariser avec l'homme et à s'attacher à lui : aussi n'arrive-t-il jamais qu'aucun d'eux quitte nos maisons

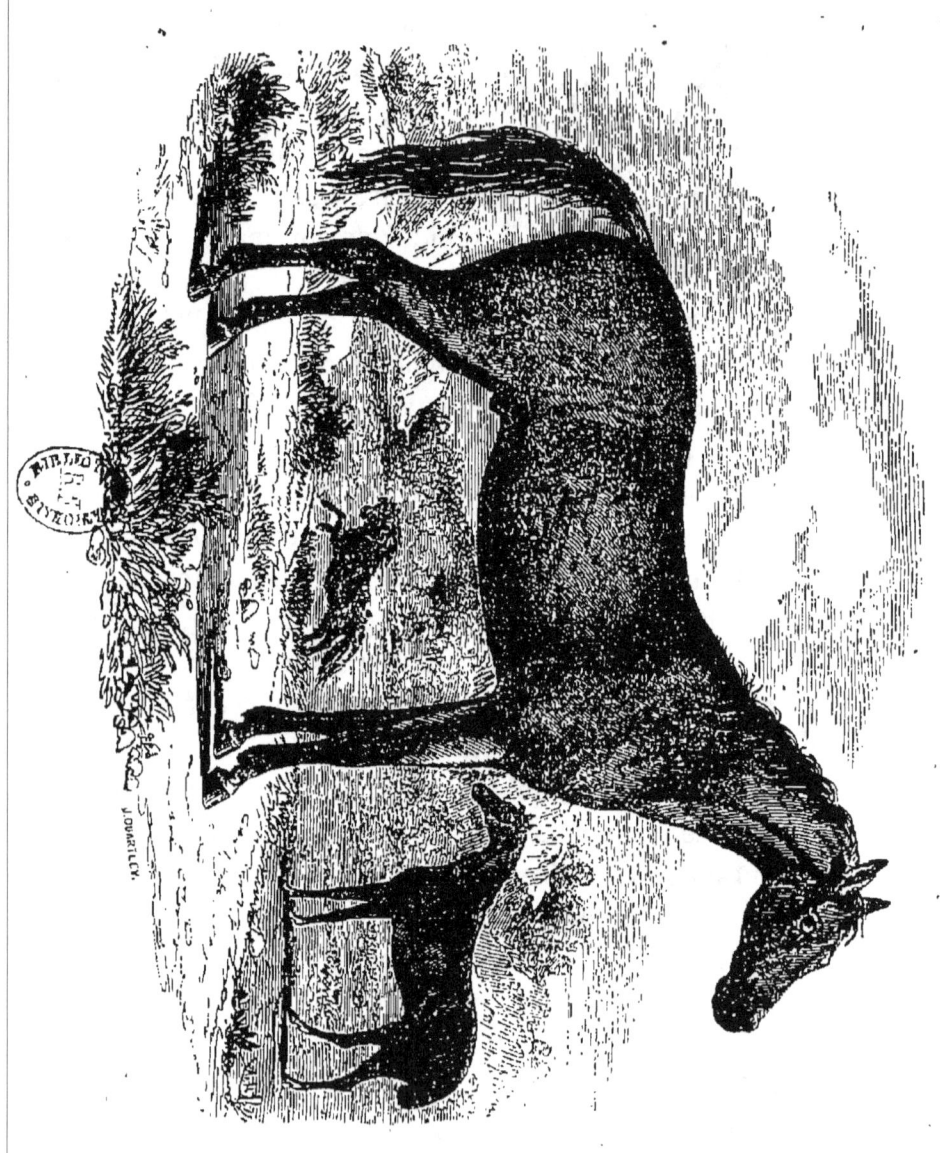

pour se retirer dans les forêts ou dans les déserts ; ils marquent au contraire beaucoup d'empressement pour revenir au gîte, où cependant ils ne trouvent qu'une nourriture grossière, toujours la même, et ordinairement mesurée sur l'économie beaucoup plus que sur leur appétit ; mais la douceur de l'habitude leur tient lieu de ce qu'ils perdent d'ailleurs. Après avoir été excédés de fatigue, le lieu du repos est un lieu de délices ; ils le sentent de loin, ils savent le reconnaître au milieu des plus grandes villes, et semblent préférer en tout l'esclavage à la liberté ; ils se font même une seconde nature des habitudes auxquelles on les a forcés ou soumis, puisqu'on a vu des chevaux abandonnés dans les bois hennir continuellement pour se faire entendre, accourir à la voix des hommes, et en même temps maigrir et dépérir en peu de temps, quoiqu'ils eussent abondamment de quoi varier leur nourriture et satisfaire leur appétit.

Le cheval est de tous les animaux celui qui, avec une grande taille, a le plus de proportion et d'élégance dans les parties de son corps. Le grand allongement des mâchoires est la principale cause de la différence entre la tête des quadrupèdes et celle de l'homme ; c'est aussi le caractère le plus ignoble de tous. Cependant, quoique les mâchoires du cheval soient fort allongées, il n'a pas, comme l'âne, un air d'imbécilité, ou de stupidité comme le bœuf ; la régularité des proportions de sa tête lui donne au contraire un air de légèreté qui est bien soutenu par la beauté de son encolure. Le cheval semble vouloir se mettre au-dessus de son état de quadrupède en élevant sa tête ; dans cette noble attitude il regarde l'homme face à face : ses yeux sont vifs et bien ouverts, ses oreilles sont bien faites et d'une juste grandeur, sans être courtes comme celles du taureau, ou trop longues comme celles de l'âne; sa crinière accompagne bien sa tête, orne son cou, et lui donne un air de force et de fierté ; sa queue traînante et touffue couvre et termine avantageusement l'extrémité de son corps. Bien différente de la courte queue du cerf, de l'éléphant, etc., et de la queue nue de l'âne, du chameau, du rhinocéros, etc., la queue du cheval est formée par des crins épais et longs qui semblent sortir de la croupe, parce que le tronçon dont il sortent est fort court; il ne peut relever sa queue comme le lion, mais elle lui sied mieux quoique abaissée : et comme il peut la mouvoir de côté, il s'en sert utilement pour chasser les mouches qui l'incommodent; car quoique sa peau soit très-ferme, et qu'elle soit garnie partout d'un poil épais et serré, elle est cependant très-sensible.

LE MULET.

Le mulet supporte mieux la fatigue et la faim que le cheval ; il est moins délicat sur le choix des aliments et moins maladif, il a le pied plus sûr et porte mieux les fardeaux ; aussi l'emploie-t-on de préférence dans les pays montagneux. Il est difficile de faire quitter au mulet la route qu'il veut suivre, et plus difficile encore de le faire marcher dans la compagnie des chevaux, pour lesquels il a une aversion extrême. La résistance qu'il oppose s'accroît d'ordinaire sous les coups qu'il reçoit, et se change en une colère terrible ; alors il se précipite sur l'imprudent qui a voulu le contraindre, et malheur à celui-ci ! car en pareil cas, ainsi que le dit un proverbe provençal : *Il n'y a pas de mulet qui ne tue son conducteur.*

L'Espagne, le Portugal, l'Italie et le midi de la France élèvent beaucoup de mulets qui sont très-utiles, grâce à leur vigueur et à la sûreté de leur marche, pour gravir les sentiers les plus escarpés à travers les montagnes. Quoique le mulet aime les pays chauds, il s'habitue aisément aux climats froids. Il vit, comme l'âne, environ trente ans, et n'est utile qu'à quatre ou cinq ans.

Il y a deux sortes de mulets : les uns, issus de l'âne et de la jument, sont les grands mulets ; les autres, issus du cheval et de l'ânesse, sont les petits, qui diffèrent beaucoup des premiers, et sont bien moins estimés.

L'ANE.

CONSIDÉRER cet animal, même avec des yeux attentifs et dans un assez grand détail, il paraît n'être qu'un cheval dégénéré : mais il ne laisse pas de différer matériellement du cheval par la petitesse de la taille, la grosseur de la tête, la longueur des oreilles, la dureté de la peau, la nudité de la queue, la forme de la croupe ; par la voix, l'appétit, la manière de boire, etc.

L'âne est donc un âne et n'est point un cheval dégénéré ; il a, comme tous les autres animaux, sa famille, son espèce et son rang ; son sang est pur, et quoique sa noblesse soit moins illustre, elle est tout aussi bonne, tout aussi ancienne que celle du cheval ; pourquoi donc tant de mépris pour cet animal si bon, si patient, si sobre, si utile ? Les hommes mépriseraient-ils jusque dans les animaux ceux qui les servent trop bien et à trop peu de frais ? On donne au cheval de l'éducation, on le soigne, on l'instruit, on l'exerce, tandis que l'âne, abandonné à la grossièreté du dernier des valets, ou à la malice des enfants, bien loin d'acquérir, ne peut que perdre par son éducation ; et s'il n'avait pas un grand fonds de bonnes qualités, il les perdrait, en effet, par la manière dont on le traite : il est le jouet, le plastron des rustres qui le conduisent le bâton à la main, qui le frappent, le surchargent, l'excèdent, sans précaution,

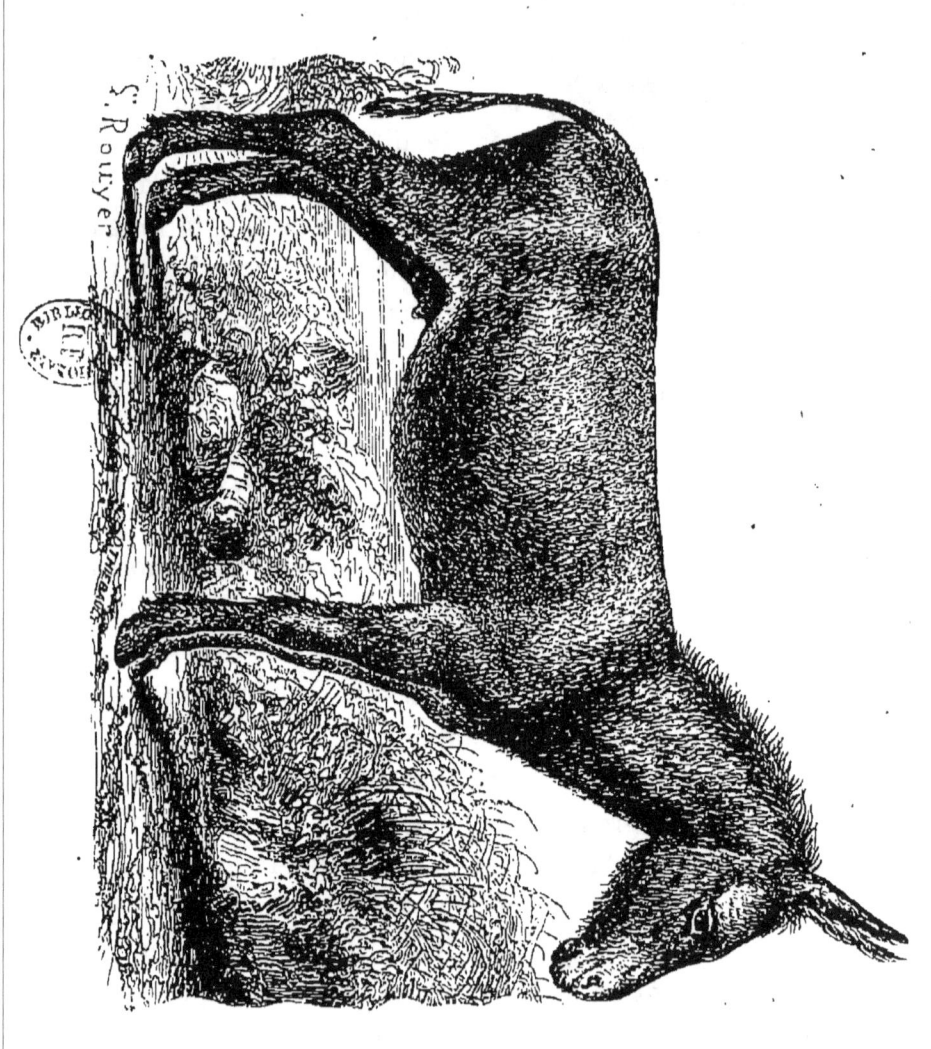

sans ménagements ; on ne fait pas attention que l'âne serait par lui-même, et pour nous, le premier, le plus beau, le mieux fait, le plus distingué des animaux, si dans le monde il n'y avait point de cheval ; il est le second au lieu d'être le premier, et par cela seul il semble n'être plus rien.

Il est de son naturel aussi humble, aussi patient, aussi tranquille que le cheval est fier, ardent, impétueux ; il souffre avec constance, et peut-être avec courage, les châtiments et les coups ; il est sobre et sur la quantité et sur la qualité de la nourriture : il se contente des herbes les plus dures, les plus désagréables, que le cheval et les autres animaux lui laissent et dédaignent ; il est fort délicat sur l'eau, il ne veut boire que de la plus claire et aux ruisseaux qui lui sont connus ; il boit aussi sobrement qu'il mange, et n'enfonce point du tout son nez dans l'eau par la peur que lui fait, dit-on, l'ombre de ses oreilles. Comme l'on ne prend pas la peine de l'étriller, il se roule souvent sur le gazon, sur les chardons, sur la fougère, et sans se soucier beaucoup de ce qu'on lui fait porter ; il se couche pour se rouler toutes les fois qu'il le peut, et semble par là reprocher à son maître le peu de soin qu'on prend de lui ; car il ne se vautre pas comme le cheval dans la fange et dans l'eau, il craint même de se mouiller les pieds, et se détourne pour éviter la boue ; aussi a-t-il la jambe plus sèche et plus nette que le cheval ; il est susceptible d'éducation, et l'on en a vu d'assez bien dressés pour faire curiosité de spectacle.

Dans la première jeunesse, il est gai, et même assez joli : il a de la légèreté et de la gentillesse ; mais il la perd bientôt, soit par l'âge, soit par les mauvais traitements, et il devient lent, indocile et têtu ; il a pour sa progéniture le plus fort attachement. Pline nous assure que lorsqu'on sépare la mère de son petit, elle passe à travers les flammes pour aller le rejoindre ; il s'attache aussi à son maître, quoiqu'il en soit ordinairement maltraité ; il le sent de loin et le distingue de tous les autres hommes ; il reconnaît aussi les lieux qu'il a coutume d'habiter, les chemins qu'il a fréquentés ; il a les yeux bons, l'odorat admirable, l'oreille excellente, ce qui a encore contribué à le faire mettre au nombre des animaux timides, qui ont tous, à ce qu'on prétend, l'ouïe très-fine et les oreilles longues. Lorsqu'on le surcharge, il le marque en inclinant la tête et baissant les oreilles ; lorsqu'on le tourmente trop, il ouvre la bouche et retire les lèvres d'une manière très-désagréable, ce qui lui donne l'air moqueur et dérisoire ; si on lui couvre les yeux, il reste immobile : et lorsqu'il est couché sur le côté, si on lui place la tête de manière que l'œil soit appuyé sur la terre, et qu'on couvre l'autre œil avec une pierre ou un morceau de bois, il restera dans cette situation sans faire un mouvement et sans se secouer pour se relever : il marche, il trotte et il galope comme le cheval, mais tous ses mouvements sont petits et beaucoup plus lents ; quoiqu'il puisse d'abord courir avec assez de vitesse, il ne peut fournir qu'une petite carrière pendant un petit espace de temps ; et, quelque allure qu'il prenne, si on le presse, il est bientôt rendu.

Le cheval hennit, l'âne brait, ce qui se fait par un grand cri très-long, très-désagréable. L'ânesse a la voix plus claire et plus perçante.

ANIMAUX DOMESTIQUES.

L'âne, qui comme le cheval est trois ou quatre ans à croître, vit aussi comme lui vingt-cinq ou trente ans.

Comme la peau de l'âne est très-dure et très-élastique, on l'emploie utilement à différents usages : on en fait des cribles, des tambours et de très-bons souliers ; on en fait du gros parchemin pour les tablettes de poche, que l'on enduit d'une couche légère de plâtre ; c'est aussi avec le cuir de l'âne que les Orientaux font le sagri, que nous appelons *chagrin*. Il y a apparence que les os, comme la peau de cet animal, sont aussi plus durs que les os des autres animaux, puisque les anciens en faisaient des flûtes, et qu'ils les trouvaient plus sonnants que tous les autres os.

L'âne est peut-être de tous les animaux celui qui, relativement à son volume, peut porter les plus grands poids ; et comme il ne coûte presque rien à nourrir, et qu'il ne demande, pour ainsi dire, aucun soin, il est d'une grande utilité à la campagne, au moulin, etc. Il peut aussi servir de monture ; toutes ses allures sont douces, et il bronche moins que le cheval ; on le met souvent à la charrue dans les pays où le terrain est léger.

LE BŒUF.

LE bœuf, le mouton et les autres animaux qui paissent l'herbe, non-seulement sont les meilleurs, les plus utiles, les plus précieux pour l'homme, puisqu'ils le nourrissent, mais sont encore ceux qui consomment et dépensent le moins; le bœuf surtout est à cet égard l'animal par l'excellence, car il rend à la terre tout autant qu'il en tire, et même améliore le fonds sur lequel il vit ; il engraisse son pâturage, au lieu que le cheval et la plupart des animaux amaigrissent en peu d'années les meilleures prairies.

Le bœuf ne convient pas autant que le cheval, l'âne, le chameau, etc., pour porter des fardeaux, la forme de son dos et de ses reins le démontre ; mais la grosseur de son cou et la largeur de ses épaules indiquent assez qu'il est propre à tirer et à porter le joug : c'est aussi de cette manière qu'il tire le plus avantageusement. Il semble avoir été fait exprès pour la charrue : la masse de son corps, la lenteur de ses mouvements, le peu de hauteur de ses jambes, tout, jusqu'à sa tranquillité et sa patience dans le travail, semble concourir à le rendre propre à la culture des champs, et plus capable qu'aucun autre de vaincre la résistance constante et toujours nouvelle que la terre oppose à ses efforts.

Dans les espèces d'animaux dont l'homme a fait des troupeaux et où la multiplication est l'objet principal, la femelle est plus nécessaire, plus utile que le mâle ; le produit de la vache est un bien qui croît et qui se renouvelle à chaque instant ; la chair du veau est une nourriture aussi abondante que saine et délicate, le lait est l'aliment des enfants, le beurre l'assaisonnement de la plupart de nos mets, le fromage la nourriture la plus ordinaire des habitants de la campagne.

On peut aussi faire servir la vache à la charrue, et quoiqu'elle ne soit pas aussi forte que le bœuf, elle ne laisse pas de le remplacer souvent ; mais lorsqu'on veut l'employer à cet usage, il faut avoir attention de l'assortir, autant qu'on le peut, avec un bœuf de sa taille et de sa force, ou avec une autre vache, afin de conserver l'égalité du trait et de maintenir le soc en équilibre entre ces deux puissances.

Le cheval mange nuit et jour, lentement, mais presque continuellement ; le bœuf au contraire mange vite et prend en assez peu de temps toute la nourriture qu'il lui faut, après quoi il cesse de manger et se couche pour ruminer. Cette différence vient de la différente conformation de l'estomac de ces animaux : le bœuf, dont les deux premiers estomacs ne forment qu'un même sac d'une très-grande capacité, peut sans inconvénient prendre à la fois beaucoup d'herbe et le remplir en peu de temps pour ruminer ensuite et digérer à loisir ; le cheval, qui n'a qu'un petit estomac, ne peut y recevoir qu'une petite quantité d'herbe et le remplir successivement à mesure qu'elle s'affaisse et qu'elle passe dans les intestins, où se fait principalement la décomposition de la nourriture.

La grande chaleur incommode ces animaux peut-être plus encore que le grand froid ; il faut pendant l'été les mener au travail dès la pointe du jour, les ramener à l'étable ou les laisser dans les bois pâturer à l'ombre pendant la grande chaleur, et ne les remettre à l'ouvrage qu'à trois ou quatre heures du soir ; au printemps, en hiver et en automne, on pourra les faire travailler sans interruption depuis huit ou neuf heures du matin jusqu'à cinq ou six heures du soir. Ils ne demandent pas autant de soin que les chevaux ; cependant, si l'on veut les entretenir sains et vigoureux, on ne peut guère se dispenser de les étriller tous les jours, de les laver, de leur graisser la corne des pieds, etc. ; il faut aussi les faire boire au moins deux fois par jour ; ils aiment l'eau nette et fraîche, au lieu que le cheval l'aime trouble et tiède.

La nourriture et le soin sont à peu près les mêmes et pour la vache et pour le bœuf; cependant la vache à lait exige des attentions particulières, tant pour la bien choisir que pour la bien conduire : on dit que les vaches noires sont celles qui donnent le meilleur lait, et que les blanches sont celles qui en donnent le plus; mais de quelque poil que soit la vache à lait, il faut qu'elle soit en bonne chair, qu'elle ait l'œil vif, la démarche légère, qu'elle soit jeune, et que son lait soit, s'il se peut, abondant et de bonne qualité. On la traira deux fois par jour en été et une fois seulement en hiver ; et si l'on veut augmenter la quantité du lait, il n'y aura qu'à la nourrir avec des aliments plus succulents que l'herbe.

En Irlande, en Angleterre, en Hollande, en Suisse et dans le Nord, on sale et on fume la chair du bœuf en grande quantité, soit pour l'usage de la marine, soit pour l'avantage du commerce ; il sort aussi de ces pays une grande quantité de cuirs : la peau du bœuf et même celle du veau servent, comme l'on sait, à une infinité d'usages ; la graisse est aussi une matière utile, on la mêle avec le suif du mouton ; le fumier du bœuf est le meilleur engrais pour les terres sèches et légères ; la corne de cet animal est le premier vaisseau dans lequel on ait bu, le premier instrument dans lequel on ait soufflé pour augmenter le son, le première matière transparente que l'on ait employée pour faire des vitres, des lanternes, et que l'on ait ramollie, travaillée, moulée pour faire des boîtes, des peignes et mille autres ouvrages.

LA BREBIS.

Si l'on fait attention à la faiblesse et à la stupidité de la brebis, si l'on considère en même temps que cet animal sans défense ne peut même trouver son salut dans la fuite, qu'il a pour ennemis tous les animaux carnassiers qui semblent le chercher de préférence et le dévorer par goût, que d'ailleurs cette espèce produit peu, que chaque individu ne vit que peu de temps, etc., on serait tenté d'imaginer que, dès les commencements, la brebis a été confiée à la garde de l'homme, qu'elle a eu besoin de sa protection pour subsister.

Il paraît donc que ce n'est que par notre secours et par nos soins que cette espèce a duré, dure, et pourra durer encore ; il paraît qu'elle ne subsisterait pas par elle-même. La brebis est absolument sans ressource et sans défense ; le bélier n'a que de faibles armes, son courage n'est qu'une pétulance inutile pour lui-même et incommode pour les autres ; les moutons sont encore plus timides que les brebis : c'est par crainte qu'ils se rassemblent si souvent en troupeaux ; le moindre bruit extraordinaire suffit pour qu'ils se précipitent et se serrent les uns contre les autres, et cette crainte est accompagnée de la plus grande stupidité, car il ne savent pas fuir le danger. Ils semblent même ne pas sentir l'incommodité de leur situation ; ils restent où ils se trouvent, à la pluie, à la nege, ils y demeurent opiniâtrément, et pour les obliger à changer de lieu et à prendre une route, il leur faut un chef qu'on instruit à marcher le premier, et dont ils suivent tous les mouvements pas à pas : ce chef demeurerait lui-même avec le reste du troupeau, sans

mouvement, dans la même place, s'il n'était chassé par le berger ou excité par le chien commis à leur garde, lequel sait, en effet, veiller à leur sûreté, les défendre, les diriger, les séparer, les rassembler et leur communiquer les mouvements qui leur manquent.

La brebis ne sait ni fuir, ni s'approcher ; quelque besoin qu'elle ait de secours, elle ne vient point à l'homme

2

aussi volontiers que la chèvre, et, ce qui dans les animaux paraît être le dernier degré de la timidité ou de l'insensibilité, elle se laisse enlever son agneau sans le défendre, sans s'irriter, sans résister et sans marquer sa douleur par un cri différent du bêlement ordinaire.

Mais cet animal, si chétif en lui-même, si dépourvu de sentiment, si dénué de qualités intérieures, est pour l'homme l'animal le plus précieux, celui dont l'utilité est la plus immédiate et la plus étendue : seul il peut suffire aux besoins de première nécessité ; il fournit tout à la fois de quoi se nourrir et se vêtir, sans compter les avantages particuliers que l'on sait tirer du suif, du lait, de la peau, et même des boyaux, des os et du fumier de cet animal, auquel il semble que la nature n'ait, pour ainsi dire, rien accordé en propre, rien donné que pour le rendre à l'homme.

Ces animaux, dont le naturel est si simple, sont aussi d'un tempérament très-faible; ils ne peuvent marcher longtemps, les voyages les affaiblissent et les exténuent; dès qu'ils courent, ils palpitent et sont bientôt essoufflés; la grande chaleur, l'ardeur du soleil les incommodent autant que l'humidité, le froid et la neige : ils sont sujets à grand nombre de maladies, dont la plupart sont contagieuses ; la surabondance de la graisse les fait quelquefois mourir, et toujours elle empêche les brebis de produire; elles mettent bas difficilement, et demandent plus de soin qu'aucun des autres animaux domestiques.

Tous les ans on fait la tonte de la laine des moutons, des brebis et des agneaux : dans les pays chauds, où l'on ne craint pas de mettre l'animal tout à fait nu, l'on ne coupe pas la laine, mais on l'arrache, et on fait souvent deux récoltes par an ; en France et dans les climats plus froids, on se contente de la couper une fois par an avec de grands ciseaux, et on laisse aux moutons une partie de leur toison, afin de les garantir de l'intempérie du climat. C'est au mois de mai que se fait cette opération, après les avoir bien lavés, afin de rendre la laine aussi nette qu'elle peut l'être : au mois d'avril il fait encore trop froid, et si l'on attendait les mois de juin et de juillet, la laine ne croîtrait pas assez pendant le reste de l'été pour les garantir du froid pendant l'hiver. La laine des moutons est ordinairement plus abondante et meilleure que celle des brebis. On préfère la laine blanche à la grise, à la brune, à la noire, parce que à la teinture elle peut prendre toutes sortes de couleurs : pour la qualité, la laine lisse vaut mieux que la laine crépue ; on prétend même que les moutons dont la laine est trop frisée ne se portent pas aussi bien que les autres. On peut encore tirer des moutons un avantage considérable en les faisant parquer, c'est-à-dire en les laissant séjourner sur les terres qu'on veut améliorer : il faut pour cela enclore le terrain et y renfermer le troupeau toutes les nuits pendant l'été : le fumier et la chaleur du corps de ces animaux ranimeront en peu de temps les terres épuisées, ou froides et infertiles ; cent moutons amélioreront, en un été, huit arpents de terre pour six ans.

Le goût de la chair du mouton, la finesse de la laine, la quantité du suif, et même la grandeur et la grosseur du corps de ces animaux, varient beaucoup suivant les différents pays. Les animaux à longue et large queue, qui sont communs en Afrique et en Asie, et auxquels les voyageurs ont donné le nom de moutons de Barbarie, paraissent être d'une espèce différente de nos moutons, aussi bien que la vigogne et le lama d'Afrique.

Comme la laine blanche est plus estimée que la noire, on détruit presque partout avec soin les agneaux noirs ou tachés; cependant il y a des endroits où presque toutes les brebis sont noires, et partout on voit souvent naître d'un bélier blanc et d'une brebis blanche des agneaux noirs.

LA CHÈVRE.

 I l'espèce de la brebis venait à nous manquer, celle de la chèvre pourrait y suppléer. La chèvre fournit du lait comme la brebis, et même en plus grande abondance ; elle donne aussi du suif en quantité ; son poil, quoique plus rude que la laine, sert à faire de très-bonnes étoffes ; sa peau vaut mieux que celle du mouton ; la chair du chevreau approche assez de celle de l'agneau, etc.

2.

La chèvre est une espèce distincte, et peut-être encore plus éloignée de celle de la brebis que l'espèce de l'âne ne l'est de celle du cheval.

La chèvre a de sa nature plus de sentiment et de ressource que la brebis; elle vient à l'homme volontiers, elle se familiarise aisément, elle est sensible aux caresses et capable d'attachement; elle est aussi plus forte, plus légère, plus agile et moins timide que la brebis; elle est vive, capricieuse et vagabonde. Ce n'est qu'avec peine qu'on la conduit et qu'on peut la réduire en troupeau : elle aime à s'écarter dans les solitudes, à grimper sur les lieux escarpés, à se placer, et même à dormir sur la pointe des rochers et sur le bord des précipices, elle produit de très-bonne heure; elle est robuste, aisée à nourrir; presque toutes les herbes lui sont bonnes, et il y en a peu qui l'incommodent; elle ne craint pas, comme la brebis, la trop grande chaleur; elle dort au soleil, et s'expose volontiers à ses rayons les plus vifs sans être incommodée, et sans que cette ardeur lui cause ni étourdissements, ni vertiges; elle ne s'effraye point des orages, ne s'impatiente pas à la pluie, mais elle paraît être sensible à la rigueur du froid. L'inconstance de son naturel se marque par l'irrégularité de ses actions; elle marche, elle s'arrête, elle court, elle bondit, elle saute, s'approche, s'éloigne, se montre, se cache ou fuit, comme par caprice et sans autre cause déterminante que celle de la vivacité bizarre de son sentiment intérieur.

On a des preuves que ces animaux sont naturellement amis de l'homme, et que dans les lieux inhabités ils ne deviennent point sauvages.

Lorsqu'on conduit les chèvres avec les moutons, elles

ne restent pas à leur suite, elles précèdent toujours le
troupeau ; il vaut mieux les mener séparément paître sur
les collines. Elles aiment les lieux élevés et les montagnes, même les plus escarpées; elles trouvent autant de
nourriture qu'il leur en faut, dans les bruyères, dans les
friches, dans les terrains incultes et dans les terres stériles. Il faut les éloigner des endroits cultivés, les empêcher d'entrer dans les blés, dans les vignes, dans les bois ;
elles font un grand dégât dans les taillis : les arbres dont
elles broutent avec avidité les jeunes pousses et les
écorces tendres périssent presque tous. Elles craignent
les lieux humides, les prairies marécageuses, les pâturages gras : on en élève rarement dans les pays de plaines ; elles s'y portent mal, et leur chair est de mauvaise
qualité. Dans la plupart des climats chauds, l'on nourrit
des chèvres en grande quantité, et on ne leur donne point
d'étable : en France, elles périraient si on ne les mettait pas à l'abri pendant l'hiver. On peut se dispenser de
leur donner de la litière en été, mais il leur en faut pendant l'hiver ; et comme toute humidité les incommode
beaucoup, on ne les laisse pas coucher sur leur fumier,
et on leur donne souvent de la litière fraîche. On les fait
sortir de grand matin pour les mener aux champs ; l'herbe
chargée de rosée, qui n'est pas bonne pour les moutons,
fait grand bien aux chèvres. Comme elles sont indociles
et vagabondes, un homme, quelque robuste et quelque
agile qu'il soit, n'en peut guère conduire que cinquante.

Ces animaux, qui ne coûtent presque rien à nourrir,
ne laissent pas de faire un produit assez considérable ;
on en vend la chair, le suif, le poil et la peau. Leur lait

est plus sain et meilleur que celui de la brebis ; il est d'usage dans la médecine, il se caille aisément, et l'on en fait de très-bons fromages.

LE COCHON, LE COCHON DE SIAM ET LE SANGLIER.

Nous mettons ensemble le cochon, le cochon de Siam et le sanglier, parce que tous trois ne font qu'une seule et même espèce ; l'un est l'animal sauvage, les deux autres sont l'animal domestique.

De tous les quadrupèdes, le cochon paraît être l'animal le plus brut : les imperfections de la forme semblent influer sur le naturel ; toutes ses habitudes sont grossières, tous ses goûts sont immondes, toutes ses sensations se réduisent à une gourmandise brutale, qui lui fait dévorer indistinctement tout ce qui se présente, et même sa progéniture au moment qu'elle vient de naître. Sa voracité dépend apparemment du besoin continuel qu'il a de remplir la grande capacité de son estomac ; et la grossièreté de ses appétits, de l'hébétation du sens du goût et du toucher. La rudesse du poil, la dureté de la peau, l'épaisseur de la graisse, rendent ces animaux peu sensibles aux

coups : l'on a vu des souris se loger sur leur dos et leur manger le lard et la peau sans qu'ils parussent le sentir. Ils ont donc le toucher fort obtus, et le goût aussi grossier que le toucher : les autres sens sont bons.

Cette imperfection dans le sens du goût et du toucher est encore augmentée par une maladie qui les rend ladres, c'est-à-dire presque absolument insensibles, et de laquelle il faut peut-être moins chercher la première origine dans la texture de la chair ou de la peau de cet animal que dans sa malpropreté naturelle, et dans la corruption qui doit résulter des nourritures infectes dont il se remplit quelquefois ; car le sanglier, qui n'a point de pareilles ordures à dévorer, et qui vit ordinairement de grain, de fruits, de glands et de racines, n'est point sujet à cette maladie, non plus que le jeune cochon pendant qu'il tette : on ne la prévient même qu'en tenant le cochon domestique dans une étable propre et en lui donnant abondamment des nourritures saines. Sa chair deviendra même excellente au goût, et le lard ferme et cassant, si on le tient, pendant quinze jours ou trois semaines avant de le tuer, dans une étable pavée et toujours propre, sans litière, en ne lui donnant alors pour toute nourriture que du grain de froment pur et sec, et ne le laissant boire que très-peu.

La manière ordinaire de les engraisser est de leur donner abondamment de l'orge, du gland, des choux, des légumes cuits et beaucoup d'eau mêlé de son : en deux mois ils sont gras, le lard est abondant et épais.

On n'attend pas, comme pour le reste du bétail, que le cochon soit âgé pour l'engraisser : plus il vieillit, plus cela est difficile et moins sa chair est bonne.

La durée de la vie du sanglier peut s'étendre jusqu'à vingt-cinq ou trente ans. Aristote dit vingt ans pour les cochons en général. La première portée de la truie n'est pas nombreuse, les petits sont faibles et même imparfaits lorsqu'elle n'a pas un an. La laie, qui ressemble à tous autres égards à la truie, ne porte qu'une fois l'an appa-

remment par la disette de nourriture et par la nécessité où elle se trouve d'allaiter et de nourrir pendant longtemps tous les petits qu'elle a produits ; au lieu qu'on ne souffre pas que la truie domestique nourrisse tous ses petits pendant plus de quinze jours ou trois semaines : on ne lui en laisse alors que huit ou neuf à nourrir ; on vend les autres ; à quinze jours ils sont bons à manger.

Ces animaux aiment beaucoup les vers de terre et certaines racines, comme celles de la carotte sauvage : c'est pour trouver ces vers et pour couper ces racines qu'ils fouillent la terre avec leur boutoir. Le sanglier dont la hure est plus longue et plus forte que celle du cochon, fouille plus profondément ; il fouille aussi presque toujours en ligne droite dans le même sillon, au lieu que le cochon fouille çà et là, et plus légèrement. Comme il fait beaucoup de dégât, il faut l'éloigner des terrains cultivés, et ne le mener que dans les bois et sur les terres qu'on laisse reposer.

Quoique ces animaux soient forts gourmands, ils n'attaquent ni ne dévorent pas, comme les loups, les autres animaux ; cependant ils mangent quelquefois de la chair corrompue : on a vu des sangliers manger de la chair de cheval, et nous avons trouvé dans leur estomac de la peau de chevreuil et des pattes d'oiseaux ; mais c'est peut-être plutôt nécessité qu'instinct. Cependant on ne peut nier qu'ils ne soient avides de sang et de chair sanguinolente et fraîche, puisque les cochons mangent leurs petits, et même des enfants au berceau : dès qu'ils trouvent quelque chose de succulent, d'humide, de gras ou d'onctueux, ils le lèchent et finissent bientôt par l'avaler. Leur gourmandise est, comme on le voit, aussi grossière que leur naturel est brutal ; ils n'ont aucun sentiment bien distinct ; les petits reconnaissent à peine leur mère, ou du moins sont fort sujets à se méprendre et à teter la première truie qui leur laisse saisir ses mamelles.

On chasse le sanglier à force ouverte avec des chiens, ou bien on le tue par surprise pendant la nuit au clair de la lune : comme il ne fuit que lentement, qu'il laisse une odeur très-forte, qu'il se défend contre les chiens et les blesse toujours dangereusement, il ne faut pas le chasser avec les bons chiens courants destinés pour le cerf et le chevreuil. Il ne faut attaquer que les plus vieux sangliers ; on les connaît aisément aux traces : un jeune sanglier de trois ans est difficile à forcer, parce qu'il court très-loin sans s'arrêter, au lieu qu'un sanglier plus âgé ne fuit pas loin, se laisse chasser de près, n'a pas grand'peur des chiens et s'arrête souvent pour leur faire tête. Il n'y a que la hure qui soit bonne dans un vieux sanglier, au lieu que toute la chair du marcassin, et celle du jeune sanglier qui n'a pas encore un an, est délicate et même assez fine.

Pour peu qu'on ait habité la campagne, on n'ignore pas les profits qu'on tire du cochon ; sa chair se vend à peu près autant que celle du bœuf, le lard se vend au double, et même au triple ; le sang, les boyaux, les viscères, les pieds, la langue, se préparent et se mangent. Le fumier du cochon est plus froid que celui des autres animaux ; et l'on ne doit s'en servir que pour les terres trop chaudes et trop sèches. La graisse des intestins et de l'épiploon, qui est différente du lard, fait le saindoux et le vieux oing. La peau a ses usages ; on en fait des cribles, comme l'on fait aussi des vergettes, des brosses, des pinceaux avec les soies. La chair de cet animal prend mieux le sel, le salpêtre, et se conserve salée plus longtemps qu'aucune autre.

Ces animaux n'affectent point de climat particulier; seulement il paraît que dans les pays froids le sanglier, en devenant animal domestique, a plus dégénéré que dans les pays chauds : un degré de température de plus suffit pour changer leur couleur ; les cochons sont communément blancs dans nos provinces septentrionales de France et même en Vivarais, tandis que dans la province du Dauphiné, qui est très-voisine, ils sont tous noirs;

ceux de Languedoc, de Provence, d'Espagne, d'Italie, des Indes, de la Chine et de l'Amérique, sont aussi de la même couleur.

LE CHIEN.

Le chien, indépendamment de la beauté de sa forme, de la vivacité, de la force, de la légèreté, a par excellence toutes les qualités intérieures qui peuvent lui attirer les regards de l'homme. Un naturel ardent, colère, même féroce et sanguinaire, rend le chien sauvage redoutable à tous les animaux, et cède dans le chien domestique aux sentiments les plus doux, au plaisir de s'attacher et au désir de plaire. Il vient en rampant mettre aux pieds de son maître son courage, sa force, ses talents ; il attend ses ordres pour en faire usage, il le consulte, il l'interroge, il le supplie : un coup d'œil suffit, il entend les signes de sa volonté. Sans avoir, comme l'homme, la lumière de la pensée, il a toute la chaleur du sentiment ; il a de plus que lui la fidélité, la constance dans ses affections : nulle ambition, nul intérêt, nul désir de vengeance, nulle crainte que celle de déplaire ; il est tout zèle, tout ardeur et tout obéissance. Plus sensible au souvenir des bienfaits qu'à celui des outrages, il ne se rebute pas par les mauvais traitements, il les subit, les oublie, ou ne s'en souvient que pour s'attacher davantage ; loin de s'irriter ou de fuir, il s'expose de lui-même à de nouvelles épreuves, il lèche cette main, instrument de douleur, qui vient de le frapper, il ne lui oppose que la plainte, et la désarme enfin par la patience et la soumission.

Plus docile que l'homme, plus souple qu'aucun des animaux, non-seulement le chien s'instruit en peu de temps, mais même il se conforme aux mouvements, aux manières, à toutes les habitudes de ceux qui lui commandent ; il prend le ton de la maison qu'il habite ; comme les autres domestiques, il est dédaigneux chez les grands et rustre à la campagne : toujours empressé pour son maître et prévenant pour ses seuls amis, il ne fait aucune attention aux gens indifférents, et se déclare contre ceux qui par état ne sont faits que pour importuner ; il les connaît aux vêtements, à la voix, à leurs gestes, et les empêche d'approcher. Lorsqu'on lui a confié pendant la nuit la garde de la maison, il devient plus fier, et quelquefois féroce ; il veille, il fait la ronde ; il sent de loin les étrangers, et pour peu qu'ils s'arrêtent ou tentent de franchir les barrières, il s'élance, s'oppose, et par des aboiements réitérés, des efforts et des cris de colère, il donne l'alarme, avertit et combat : aussi furieux contre les hommes de proie que contre les animaux carnassiers, il se précipite sur eux, les blesse, les déchire, leur ôte ce qu'ils s'efforçaient d'enlever ; mais content d'avoir vaincu il se repose sur les dépouilles, n'y touche pas, même pour satisfaire son appétit, et donne en même temps des exemples de courage, de tempérance et de fidélité.

On sentira de quelle importance cette espèce est dans l'ordre de la nature, en supposant un instant qu'elle n'eût jamais existé. Comment l'homme aurait-il pu, sans le secours du chien, conquérir, dompter, réduire en esclavage les autres animaux ? Comment pourrait-il encore aujourd'hui découvrir, chasser, détruire les bêtes sauvages et nuisibles ? Pour se mettre en sûreté, et pour se rendre maître de l'univers vivant, il a fallu commencer par se faire un parti parmi les animaux, se concilier avec douceur et par caresses ceux qui se sont trouvés capables de s'attacher et d'obéir, afin de les opposer aux autres : le premier art de l'homme a donc été l'éducation du chien, et le fruit de cet art la conquête et la possession paisible de la terre.

Le chien, fidèle à l'homme, conservera toujours une portion de l'empire, un degré de supériorité sur les autres animaux ; il leur commande, il règne lui-même à la tête d'un troupeau, il s'y fait mieux entendre que la voix du berger ; la sûreté, l'ordre et la discipline sont les fruits de sa vigilance et de son activité ; c'est un peuple qui lui est soumis, qu'il conduit, qu'il protége, et contre lequel il n'emploie jamais la force que pour y maintenir la paix.

Mais c'est surtout à la guerre, c'est contre les animaux ennemis ou indépendants qu'éclate son courage, et que son intelligence se déploie tout entière : les talents naturels se réunissent ici aux qualités acquises. Dès que le bruit des armes se fait entendre, dès que le son du cor ou la voix du chasseur a donné le signal d'une guerre prochaine, brillant d'une ardeur nouvelle, le chien marque sa joie par les plus vifs transports, il annonce par ses mouvements et par ses cris l'impatience de combattre et le désir de vaincre ; marchant ensuite en silence, il cherche à reconnaître le pays, à découvrir, à surprendre l'ennemi dans son fort ; il recherche ses traces, il les suit pas à pas, et par des accents différents indique le temps, la distance, l'espèce et même l'âge de celui qu'il poursuit.

Le chien, par cette supériorité que donnent l'exercice et l'éducation, par cette finesse du sentiment qui n'appartient qu'à lui, ne perd pas l'objet de sa poursuite ; il démêle les points communs, délie les nœuds du fil tortueux qui seul peut y conduire ; il voit de l'odorat tous les détours du labyrinthe, toutes les fausses routes où l'on a voulu l'égarer ; et, loin d'abandonner l'ennemi pour un indifférent, après avoir triomphé de la ruse, il s'indigne, il redouble d'ardeur, arrive enfin, l'attaque, et, le mettant à mort, étanche dans le sang sa soif et sa haine.

L'on peut dire que le chien est le seul animal dont la fidélité soit à l'épreuve ; le seul qui connaisse toujours son maître et les amis de la maison ; le seul qui, lorsqu'il arrive un inconnu, s'en aperçoive ; le seul qui ne se confie point à lui-même ; le seul qui, lorsqu'il a perdu son maître et qu'il ne peut le retrouver, l'appelle par ses gémissements ; le seul qui, dans un voyage long qu'il n'aurait fait qu'une fois, se souvienne du chemin et retrouve la route ; le seul enfin dont les talents naturels soient évidents et l'éducation toujours heureuse.

Ce qui est difficile à saisir dans cette nombreuse variété de races différentes, c'est le caractère de la race primitive, de la race originaire, de la race mère de toutes les autres races.

La plus ou moins grande perfection des sens, qui ne fait pas dans l'homme une qualité éminente, ni même remarquable, fait dans les animaux tout leur mérite, et produit, comme cause, tous les talents dont leur nature peut être susceptible. Je n'entreprendrai pas de faire ici l'énumération de toutes les qualités d'un chien de chasse : on sait assez combien l'excellence de l'odorat, jointe à l'éducation, lui donne d'avantage et de supériorité sur les autres animaux.

La durée de la vie est dans le chien, comme dans les autres animaux, proportionnelle au temps de l'accroissement ; il est environ deux ans à croître, il vit aussi sept fois deux ans. L'on peut connaître son âge par les dents, qui pendant la jeunesse sont blanches, tranchantes et pointues, et qui, à mesure qu'il vieillit, deviennent noires, mousses et inégales : on le connaît aussi par le poil, car il blanchit sur le museau, sur le front et autour des yeux.

Ces animaux, qui de leur naturel sont très-vigilants, très-actifs, et qui sont faits pour le plus grand mouvement, deviennent dans nos maisons, par la surcharge de la nourriture, si pesants et si paresseux qu'ils passent toute leur vie à ronfler, dormir et manger. Ce sommeil, presque continuel, est accompagné de rêves, et c'est peut-être une douce manière d'exister : ils sont naturellement voraces ou gourmands, et cependant ils peuvent se passer de nourriture pendant longtemps.

Le chien de berger est la souche de la race : ce chien, transporté dans les climats rigoureux du Nord, s'est enlaidi et rapetissé chez les Lapons, et paraît s'être maintenu et même perfectionné en Islande, en Russie, en Sibérie, dont le climat est un peu moins rigoureux, et où les peuples sont un peu plus civilisés. Ces changements sont arrivés par la seule influence de ces climats, qui n'a pas produit une grande altération dans la forme ; car tous ces chiens ont les oreilles droites, le poil épais et long, l'air sauvage, et ils n'aboient pas aussi fréquemment ni de la même manière que ceux qui, dans les climats plus favorables, se sont perfectionnés davantage. Le chien d'Islande et le seul qui n'ait pas les oreilles entièrement droites, elles sont un peu pliées par leur extrémité : aussi l'Islande est, de tous ces pays du Nord, l'un des plus anciennement habités par des hommes à demi civilisés.

Le même chien de berger, transporté dans des climats tempérés et chez des peuples entièrement policés, comme en Angleterre, en France, en Allemagne, aura perdu son air sauvage, ses oreilles droites, son poil rude, épais et long, et sera devenu dogue, chien courant et mâtin, par la seule influence de ces climats. Le mâtin et le dogue ont encore les oreilles en partie droites ; elles ne sont qu'à demi pendantes, et ils ressemblent assez, par leurs mœurs et par leur naturel sanguinaire, au chien duquel ils tirent leur origine. Le chien courant est celui des trois qui s'en éloigne le plus ; les oreilles longues, entièrement pendantes, la douceur, la docilité, et, si on peut le dire, la timidité de ce chien, sont autant de preuves de la grande dégénération, ou, si l'on veut, de la grande perfection qu'a produite une longue domesticité, jointe à une éducation soignée et suivie.

Le chien courant, le braque et le basset ne font qu'une seule et même race de chiens ; car l'on a remarqué que dans la même portée il se trouve assez souvent des chiens courants, des braques et des bassets.

Le chien courant, transporté en Espagne et en Barbarie, où presque tous les animaux ont le poil fin, long et fourni, sera devenu épagneul et barbet ; le grand et petit épagneul, qui ne diffèrent que par la taille, transportés en Angleterre, ont changé de couleur du blanc au noir, et sont devenus, par l'influence du climat, grand et petit gredins, auxquels on doit joindre le pyrame, qui n'est qu'un gredin noir comme les autres, mais marqué de feu au quatre pattes, aux yeux et au museau.

Le mâtin, transporté au Nord, est devenu grand danois, et, transporté au Midi, est devenu lévrier : les grands lévriers viennent du Levant, ceux de taille médiocre, d'Italie; et ces lévriers d'Italie, transportés en Angleterre, sont devenu levrons, c'est-à-dire lévriers encore plus petits.

Le grand danois, transporté en Irlande, en Ukraine, en Tartarie, en Épire, en Albanie, est devenu chien d'Irlande et c'est le plus grand de tous les chiens.

Le dogue, transporté d'Angleterre en Danemark, est devenu petit danois ; et ce même petit danois, transporté dans les climats chauds, est devenu chien turc.

Le lévrier et le mâtin ont produit le lévrier métis, que l'on appelle aussi lévrier à poil de loup ; ce métis a le museau moins effilé que le franc lévrier, qui est très-rare en France.

Le grand danois et le grand épagneul ont produit ensemble le chien de Calabre, qui est un beau chien à longs poils touffus, et plus grand par la taille que les plus gros mâtins.

L'épagneul et le petit danois produisent le chien-lion, qui est maintenant fort rare.

Les chiens à longs poils fins et frisés, que l'on appelle bouffes et qui sont de la taille des plus grands barbets, viennent du grand épagneul et du barbet.

Le petit barbet vient du petit épagneul et du barbet.

Le dogue produit avec le mâtin un chien métis que l'on appelle dogue de forte race, qui est beaucoup plus gros que le vrai dogue, ou dogue d'Angleterre, et qui tient plus du dogue que du mâtin.

Le doguin vient du dogue d'Angleterre et du petit danois.

Tous ces chiens sont des métis simples, et viennent du mélange de deux races pures ; mais il y a encore d'autres chiens qu'on pourrait appeler doubles métis, parce qu'ils viennent du mélange d'une race pure et d'une race déjà mêlée.

Le roquet est un double métis qui vient du doguin et du petit danois.

Le chien d'Alicante est aussi un double métis, qui vient du doguin et du petit épagneul.

Le chien de Malte, ou bichon, est encore un double métis, qui vient du petit épagneul et du petit barbet.

Enfin il y a des chiens qu'on pourrait appeler triples métis, parce qu'ils viennent du mélange de deux races déjà mêlées toutes deux ; tel est le chien artois, islois ou quatre-vingt, qui vient du doguin et du roquet ; tels sont encore les chiens que l'on appelle vulgairement chiens des rues, qui ressemblent à tous les chiens en général sans ressembler à aucun en particulier, parce qu'ils proviennent du mélange de races déjà plusieurs fois mêlées.

LE CHAT.

e chat, bien différent de cet animal fidèle, dont tous les sentiments se rapportent à la personne de son maître, paraît ne sentir que pour soi.

Il est joli, léger, adroit et propre; il aime ses aises, il cherche les meubles les plus mollets pour s'y reposer et s'ébattre. Les chattes portent cinquante ou cinquante-six jours ; elles ne produisent pas en aussi grand nombre que les chiennes; les portées ordinaires sont de quatre, de cinq ou de six. Comme les mâles sont sujets à dévorer leur progéniture, les femelles se cachent pour mettre bas, et lorsqu elles craignent qu'on ne découvre ou qu'on n'enlève leurs petits, elles les transportent dans des trous ou dans d'autres lieux ignorés ou inaccessibles ; et, après les avoir allaités pendant quelques semaines, elles leur apportent des souris, de petits oiseaux, et les accoutument de bonne heure à manger de la chair : mais, par une bizarrerie difficile à comprendre, ces mêmes mères, si soigneuses et si tendres, deviennent quelquefois cruelles, dénaturées, et dévorent aussi leurs petits qui leur étaient si chers.

Les jeunes chats sont gais, vifs, jolis, et seraient aussi très-propres à amuser les enfants, si les coups de patte n'étaient pas à craindre ; mais leur badinage, quoique toujours agréable et léger, n'est jamais innocent, et bientôt il se tourne en malice habituelle ; et comme ils ne peuvent exercer ces talents avec quelque avantage que sur les plus petits animaux, ils se mettent à l'affût près d'une cage, ils épient les oiseaux, les souris, les rats, et deviennent d'eux-mêmes, et sans y être dressés, plus habiles à la chasse que les chiens les mieux instruits.

Leur naturel, ennemi de toute contrainte, les rend incapables d'une éducation suivie. On raconte néanmoins que les moines grecs de l'île de Chypre avaient dressé des chats à chasser, prendre et tuer des serpents dont cette île était infectée ; mais c'était plutôt par le goût général qu'ils ont pour la destruction que par obéissance qu'ils chassaient ; car il se plaisent à épier, attaquer et détruire assez indifféremment tous les animaux faibles, comme les oiseaux, les jeunes lapins, les levrauts, les rats, les souris. les mulots, les chauves-souris, les taupes, les crapauds, les grenouilles, les lézards et les serpents. Ils n'ont aucune docilité, ils manquent aussi de la finesse de l'odorat, qui, dans le chien, sont deux qualités éminentes.

La cause physique la plus immédiate du penchant qu'ils ont à épier et surprendre les autres animaux vient de l'avantage que leur donne la conformation particulière de leurs yeux. La pupille, dans l'homme, comme dans la plupart des animaux, est capable d'un certain degré de contraction et de dilatation ; elle s'élargit un peu lorsque la lumière manque, et se rétrécit lorsqu'elle devient trop vive. Dans l'œil du chat et des oiseaux de nuit, cette contraction et cette dilatation sont si considérables que la pupille, qui dans l'obscurité est ronde et large, devient au grand jour longue et étroite comme une ligne, et dès lors ces animaux voient mieux la nuit que le jour, comme on le remarque dans les chouettes, les hiboux, etc.

Les chats prennent moins d'attachement pour les personnes que pour les maisons. Ils craignent l'eau, le froid et les mauvaises odeurs : ils aiment à se tenir au soleil, ils cherchent à se gîter dans les lieux les plus chauds, derrière les cheminées ou dans les fours ; ils aiment aussi les parfums, et se laissent volontiers prendre et caresser par les personnes qui en portent : l'odeur de cette plante que l'on appelle l'*herbe aux chats* les remue si fortement et si délicieusement, qu'ils en paraissent transportés de plaisir.

A quinze ou dix-huit mois, ces animaux ont pris tout leur accroissement ; leur vie ne s'étend guère au delà de neuf ou dix ans ; ils sont cependant très-durs, très-vivaces, et ont plus de nerf et de ressort que d'autres animaux qui vivent plus longtemps.

Les chats ne peuvent mâcher que lentement et difficilement : leurs dents sont si courtes et si mal posées qu'elle ne leur servent qu'à déchirer et non pas à broyer les aliments : aussi cherchent-ils de préférence les viandes les plus tendres ; ils aiment le poisson et le mangent cuit ou cru ; ils boivent fréquemment ; leur sommeil est léger, et ils dorment moins qu'ils ne font semblant de dormir ; ils marchent légèrement, presque toujours en silence et sans faire aucun bruit. Comme ils sont propres, et que leur robe est toujours sèche et lustrée, leur poil s'électrise aisément, et l'on en voit sortir des étincelles dans l'obscurité lorsqu'on les frotte avec la main : leurs yeux brillent aussi dans les ténèbres, à peu près comme les diamants, qui réfléchissent au dehors pendant la nuit la lumière dont ils se sont, pour ainsi dire, imbibés pendant le jour.

ANIMAUX SAUVAGES.

QUADRUMANES.

LE SINGE.

De dix-sept espèces auxquelles on peut réduire tous les animaux appelés *singes* dans l'ancien continent, et de douze ou treize auxquelles on a transféré ce nom dans le nouveau, aucune n'est la même.

SINGES DE L'ANCIEN CONTINENT

L'ORANG-OUTAN PONGO

De tous les singes, c'est celui qui ressemble le plus à l'homme ; il dort sur les arbres, et se construit une hutte, un abri contre le soleil et la pluie ; il vit de fruits et ne mange point de chair. Quand les Nègres font du feu dans les bois, les pongos viennent s'asseoir autour et se chauffer, mais ils n'ont pas assez d'esprit pour entretenir le feu en y mettant du bois ; ils vont de compagnie, et tuent quelquefois des Nègres dans les lieux écartés. On ne peut les prendre vivants, parce qu'ils sont si forts que dix hommes ne suffiraient pas pour en dompter un seul, on ne peut donc attraper que les petits tout jeunes; la mère les porte marchant debout, et ils se tiennent attachés à son corps avec les mains et les genoux. Il y a deux espèces de ces singes très-ressemblants à l'homme, le pongo qui est aussi grand et plus gros qu'un homme, et le jocko qui est beaucoup plus petit. Un pongo enleva un jour un petit Nègre qui passa un an entier dans la société de ces animaux ; à son retour, il raconta que les pongos ne lui avaient aucun mal.

Ils ont l'instinct de s'asseoir à table comme les hommes ; ils mangent de tout sans distinction ; ils se servent du couteau, de la cuiller et de la fourchette pour couper et prendre ce qu'on leur sert sur l'assiette ; ils boivent du vin et d'autres liqueurs.

On apprivoise les pongos ; on leur apprend à marcher sur les pieds de derrière et à se servir des pieds de devant, qui sont à peu près comme des mains, pour faire certains ouvrages et même ceux du ménage, comme rincer les verres, donner à boire, tourner la broche, etc.

Quand les pongos ne trouvent plus de fruits sur les montagnes, ils vont au bord de la mer où ils attrapent des crabes, des huîtres et autres choses semblables. Il y a une espèce d'huîtres qu'on appelle *taclovo*, qui pèsent plusieurs lives et qui sont souvent ouvertes sur le rivage; or le singe craignant que, quand il veut les manger, elles ne lui attrapent la patte en se refermant, jette dans la coquille une pierre qui l'empêche de se fermer, et ensuite il mange l'huître sans crainte.

Ce qui distingue le jocko du pongo, c'est que le pongo marche presque toujours debout sur ses deux pieds de derrière, tandis que le jocko ne prend cette attitude que rarement et lorsqu'il veut monter sur un arbre.

LE PITHÈQUE

Les pithèques ont les pieds, les mains, et, s'il faut ainsi dire, le visage de l'homme, avec beaucoup d'esprit et de malice ; ils vivent d'herbes, de blé et de toutes sortes de fruits qu'ils vont en troupes dérober dans les jardins ou dans les champs ; mais, avant qu'ils sortent de leur fort, il y en a un qui monte sur une éminence d'où il découvre toute la campagne, et quand il ne voit paraître personne, il fait signe aux autres par un cri pour les faire sortir, et ne bouge pas de là tant qu'ils sont dehors ; mais sitôt qu'il voit venir quelqu'un, il jette de grands cris, et, sautant d'arbre en arbre, tous se sauvent dans les montagnes. C'est une chose admirable que de les voir fuir, car les femelles portent sur leur dos quatre ou cinq petits, et ne laissent pas, malgré cela, de faire des grands sauts, de branche en branche ; il s'en prend quantité par diverses inventions, quoiqu'ils soient très-fins : quand ils deviennent farouches, ils mordent ; mais pour peu qu'on les flatte, il s'apprivoisent aisément ; ceux qui sont apprivoisés font des choses incroyables, imitant l'homme dans tout ce qu'ils voient. Le pithèque marche sur ses deux pieds ; il a environ une coudée, c'est-à-dire tout au plus un pied et demi de hauteur.

LE GIBBON

Le gibbon se tient toujours debout, lors même qu'il marche à quatre pieds, parce que ces bras sont aussi longs que son corps et ses jambes. Le caractère qui le distingue évidemment des autres singes, c'est la prodigieuse grandeur de ses bras qui sont aussi longs que le corps et les jambes pris ensemble. Ce singe est d'un naturel tranquille et de mœurs assez douces ; il se nourrit des fruits et d'amandes ; il craint beaucoup le froid et l'humidité ; il est originaire des Indes orientales.

LE MAGOT

Cet animal est de tous les singes, c'est-à-dire de tous ceux qui n'ont point de queue, celui qui s'accommode le mieux de la température de notre climat. Il peut avoir deux pieds et demi ou trois pieds de hauteur, lorsqu'il est debout sur ses jambes de derrière ; la femelle est plus petite que le mâle. L'espèce du magot est assez généralement répandue dans tous les climats chauds de l'ancien continent, et on le trouve également en Tartarie, en Arabie, en Éthiopie, au Malabar, en Barbarie, en Mauritanie et jusque dans les terres du cap de Bonne-Espérance.

LE PAPION OU BABOUIN PROPREMENT DIT

Les babouins, qui ne ressemblent plus à l'homme que par les mains, et qui ont une queue, des ongles aigus, de gros museaux, ont l'air de bêtes féroces, et le sont en effet. Ils ne produisent pas dans les pays tempérés; la femelle ne fait ordinairement qu'un petit qu'elle porte entre ses bras. Quoique méchants et féroces, les babouins ne sont pas du nombre des animaux carnassiers; ils se nourrissent principalement de fruits, de racines et de grains; ils se réunissent et s'entendent pour piller les jardins; ils se jettent les fruits de main en main et par-dessus les murs, et font de grand dégâts dans toutes les terres cultivées.

Le *mandrille*, autre espèce de babouin, est d'une laideur désagréable et dégoûtante. On le trouve à la Côte-d'Or et dans les autres provinces méridionales de l'Afrique; après l'orang-outang, c'est le plus grand de tous les singes et de tous les babouins. Le mandrille marche toujours sur les deux pieds, il pleure et il gémit comme les hommes.

L'*ouanderou* et le *lowando*, autre variété des babouins, lorsqu'ils ne sont pas domptés, sont si méchants qu'on est obligé de les tenir dans une cage de fer, où souvent ils s'agitent avec fureur ; mais lorsqu'on les prend jeunes, on les apprivoise aisément, et ils paraissent même plus susceptibles d'éducation que les autres babouins. Dans leur état de liberté, ils sont extrêmement sauvages et se tiennent dans les bois.

Le *maimou*, autre babouin, quoique très-vif et plein de feu, n'a rien de la pétulance des babouins ; il est doux, traitable et même caressant, on le trouve à Sumatra ; il souffre avec peine le froid de notre climat.

LES GUENONS

De toutes les guenons ou singes à longue queue, le *macaque* est celui qui approche le plus des babouins ; il est d'une laideur hideuse. L'*aigrette*, autre guenon, ainsi appelé parce qu'il a sur le sommet de la tête un épi ou aigrette de poil, a, comme le macaque, les mœurs douces et est assez docile ; mais, indépendamment d'une odeur de fourmi ou de faux musc que ces deux singes répandent autour d'eux, il sont si malpropres et si affreux lorsqu'ils font la grimace, qu'on ne peut les regarder sans horreur et dégoût.

Le *malbrouck* et le *bonnet chinois*, variétés des guenons, dérobent les fruits et surtout les cannes à sucre ; l'un d'eux fait sentinelle sur un arbre, pendant que les autres se chargent du butin ; s'il aperçoit quelqu'un, il crie *houp, houp, houp,* d'une voix claire et distincte ; au moment de l'avis, tous jettent les cannes qu'ils tenaient dans la main gauche, et s'enfuient en courant à trois pieds. Ces animaux ne s'apprivoisent qu'à demi, il faut toujours les tenir à la chaîne ; ils ne produisent pas dans leur état de servitude, même dans leur pays ; il faut qu'ils soient en liberté dans leur bois. Ils cueillent les noix de cocos, et savent fort bien en tirer la liqueur pour la boire, et le noyau pour le manger.

La *mone* est la plus communes des guenons ; c'est avec le magot l'espèce qui s'accommode le mieux de la température de notre climat. Les guenons sont d'un naturel beaucoup plus doux que les babouins, et d'un caractère moins triste que les singes ; elles sont vives et sans férocité ; la mone, en particulier, est susceptible d'éducation, et même d'un certain attachement pour ceux qui la soignent.

Le *callitriche* ou *singe vert* se trouve au Sénégal aussi bien qu'en Mauritanie et aux îles du Cap-Vert.

Le *moustac* est d'assez petite taille, et c'est le plus joli de tous les singes à longue queue.

La guenon qu'on appelle *talapoin* est de petite taille et d'une assez jolie figure.

Le *douc* est le dernier des animaux que nous avons appelés *singes*, *babouins* et *guenons* : sans être précisément d'aucun de ces trois genres, il participe de tous.

SINGES DU NOUVEAU CONTINENT

LES SAPAJOUS ET LES SAGOUINS

Nous connaissons huit sapajous qu'on peut réduire à cinq espèces : l'*ouarine* ou *gouariba* du Brésil ; le *coaita* ; le *sajou* ou *sapajou* proprement dit ; le *saï*, appelé le *pleureur*, et le *saïmiri*, qu'on appelle vulgairement le *singe aurore* ou *sapajou orangé*; c'est le plus petit et le plus joli des sapajous.

Nous connaissons de même six espèces de sagouins : le premier et le plus grand de tous est le *saki*, nommé *singe à queue de renard*; le second est le *tamarin*; le troisième est l'*ouistiti*; le quatrième est le *marikina* ou *petit lion*; le cinquième est le *pinche*, et le sixième est le *mico*, le plus joli de tous.

L'ouarine, mâle et femelle, sont sauvages et méchants; on ne peut les apprivoiser ni même les dompter; ils mordent cruellement; sans être du nombre des animaux carnassiers et féroces, ils ne laissent pas d'inspirer de la crainte, tant par leur voix effroyable que par leur air d'impudence. Ces animaux produisent ordinairement deux petits; la mère en porte un sous le bras et l'autre sur le dos.

Le coaïta est, après l'ouarine, le plus grand des sapajous; par son naturel doux et docile, il diffère beaucoup de l'ouarine, qui est indomptable et farouche : ces sapajous sont intelligents et très-adroits; ils vont de compagnie, s'avertissent, s'aident et se secourent. Ils ont l'adresse de casser l'écaille des huîtres pour les manger, et il est certain qu'ils se suspendent plusieurs les uns au bout des autres, soit pour traverser un ruisseau, soit pour s'élancer d'un arbre à un autre. Ils ne produisent ordinairement qu'un ou deux petits, qu'ils portent toujours sur le dos; ils mangent du poisson, des vers et des insectes, mais les fruits sont leur nourriture la plus ordinaire.

Le sajou est très-vif, très-agile et très-plaisant par son adresse et par sa légèreté; la température de notre climat lui convient assez; il y subsiste sans peine et pendant quelques années, pourvu qu'on le tienne dans une chambre à feu pendant l'hiver; ils peuvent même produire, mais chaque portée n'est ici que d'un petit, au lieu que dans leur climat ils en ont souvent deux. Au reste, les sajous sont fantasques dans leurs goûts et dans leurs affections: ils paraissent avoir une forte inclination pour de certaines personnes, et une grande aversion pour d'autres, et cela constamment.

Les saïs ne produisent qu'un ou deux petits; ils sont doux, dociles et si craintifs que leur cri ordinaire, qui ressemble à celui du rat, devient un gémissement dès qu'on les menace. Dans ce pays-ci, ils mangent des hannetons et des limaçons de préférence à tous les autres aliments qu'on peut leur présenter; mais au Brésil, dans leur pays natal, ils vivent principalement de graines et de fruits sauvages qu'ils cueillent sur les arbres, où ils demeurent, et d'où ils ne descendent que rarement à terre.

Le saïmiri est assez commun à la Guyane; par la gentillesse de ses mouvements, par sa petite taille, par la couleur brillante de sa robe, par la grandeur et le feu de ses yeux, par son petit visage arrondi, il a toujours eu la préférence sur les autres sapajous, et c'est, en effet, le plus joli, le plus mignon de tous : mais il est aussi le plus délicat et le plus difficile à transporter et à conserver.

Le saki, lorsqu'il est adulte, a environ dix-sept pouces de longueur, au lieu que le plus grand des cinq autres sagouins n'en a que neuf ou dix. Le saki est aisé à reconnaître et à distinguer de tous les autres sagouins, de tous les sapajous et de toutes les guenons.

Le tamarin est beaucoup plus petit que le saki, et en diffère par plusieurs caractères, principalement par la queue qui n'est couverte que de poils courts, au lieu que celle du saki est garnie de poils très-longs. Le tamarin est remarquable aussi par ses larges oreilles et ses pieds jaunes ; c'est un joli animal, très-vif, aisé à apprivoiser,

mais si délicat qu'il ne peut résister longtemps à l'intempérie de notre climat.

L'ouistiti est encore plus petit que le tamarin ; il n'a pas un demi-pied de longueur, le corps et la tête compris, et sa queue a plus d'un pied de long. Le plus gros ne pèse guère que six onces, et le plus petit quatre onces et

4

demie ; l'ouistiti se nourrit de biscuits, de fruits, de légumes, d'insectes. Ses petits sont d'abord forts laids ; quand ils sont devenus un peu grands, ils se cramponnent fortement sur le dos ou sur les épaules de leur mère, et, quand elle est lasse de les porter, elle s'en débarrasse en se frottant contre la muraille ; lorsqu'elle les a écartés, le mâle en prend soin sur-le-champ, et les laisse grimper sur son dos pour soulager la femelle.

Le marikina a les mêmes manières, la même vivacité et les mêmes inclinations que les autres sagouins, et il paraît être d'un tempérament un peu plus robuste, car il y en a un qui a vécu cinq ou six ans à Paris, avec la seule attention qu'on a eue de le garder pendant l'hiver dans une chambre, où tous les jours on allumait du feu.

Le pinche, quoique fort petit, l'est cependant moins que l'ouistiti ; c'est encore un joli animal et d'une figure très-singulière ; sa voix est douce et ressemble plus au chant d'un petit oiseau qu'au cri d'un animal ; il est très-délicat, et ce n'est qu'avec de grandes précautions qu'on peut le transporter d'Amérique en Europe.

Le mico est d'une espèce très-différente et vraisemblablement beaucoup plus rare que le tamarin, puisque longtemps il a été tout à fait inconnu, quoiqu'il soit très-remarquable par le rouge vif qui anime sa face et par la beauté de son poil ; il marche à quatre pieds, et il n'a environ que sept ou huit pouces de longueur en tout.

LES MAKIS.

ᴇ nom de *maki* a été donné à plusieurs espèces d'animaux différentes ; nous ne pouvons donc l'employer que comme un terme générique, sous lequel nous comprendons trois animaux qui se ressemblent assez pour être du même genre, mais qui diffèrent aussi par un nombre de caractères suffisant pour constituer des espèces évidemment différentes. Ces trois animaux ont tous une longue queue, et les pieds conformés comme les singes ; mais leur museau est allongé comme celui d'une fouine. Le premier de ces animaux est le mocock ou mococo, que l'on connaît vulgairement sous le nom de *maki à queue annelée*. Le second est le mongous, appelé vulgairement *maki brun*. Le troisième est le vari, appelé par quelques-uns *maki-pie*. Ces trois animaux sont tous originaires de Madagascar, où on les trouve en grand nombre.

Le mococo est un joli animal, d'une physionomie fine, d'une figure élégante et svelte, d'un beau poil toujours propre et lustré ; il est remarquable par la grandeur de ses yeux, par la hauteur de ses jambes de derrière qui sont beaucoup plus longues que celles de devant, et par sa belle et grande queue qui est toujours relevée, toujours en mouvement, et sur laquelle on compte jusqu'à trente anneaux alternativement noirs et blancs, tous bien distincts et bien séparés les uns des autres : il a les mœurs douces, et quoiqu'il ressemble en beaucoup de choses aux singes, il n'en a ni la malice ni le naturel. Dans son état de liberté il vit en société, et on le trouve à Madagascar par troupes de trente ou quarante ; dans celui de captivité il n'est incommode que par le mouvement prodigieux qu'il se donne. Quoique très-vif et très-éveillé, il n'est ni méchant ni sauvage ; il s'apprivoise assez pour qu'on puisse le laisser aller et venir sans craindre qu'il s'enfuie ; sa démarche est oblique comme celle de tous les animaux qui ont quatre mains au lieu de quatre pieds ; il saute de meilleure grâce et plus légèrement qu'il ne marche ; il est assez silencieux et ne fait entendre sa voix que par un cri court et aigu, qu'il laisse, pour ainsi dire, échapper lorsqu'on le surprend ou qu'on l'irrite. Il dort assis, le museau incliné et appuyé sur sa poitrine ; il n'a pas le corps plus gros qu'un chat.

Le mongous est plus petit que le mococo ; il y a dans l'espèce du mongous plusieurs variétés.

Le vari est plus grand, plus fort et plus sauvage que le

mococo ; il est même d'une méchanceté farouche dans son état de liberté. Les voyageurs disent que ces animaux sont furieux comme des tigres, et qu'ils font un tel bruit dans les bois que, s'il y en a deux, il semble qu'il y en ait un cent, et qu'ils sont très-difficiles à apprivoiser. En effet, la voix du vari tient un peu du rugissement du lion, et elle est effrayante lorsqu'on l'entend pour la première fois.

Les mococos, les mongous et les varis sont du même pays et paraissent être confinés à Madagascar ; ils tiennent des singes par les habitudes essentielles, car, quoiqu'ils mangent quelquefois de la chair et qu'ils se plaisent aussi à épier les oiseaux, ils sont cependant moins carnassiers que frugivores, et ils préfèrent, même dans l'état de domesticité, les fruits, les racines et le pain à la chair cuite ou crue.

LE LORIS.

Le loris est un petit animal qui se trouve à Ceylan, et qui est très-remarquable par l'élégance de sa figure et la singularité de sa conformation : il est peut-être de tous les animaux celui qui a le corps le plus long relativement à sa grosseur. Certains loris ne sont pas plus gros que le poing, et ils sont d'une espèce différente des singes ordinaires ; ils ont le front plat, les yeux ronds et grands, jaunes et clairs comme ceux de certains chats : leur museau est fort pointu, et le dedans des oreilles est jaune ; ils n'ont point de queue.

4.

CARNASSIERS.

CHIROPTÈRES.

LA CHAUVE-SOURIS.

ᴜɴ animal qui, comme la chauve-souris, est à demi quadrupède, à demi volatile, et qui n'est en tout ni l'un ni l'autre, est, pour ainsi dire, un être monstre, en ce que, réunissant les attributs de deux genres si différents, il ne ressemble à aucun des modèles que nous offrent les grandes classes de la nature. Il n'est qu'imparfaitement quadrupède, et il est encore plus imparfaitement oiseau. Aussi les chauves-souris cherchent à se cacher, fuient la lumière, n'habitent que les lieux ténébreux, n'en sortent que la nuit, y rentrent au point du jour pour demeurer collées contre les murs. Leur mouvement dans l'air est moins un vol qu'une espèce de voltigement incertain qu'elles semblent n'exécuter que par effort et d'une manière gauche ; elles s'élèvent de terre avec peine, elles ne volent jamais à une grande hauteur, elles ne peuvent qu'imparfaitement précipiter, ralentir, ou même diriger leur vol ; elles ne laissent pas de saisir en passant les moucherons, les cousins, et surtout les papillons phalènes qui ne volent que la nuit ; elles les avalent, pour ainsi dire, tout entiers.

Les chauves-souris sont de vrais quadrupèdes ; elles n'ont rien de commun que le vol avec les oiseaux ; elles en diffèrent par tout le reste de la conformation, tant extérieure qu'intérieure ; elles produisent, comme les quadrupèdes, leurs petits vivants ; enfin elles ont, comme eux, des dents et des mamelles : l'on assure qu'elles ne portent que deux petits, qu'elles les allaitent et les transportent même en volant. C'est en été qu'elles mettent bas, car elles sont engourdies pendant l'hiver : les unes se recouvrent de leurs ailes comme d'un manteau, s'accrochent à la voûte de leur souterrain par les pieds de derrière, et demeurent ainsi suspendues ; les autres se collent contre les murs ou se recèlent dans des trous ; elles sont toujours en nombre pour se défendre du froid. toutes passent l'hiver sans bouger, sans manger, ne se réveillent qu'au printemps, et se recèlent de nouveau vers la fin de l'automne. Elles supportent plus aisément la diète que le froid, elles peuvent passer plusieurs jours sans manger, et cependant elles sont du nombre des animaux carnassiers ; car, lorsqu'elles peuvent entrer dans un office, elles s'attachent aux quartiers de lard qui y sont suspendus, et elles mangent aussi de la viande crue ou cuite, fraîche ou corrompue.

INSECTIVORES.

LE HÉRISSON.

Le renard sait beaucoup de choses, le hérisson n'en sait qu'une grande, disaient proverbialement les anciens. Il sait se défendre sans combattre, et blesser sans attaquer : n'ayant que peu de force et nulle agilité pour fuir, il a reçu de la nature une armure épineuse, avec la facilité de se serrer en boule et de présenter de tous côtés des armes défensives, poignantes et qui rebutent ses ennemis ; plus ils le tourmentent, plus il se hérisse et se resserre. Aussi la plupart des chiens se contentent de l'aboyer et ne se soucient pas de le saisir : cependant il y en a quelques-uns qui trouvent moyen, comme le renard, d'en venir à bout en se piquant les pieds et se mettant la gueule en sang ; mais il ne craint ni la fouine, ni la marte, ni le putois, ni le furet, ni la belette, ni les oiseaux de proie. La femelle et le mâle sont également couverts d'épines depuis la tête jusqu'à la queue, et il n'y a que le dessous du corps qui soit garni de poils ; ils produisent au commencement de l'été. On m'a souvent apporté la mère et les petits au mois de juin : il en a ordinairement trois ou quatre, et quelquefois cinq ; ils sont blancs dans ce premier temps, et l'on voit seulement sur leur peau la naissance des épines. Ils vivent de fruits tombés ; ils fouillent la terre avec le nez à une petite profondeur ; ils mangent les hannetons, les scarabées, les grillons, les vers et quelques racines ; ils sont aussi très-avides de viande, et la mangent cuite ou crue. A la campagne, on les trouve fréquemment dans les bois, sous les troncs des vieux arbres, et aussi dans les fentes de rochers, et surtout dans les monceaux de pierres qu'on amasse dans les champs et dans les vignes. Quoiqu'il y en ait un grand nombre dans nos forêts, nous n'en avons jamais vu sur les arbres ; ils se tiennent toujours au pied dans un creux ou sur la mousse. Ils ne bougent pas tant qu'il est jour, mais ils courent, ou plutôt ils marchent pendant toute la nuit : ils approchent rarement des habitations, ils préfèrent les lieux élevés et secs, quoiqu'ils se trouvent aussi quelquefois dans les prés. On les prend à la main : ils ne fuient pas, ils ne se défendent ni des pieds ni des dents ; mais ils se mettent en boule dès qu'on les touche, et pour les faire étendre il faut les plonger dans l'eau. Ils dorment pendant l'hiver. Ils ne mangent pas beaucoup, et peuvent se passer assez longtemps de nourriture. Ils ont le sang froid à peu près comme tous les autres animaux qui dorment en hiver. Leur chair n'est pas bonne à manger, et leur peau, dont on ne fait maintenant aucun usage, servait autrefois de vergette et de frottoir pour serancer le chanvre.

LA MUSARAIGNE.

A musaraigne semble faire une nuance dans l'ordre des petits animaux, et remplir l'intervalle qui se trouve entre le rat et la taupe, qui, se ressemblant par leur petitesse, diffèrent beaucoup par la forme, et sont en tout d'espèces très-éloignées. La musaraigne, plus petite encore que la souris, ressemble à la taupe par le museau, ayant le nez beaucoup plus allongé que les mâchoires ; par les yeux qui, quoique un peu plus gros que ceux de la taupe, sont cachés de même et sont beaucoup plus petits que ceux de la souris ; par le nombre des doigts, dont elle a cinq à tous les pieds ; par la queue, par les jambes, surtout celles de derrières qu'elle a plus courtes que la souris ; par les oreilles, et enfin par les dents. Ce très-petit animal a une odeur forte qui lui est particulière, et qui répugne aux chats ; ils chassent, ils tuent la musaraigne, mais ils ne la mangent pas comme la souris. Cet animal habite assez communément, surtout pendant l'hiver, dans les greniers à foin, dans les écuries, dans les granges, dans les cours à fumier; il mange du grain, des insectes et des chairs pourries : on le trouve aussi fréquemment à la campagne, dans les bois où il vit de graines ; et il se cache sous la mousse, sous les feuilles, sous les troncs d'arbres, et quelquefois dans les trous abandonnés par les taupes, ou dans d'autres trous plus petits qu'ils se pratiquent lui-même en fouillant avec les ongles et le museau. La musaraigne produit en grand nombre, autant, dit-on, que la souris, quoique moins fréquemment. Elle a le cri beaucoup plus aigu que la souris, mais elle n'est pas aussi agile à beaucoup près : on la prend aisément, parce qu'elle voit et court mal. La couleur ordinaire de la musaraigne est d'un brun mêlé de roux, mais il y en a aussi de cendrées, de presque noires, et toutes sont plus ou moins blanchâtres sous le ventre. Elles sont très-communes dans toute l'Europe.

LA MUSARAIGNE D'EAU.

Ce qu'on peut assurer au sujet de la musaraigne d'eau, c'est qu'on la prend à la source des fontaines, au lever et au coucher du soleil ; que dans le jour elle reste cachée dans des fentes de rochers ou dans des trous sous terre, le long des petits ruisseaux ; qu'elle met bas au printemps, et qu'ordinairement elle produit neuf petits.

LA TAUPE.

A taupe, sans être aveugle, a les yeux si petits, si couverts, qu'elle ne peut faire grand usage du sens de la vue: mais elle a le toucher délicat; son poil est doux comme la soie; elle a l'ouïe très-fine et de petites mains à cinq doigts, bien différentes de l'extrémité des pieds des autres animaux, et presque semblables aux mains de l'homme; beaucoup de force pour le volume de son corps, le cuir ferme, un embonpoint constant, les douces habitudes du repos et de la solitude, l'art de se mettre en sûreté, de se faire en un instant un asile, un domicile, la facilité de l'étendre, et d'y trouver, sans en sortir, une abondante subsistance.

Elle ferme l'entrée de sa retraite, n'en sort presque jamais qu'elle n'y soit forcée par l'abondance des pluies d'été, lorsque l'eau la remplit ou lorsque le pied du jardinier en affaisse le dôme ; elle se pratique une voûte en rond dans les prairies, et assez ordinairement un boyau long dans les jardins, parce qu'il y a plus de facilité à diviser et à soulever une terre meuble et cultivée qu'un gazon ferme et tissu de racines ; elle ne demeure ni dans la fange ni dans les terrains durs, trop compactes ou trop pierreux ; il lui faut une terre douce, fournie de racines esculentes, et surtout bien peuplée d'insectes et de vers, dont elle fait sa principale nourriture.

Comme les taupes ne sortent que rarement de leur domicile souterrain, elles ont peu d'ennemis, et échappent aisément aux animaux carnassiers : leur plus grand fléau est le débordement des rivières ; on les voit, dans les inondations, fuir en nombre à la nage, et faire tous leurs efforts pour gagner les terres plus élevées ; mais la plupart périssent aussi bien que leurs petits qui restent dans les trous ; elles ne les portent pas longtemps, car on trouve déjà beaucoup de petits au mois de mai ; il y en a ordinairement quatre ou cinq dans chaque portée, et il est assez aisé de distinguer, parmi les mottes qu'elles élèvent, celles sous lesquelles elles mettent bas : ces mottes sont faites avec beaucoup d'art, et sont ordinairement plus grosses et plus élevées que les autres.

Le domicile où elles font leurs petits mériterait une description particulière. Il est fait avec une intelligence singulière ; elles commencent par pousser, par élever la terre et former une voûte assez élevée ; elles laissent des cloisons, des espèces de piliers de distance en distance ;

elles pressent et battent la terre, la mêlent avec des racines et des herbes, et la rendent si dure et si solide par-dessous, que l'eau ne peut pénétrer la voûte à cause de sa convexité et de sa solidité ; elles élèvent ensuite un tertre par-dessous, au sommet duquel elles apportent de l'herbe et des feuilles pour faire un lit à leurs petits ; dans cette situation, ils se trouvent au-dessus du niveau du terrain, et par conséquent à l'abri des inondations ordinaires, et en même temps à couvert de la pluie par la voûte qui recouvre le tertre sur lequel ils reposent. Ce tertre est percé tout autour de plusieurs trous en pente, qui descendent plus bas et s'étendent de tous côtés, comme autant de routes souterraines par où la mère taupe peut sortir et aller chercher la subsistance nécessaire à ses petits ; ces sentiers souterrains sont fermes et battus, s'étendent à douze ou quinze pas, et partent tous du domicile comme des rayons d'un centre. On y trouve, aussi bien que sous la voûte, des débris d'oignons de colchique, qui sont apparemment la première nourriture qu'elle donne à ses petits.

La taupe ne se trouve guère que dans les pays cultivés ; il n'y en a point dans les déserts arides ni dans les climats froids, où la terre est gelée pendant la plus grande partie de l'année.

CARNIVORES PLANTIGRADES.

L'OURS.

Il n'est pas rare de trouver dans les Alpes l'ours brun; on y trouve moins souvent l'ours noir, que l'on rencontre en grand nombre dans les forêts des pays septentrionaux de l'Europe et de l'Amérique. Le brun est féroce et carnassier, le noir n'est que farouche, et refuse constamment de manger de la chair.

L'ours est non-seulement sauvage, mais solitaire ; il fuit par instinct toute société, il s'éloigne des lieux où les hommes ont accès, il ne se trouve à son aise que dans les endroits qui appartiennent encore à la vieille nature. Une caverne antique dans des rochers inaccessibles, une grotte formée par le temps dans le tronc d'un vieux arbre, au milieu d'une épaisse forêt, lui servent de domicile ; il s'y retire seul, y passe une partie de l'hiver sans provisions, sans en sortir pendant plusieurs semaines. Cependant il n'est point engourdi ni privé de sentiment, mais comme il est naturellement gras, et qu'il l'est excessivement sur la fin de l'automne, temps auquel il se recèle, cette abondance de graisse lui fait supporter l'abstinence, et il ne sort de sa bauge que lorsqu'il se sent affamé.

La mère a le plus grand soin de ses petits ; elle leur prépare un lit de mousse et d'herbes dans le fond de sa caverne, et les allaite jusqu'à ce qu'ils puissent sortir avec elle : elle met bas en hiver, et ses petits commencent à la suivre au printemps. Le mâle et la femelle n'habitent point ensemble ; ils ont chacun leur retraite séparée, et même fort éloignée. Lorsqu'ils ne peuvent trouver une grotte pour se gîter, ils cassent et ramassent du bois pour se faire une loge qu'ils recouvrent d'herbes et de feuilles au point de la rendre impénétrable à l'eau.

La voix de l'ours est un grondement, un gros murmure, souvent mêlé d'un frémissement de dents qu'il fait surtout entendre lorsqu'on l'irrite ; il est très-susceptible de colère, et sa colère tient toujours de la fureur et souvent du caprice : quoiqu'il paraisse doux pour son maître, et même obéissant lorsqu'il est apprivoisé, il faut toujours s'en défier, le traiter avec circonspection, et surtout ne le pas frapper au bout du nez. On lui apprend à se tenir debout, à gesticuler, à danser ; il semble même écouter le son des instruments et suivre grossièrement la mesure ; mais pour lui donner cette espèce d'éducation, il faut le prendre jeune, et le contraindre pendant toute sa vie. L'ours qui a de l'âge ne s'apprivoise ni ne se contraint plus ; il est naturellement intrépide, ou tout au moins indifférent au danger. L'ours sauvage ne se détourne pas de son chemin, ne fuit pas à l'aspect de l'homme ; cependant on prétend que par un coup de sifflet on le surprend, on l'étonne au point qu'il s'arrête et se lève sur les pieds de derrière. C'est le temps qu'il faut prendre pour le tirer, et tâcher de le tuer ; car s'il n'est que blessé, il vient en furie se jeter sur le tireur, et, l'embrassant des pattes de devant, il l'étoufferait, s'il n'était secouru.

La peau de l'ours est de toutes les fourrures grossières celle qui a le plus de prix, et la quantité d'huile que l'on tire d'un seul ours est fort considérable.

La quantité de graisse dont l'ours est chargé le rend très-léger à la nage, aussi traverse-t-il sans fatigue des fleuves et des lacs.

L'ours a les sens de la vue, de l'ouïe et du toucher très-bons, quoiqu'il ait l'œil très-petit relativement au volume de son corps, les oreilles courtes, la peau épaisse et le poil fort touffu : il a l'odorat excellent, et peut-être plus exquis qu'aucun autre animal. Il a jambes et les bras charnus comme l'homme, l'os du talon court et formant une partie de la plante du pied, cinq orteils opposés au talon dans les pieds de derrière, les os du carpe égaux dans les pieds de devant; mais le pouce n'est pas séparé, et le plus gros doigt est en dehors de cette espèce de main, au lieu que dans celle de l'homme il est en dedans : ses doigts sont gros, courts et serrés l'un contre l'autre, aux mains comme aux pieds; les ongles sont noirs, et d'une substance homogène fort dure. Il frappe avec ses poings comme l'homme avec les siens; mais ces ressemblances grossières avec l'homme ne rendent l'ours que plus difforme, et ne lui donnent aucune supériorité sur les autres animaux.

L'OURS BLANC.

L'ours blanc se trouve surtout dans les mers du Nord. Il vit de poissons, il ne quitte pas les rivages de la mer, et souvent même il habite en pleine eau sur les glaçons flottants. Mais, lorsqu'il trouve quelque proie sur terre, il ne se donne pas la peine d'aller chasser en mer ; il dévore les rennes et les autres animaux qu'il peut saisir ; il attaque même les hommes et ne manque jamais de déterrer les cadavres.

On a lieu de penser que ces ours de mer sont d'une espèce plus féroce et plus vorace que l'espèce ordinaire de l'ours. Ils ne peuvent nager que pendant peu de temps ; ils ne sont donc point amphibies.

Tous les ours ont naturellement beaucoup de graisse,

et ceux-ci, qui ne vivent que d'animaux chargés d'huile en ont plus que les autres ; elle est aussi à peu près semblable à celle de la baleine. La chair de ces ours n'est, dit-on, pas mauvaise à manger, et leur peau fournit une fourrure très-chaude et très-durable.

LE BLAIREAU.

e blaireau est un animal paresseux, défiant, solitaire, qui se retire dans les lieux les plus écartés, dans les bois les plus sombres, et s'y creuse une demeure souterraine ; il semble fuir la société, même la lumière, et passe les trois quarts de sa vie dans ce séjour ténébreux, dont il ne sort que pour chercher sa subsistance. Comme il a le corps allongé, les jambes courtes, les ongles, surtout ceux des pieds de devant, très-longs et très-fermes, il a plus de facilité qu'un autre pour ouvrir la terre, y fouiller, y pénétrer, et jeter derrière lui les déblais de son excavation, qu'il rend tortueuse, oblique, et qu'il pousse quelquefois fort loin. Le blaireau, forcé par le renard à changer de manoir, ne change pas de pays ; il ne va qu'à quelque distance travailler sur nouveaux frais à se pratiquer un autre gîte, dont il ne sort que la nuit, dont il ne s'écarte guère, et où il revient dès qu'il sent quelque danger. Il n'a que ce moyen de se mettre en sûreté, car il ne peut échapper par la fuite ; il a les jambes trop courtes pour pouvoir bien courir. Les chiens l'atteignent promptement, lorsqu'ils le surprennent à quelque distance de son trou : cependant il est rare qu'ils l'arrêtent tout à fait et qu'ils en viennent à bout, à moins qu'on ne les aide. Le blaireau a le poil très-épais, les jambes, la mâchoire et les dents très-fortes, aussi bien que les ongles ; il se sert de toute sa force, de toute sa résistance et de toutes ses armes en se couchant sur le dos, et il fait aux chiens de profondes blessures. Il a d'ailleurs la vie très-dure ; il combat longtemps, se défend courageusement et jusqu'à la dernière extrémité.

Les jeunes s'apprivoisent aisément, jouent avec les petits chiens, et suivent comme eux la personne qu'ils connaissent et qui leur donne à manger ; mais ceux que l'on prend vieux demeurent toujours sauvages : ils ne sont ni malfaisants ni gourmands comme le renard et le loup, et cependant ils sont animaux carnassiers ; ils mangent de tout ce qu'on leur offre, de la chair, des œufs, du fromage, du beurre, du pain, du poisson, des fruits, des noix, des graines, des racines, etc., et ils préfèrent la viande crue à tout le reste. Ils dorment la nuit entière et les trois quarts du jour, sans cependant être sujets à l'engourdissement pendant l'hiver, comme les marmottes ou les loirs. Ce sommeil fréquent fait qu'ils sont toujours gras, quoiqu'ils ne mangent pas beaucoup ; et c'est par la même raison qu'ils supportent aisément la diète, et qu'ils restent souvent dans leur terrier trois ou quatre jours sans en sortir, surtout dans les temps de neige.

Ils tiennent leur domicile propre. Lorsque la femelle est prête à mettre bas, elle coupe l'herbe, en fait une espèce de fagot qu'elle traîne entre ses jambes jusqu'au fond du terrier, où elle fait un lit commode pour elle et ses petits. C'est en été qu'elle met bas, et la portée est ordinairement de trois ou de quatre. Lorsqu'ils sont un peu grands, elle leur apporte à manger; elle ne sort que la nuit, va plus au loin que dans les autres temps ; elle déterre les nids de guêpes, en emporte le miel, perce les rabouillères des lapins, prend les jeunes lapereaux, saisit aussi les mulots, les lézards, les serpents, les sauterelles, les œufs des oiseaux, et porte tout à ses petits, qu'elle fait sortir souvent sur le bord du terrier, soit pour les allaiter, soit pour leur donner à manger.

Ces animaux sont naturellement frileux ; ceux qu'on élève dans la maison ne veulent pas quitter le coin du feu, et souvent s'en approchent de si près qu'ils se brûlent les pieds, et ne guérissent pas aisément. Le blaireau a toujours le poil gras et malpropre. Sa chair n'est pas absolument mauvaise à manger, et l'on fait de sa peau des fourrures grossières, des colliers pour les chiens, des couvertures pour les chevaux, etc.

CARNIVORES DIGITIGRADES.

LA MARTE.

La marte, originaire du Nord, est naturelle à ce climat. Elle est, au contraire, en petit nombre dans les climats tempérés, et ne se trouve point dans les pays chauds : elle est aussi rare en France que la fouine y est commune. Il n'y en a point du tout en Angleterre, parce qu'il n'y a pas de bois. Elle fuit également les pays habités et les lieux découverts ; elle demeure au fond des forêts, ne se cache point dans les rochers, mais parcourt les bois et grimpe au-dessus des arbres ; elle vit de chasse et détruit une quantité prodigieuse d'oiseaux, dont elle cherche les nids pour en sucer les œufs ; elle prend les écureuils, les mulots, les lérots, etc., elle mange aussi du miel comme la fouine et le putois. On ne la trouve pas en pleine campagne, dans les prairies, dans les champs, dans les vignes, elle ne s'approche jamais des habitations, et elle diffère encore de la fouine par la manière dont elle se fait chasser. Dès que la fouine se sent poursuivre par un chien, elle se soustrait en gagnant promptement son grenier ou son trou : la marte, au contraire, se fait suivre assez longtemps par les chiens, avant de grimper sur un arbre ; elle ne se donne pas la peine de monter jusqu'au-dessus des branches, elle se tient sur la tige, et de là les regarde passer. La trace que la marte laisse sur la neige paraît être celle d'une grande bête, parce qu'elle ne va qu'en sautant et qu'elle marque toujours de deux pieds à la fois ; elle est un peu plus grosse que la fouine, et cependant elle a la tête plus courte ; elle a les jambes plus longues, et court par conséquent plus aisément ; elle a la gorge jaune, au lieu que la fouine l'a blanche ; son poil est aussi bien plus fin, bien plus fourni et moins sujet à tomber ; elle ne prépare pas, comme la fouine, un lit à ses petits : néanmoins elle les loge encore plus commodément. Les écureuils font, comme l'on sait, des nids au-dessus des arbres avec autant d'art que les oiseaux ; lorsque la marte est prête à mettre bas, elle grimpe au nid de l'écureuil, l'en chasse, en élargit l'ouverture, s'en empare et y fait ses petits ; elle se sert aussi des anciens nids de ducs et les buses, et des trous des vieux arbres, dont elle déniche les pics-de-bois et les autres oiseaux. Elle met bas au printemps : la portée n'est que de deux ou trois ; les petits naissent les yeux fermés, et cependant grandissent en peu de temps ; elle leur apporte bientôt des oiseaux, des œufs, et les mène ensuite à la chasse avec elle.

Les martes sont aussi communes dans le nord de l'Amérique que dans le nord de l'Europe et de l'Asie : on en apporte beaucoup du Canada ; il y en a dans toute l'étendue des terres septentrionales de l'Amérique jusqu'à la baie d'Hudson, et en Asie, jusqu'au nord du royaume de Tonquin et de l'empire de la Chine.

LA FOUINE.

La plupart des naturalistes ont écrit que la fouine et la marte étaient des animaux de la même espèce. Mais la fouine diffère de la marte par le naturel et par le tempérament, puisque celle-ci fuit les lieux découverts, habite au fond des bois, demeure sur les arbres, ne se trouve en grand nombre que dans les climats froids, au lieu que la fouine s'approche des habitations, s'établit même dans les vieux bâtiments, dans les greniers à foin, dans les trous de murailles; qu'enfin l'espèce en est généralement répandue en grand nombre dans tous les pays tempérés, et même dans les climats chauds, et qu'elle ne se trouve pas dans les pays du Nord.

La fouine a la physionomie très-fine, l'œil vif, le saut

léger, les membres souples, le corps flexible, tous les mouvements très-prestes ; elle saute et bondit plutôt qu'elle ne marche ; elle grimpe aisément contre les murailles qui ne sont pas bien enduites, entre dans les colombiers, les poulaillers, etc., mange les œufs, les pigeons, les poules, etc., en tue quelquefois un grand nombre et les porte à ses petits ; elle prend aussi les souris, les rats, les taupes, les oiseaux dans leurs nids.

LE PUTOIS.

e putois ressemble beaucoup à la fouine par le tempérament, par le naturel, par les habitudes ou les mœurs, et aussi par la forme du corps. Comme elle, il s'approche des habitations, monte sur les toits, s'établit dans les greniers à foin, dans les granges et dans les lieux peu fréquentés, d'où il ne sort que la nuit pour chercher sa proie. Il se glisse dans les basses-cours, monte aux volières, aux colombiers, où, sans faire autant de bruit que la fouine, il fait plus de dégât ; il coupe ou écrase la tête à toutes les volailles, et ensuite il les transporte une à une et en fait magasin ; si, comme il arrive souvent, il ne peut les emporter entières, parce que le trou par où il est entré se trouve trop étroit, il leur mange la cervelle et emporte les têtes. Il est aussi fort avide de miel ; il attaque les ruches en hiver et force les abeilles à les abandonner.

A la ville il vit de proie, et de chasse à la campagne ; il s'établit, pour passer l'été, dans les terriers de lapins, dans les fentes de rochers, dans des troncs d'arbres creux, d'où il ne sort guère que la nuit pour se répandre dans les champs, dans les bois ; il cherche les nids des perdrix, des alouettes et des cailles ; il grimpe sur les arbres pour prendre ceux des autres oiseaux ; il épie les rats, les taupes, les mulots, et fait une guerre continuelle aux lapins, qui ne peuvent lui échapper, parce qu'il entre aisément dans leurs trous : une seule famille de putois suffit pour détruire une garenne. Ce serait le moyen le plus simple pour diminuer le nombre des lapins dans les endroits où ils deviennent trop abondants.

Le putois est un peu plus petit que la fouine ; il a la queue plus courte, le museau plus pointu, le poil plus épais et plus noir ; il a du blanc sur le front, aussi bien qu'aux côtés du nez et autour de la gueule. Il en diffère encore par la voix : la fouine a le cri aigu et assez éclatant ; le putois a le cri plus obscur ; il ont tous deux, aussi bien que la marte et l'écureuil, un grognement d'un ton grave et colère, qu'ils répètent souvent lorsqu'on les irrite ; enfin le putois ne ressemble point à la fouine par l'odeur, qui, loin d'être agréable, est au contraire si fétide qu'on l'a d'abord distingué et dénommé par là. C'est surtout lorsqu'il est échauffé, irrité, qu'il exhale et répand au loin une odeur insupportable. Les chiens ne veulent point manger de sa chair, et sa peau même, quoique bonne, est à vil prix, parce qu'elle ne perd jamais entièrement son odeur naturelle.

Le putois paraît être un animal des pays tempérés : on n'en trouve que peu ou point dans les pays du Nord, et ils sont plus rares que la fouine dans les climats méridionaux.

LE FURET.

QUELQUES auteurs ont douté si le furet et le putois étaient des animaux d'espèces différentes. Mais ils ne se mêlent point ensemble, et diffèrent d'ailleurs par un grand nombre de caractères essentiels. Le furet a le corps plus allongé et plus mince, la tête plus étroite, le museau plus pointu que le putois ; il n'a pas le même instinct pour trouver sa subsistance ; il faut en avoir soin, le nourrir à la maison, du moins dans ces climats ; il ne va pas s'établir à la campagne ni dans les bois ; et ceux que l'on perd dans les trous de lapins, et qui ne reviennent pas, ne se sont jamais multipliés dans les champs ni dans les bois ; ils périssent apparemment pendant l'hiver : le furet varie aussi par la couleur du poil comme les autres animaux domestiques, et il est aussi commun dans les pays chauds, que le putois y est rare.

Cet animal est naturellement ennemi mortel du lapin : lorsqu'on présente un lapin, même mort, à un jeune furet qui n'en a jamais vu, il se jette dessus et le mort avec fureur ; s'il est vivant, il le prend par le cou, par le nez, et lui suce le sang ; lorsqu'on le lâche dans les trous des lapins, on le musèle, afin qu'il ne les tue pas dans le fond du terrier, et qu'il les oblige seulement à sortir et à se jeter dans le filet dont on couvre l'entrée. Si on laisse aller le furet sans muselière, on court risque de le perdre, parce qu'après avoir sucé le sang du lapin il s'endort, et la fumée qu'on fait dans le terrier n'est pas toujours un moyen sûr pour le ramener, parce que souvent il y a plusieurs issues, et qu'un terrier communique à d'autres, dans lesquels le furet s'engage à mesure que la fumée le gagne. Les enfants se servent aussi du furet pour dénicher des oiseaux ; il entre aisément dans les trous des arbres et des murailles, et il les apporte au dehors.

Le furet, quoique facile à apprivoiser et même assez docile, ne laisse pas d'être fort colère ; il a une mauvaise odeur en tout temps, qui devient bien plus forte lorsqu'il s'échauffe ou qu'on l'irrite ; il a les yeux vifs, le regard enflammé, tous les mouvements très-souples, et il est en même temps si vigoureux, qu'il vient aisément à bout d'un lapin qui est au moins quatre fois plus gros que lui.

LA BELETTE.

La belette ordinaire est aussi commune dans les pays tempérés et chauds qu'elle est rare dans les climats froids.

Lorsqu'une belette peut entrer dans un poulailler, elle n'attaque pas les coqs ou les vieilles poules ; elle choisit les poulettes, les petits poussins, les tue par une seule blessure qu'elle leur fait à la tête, et ensuite les emporte tous les uns après les autres ; elle casse aussi les œufs et les suce avec une incroyable avidité. En hiver, elle demeure ordinairement dans les greniers, dans les granges ; souvent même elle y reste au printemps pour y faire ses petits dans le foin ou la paille ; pendant tout ce temps, elle fait la guerre, avec encore plus de succès que le chat, aux rats et aux souris, parce qu'ils ne peuvent lui échapper et qu'elle entre après eux dans leurs trous ; elle grimpe aux colombiers, prend les pigeons, les moineaux, etc. En été, elle va à quelque distance des maisons, surtout dans les lieux bas autour des moulins, le long des ruisseaux, des rivières, se cache dans les buissons pour attraper des oiseaux, et souvent s'établit dans le creux d'un vieux saule pour y faire ses petits ; elle leur prépare un lit avec de l'herbe, de la paille, des feuilles, des étoupes ; elle met bas au printemps ; les portées sont quelquefois de trois, et ordinairement de quatre ou de cinq ; les petits naissent les yeux fermés, aussi bien que ceux du putois, de la marte, de la fouine, etc., mais en peu de temps ils prennent assez d'accroissement et de force pour suivre leur mère à la chasse, elle attaque les couleuvres, les rats d'eau, les taupes, les mulots, etc., parcourt les prairies, dévore les cailles et leurs œufs. Elle ne marche jamais d'un pas égal, elle ne va qu'en bondissant par petits sauts inégaux et précipités, et lorsqu'elle veut monter sur un arbre, elle fait un bond par lequel elle s'élève tout d'un coup à plusieurs pieds de hauteur ; elle bondit même lorsqu'elle veut attraper un oiseau.

Ces animaux ont, aussi bien que le putois et le furet, l'odeur si forte qu'on ne peut les garder dans une chambre habitée ; ils sentent plus mauvais en été qu'en hiver, et lorsqu'on les poursuit ou qu'on les irrite, ils infectent de loin. Ils marchent toujours en silence, ne donnent jamais de voix qu'on ne les frappe ; ils ont un cri aigre et enroué qui exprime bien le ton de la colère.

L'HERMINE OU LE ROSELET.

A belette à queue noire s'appelle hermine ou roselet : hermine lorsqu'elle est blanche, roselet lorsqu'elle est rousse ou jaunâtre.

La peau de cet animal est précieuse : tout le monde connaît les fourrures d'hermine ; elles sont bien plus belles et d'un blanc plus mat que celles du lapin blanc ; mais elles jaunissent avec le temps, et même les hermines de ce climat ont toujours une légère teinte jaune.

Les hermines sont très-communes dans tout le Nord, surtout en Russie, en Norwége, en Laponie : elles y sont, comme ailleurs, rousses en été et blanches en hiver ; elles se nourrissent de petits-gris et d'une espèce de rats qui est très-abondante en Norwége et en Laponie ; les hermines sont rares dans les pays tempérés, et ne se trouvent point dans les pays chauds.

LA ZIBELINE.

Es zibelines habitent le bord des fleuves, les lieux ombragés et les bois les plus épais ; elles sautent très-agilement d'arbre en arbre, et craignent fort le soleil, qui change, dit-on, en très-peu de temps la couleur de leur poil ; on prétend qu'elles se cachent et qu'elles sont engourdies pendant l'hiver ; cependant c'est dans ce temps qu'on les chasse et qu'on les cherche de préférence, parce que leur fourrure est alors bien plus belle et bien meilleure qu'en été ; elle vivent de rats, de poisson, de graine de pin et de fruits sauvages ; on les trouve principalement en Sibérie ; il n'y en a que peu dans les forêts de la Grande-Russie, et encore moins en Laponie. Les zibelines les plus noires sont celles qui sont les plus estimées.

La chasse des zibelines se fait par des criminels confinés en Sibérie, ou par les soldats qu'on y envoie exprès, et qui y demeurent ordinairement plusieurs années ; les uns et les autres sont obligés de fournir une certaine quantité de fourrures à laquelle ils sont taxés ; il ne tirent qu'à balle seule pour gâter le moins qu'il est possible la peau de ces animaux, et quelquefois au lieu d'armes à feu ils se servent d'arbalètes et de très-petites flèches.

LE PEKAN ET LE VISON.

Il y a longtemps que le nom de *pekan* était en usage dans le commerce de la pelleterie du Canada, sans que l'on en connût mieux l'animal auquel il appartient en propre. Il en est du *vison* comme *pekan :* nous ignorons l'origine de ces deux noms ; nous savons seulement qu'ils appartiennent à deux animaux de l'Amérique septentrionale.

Le pekan ressemble à la marte, et le vison à la fouine. Ils ont la même forme de corps, les mêmes proportions, les mêmes longueurs de queue, la même qualité de poil, le même nombre de dents et d'ongles, le même instinct, les mêmes habitudes naturelles ; seulement ils ont le poil plus brun, plus lustré et plus soyeux.

LA LOUTRE.

La loutre est un animal vorace, plus avide de poisson que de chair, qui ne quitte guère le bord des rivières ou des lacs, et qui dépeuple quelquefois les étangs ; elle a plus de facilité qu'un autre pour nager, plus même que le castor, car il n'a des membranes qu'aux pieds de derrière, et il a les doigts séparés dans les pieds de devant, tandis que la loutre a des membranes à tous les pieds ; elle nage presque aussi vite qu'elle marche ; elle ne va point à la mer, comme le castor, mais elle parcourt les eaux douces et remonte ou descend les rivières à des distances considérables : souvent elle nage entre deux eaux et y demeure assez longtemps ; elle vient ensuite à la surface, afin de respirer.

A parler exactement, elle n'est point animal amphibie, c'est-à-dire animal qui peut vivre également et dans l'air et dans l'eau ; elle n'est pas conformée pour demeurer dans ce dernier élément, et elle a besoin de respirer à peu près comme tous les autres animaux terrestres : si même il arrive qu'elle s'engage dans une nasse à la poursuite d'un poisson, on la trouve noyée, et l'on voit qu'elle n'a pas eu le temps d'en couper tous les osiers pour en sortir. Elle a les dents comme la fouine, mais plus grosses et plus fortes relativement au volume de son corps. Faute de poisson, d'écrevisses, de grenouilles, de rats d'eau, ou d'autre nourriture, elle coupe les jeunes rameaux et mange l'écorce des arbres aquatiques ; elle mange aussi de l'herbe nouvelle au printemps ; elle ne craint pas plus le froid que l'humidité ; elle met bas au mois de mars ; les portées sont de trois ou quatre. Ordinairement les jeunes animaux sont jolis ; les jeunes loutres sont plus laides que les vieilles. La tête mal faite, les oreilles placées bas, des yeux trop petits et couverts, l'air obscur, les mouvements gauches, toute la figure ignoble, informe, un cri qui paraît machinal, et qu'elle répètent à tout moment, sembleraient annoncer un animal stupide ; cependant la loutre devient industrieuse avec l'âge, au moins assez pour faire la guerre avec grand avantage aux poissons, qui pour l'instinct et le sentiment sont très-inférieurs aux autres animaux.

La loutre est, de son naturel, sauvage et cruelle ; quand elle peut entrer dans un vivier, elle y fait ce que le putois fait dans un poulailler ; elle tue beaucoup plus de poissons qu'elle ne peut en manger, et ensuite elle en emporte un dans sa gueule.

Le poil de loutre ne mue guère ; sa peau d'hiver est cependant plus brune et se vent plus cher que celle d'été ; elle fait une très-bonne fourrure. Sa chair se mange en maigre et a, en effet, un mauvais goût de poisson, ou plutôt de marais. Sa retraite est infectée de la mauvaise odeur des débris du poisson qu'elle y laisse pourrir ; elle sent elle-même assez mauvais : les chiens les chassent volontiers et l'atteignent aisément, lorsqu'elle est éloigné de son gîte et de l'eau ; mais quand ils la saisissent, elle se défend, les mord cruellement, et quelquefois avec tant de force et d'acharnement qu'elle leur brise les os des jambes, et qu'il faut la tuer pour la faire démordre. Le castor cependant, qui n'est pas un animal bien fort, chasse la loutre et ne lui permet pas d'habiter sur les bords qu'il fréquente.

Cette espèce, sans être en très-grand nombre, est généralement répandue en Europe, depuis la Suède jusqu'à Naples, et se retrouve dans l'Amérique septentrionale.

LE LOUP.

Le loup est naturellement grossier et poltron, mais il devient ingénieux par besoin, et hardi par nécessité; pressé par la famine, il brave le danger, il vient attaquer les animaux qui sont sous la garde de l'homme, ceux surtout qu'il peut emporter aisément, comme les agneaux, les petits chiens, les chevreaux ; et lorsque cette maraude lui réussit, il revient souvent à la charge, jusqu'à ce qu'ayant été blessé ou chassé et maltraité par les hommes et les chiens, il se recèle pendant le jour dans son fort, n'en sort que la nuit, parcourt la campagne, rôde autour des habitations, ravit les animaux abandonnés, vient attaquer les bergeries, et creuse la terre sous les portes, entre furieux, met tout à mort avant de choisir et d'emporter sa proie. Lorsque ces courses ne lui produisent rien, il retourne au fond des bois, se met en quête, cherche, suit à la piste, chasse, poursuit les animaux sauvages dans l'espérance qu'un autre loup pourra les arrêter, les saisir dans leur fuite, et qu'ils en parta-

geront la dépouille. Enfin, lorsque le besoin est extrême, il s'expose à tout, attaque les femmes et les enfants, même se jette quelquefois sur les hommes.

Le loup, tant à l'extérieur qu'à l'intérieur, ressemble si fort au chien, qu'il paraît modelé sur la même forme;

cependant il n'offre tout au plus que le revers de l'empreinte, et ne présente les mêmes caractères que sous une face entièrement opposée : si la forme est semblable, ce qui en résulte est bien contraire ; le naturel est si différent que, non-seulement ils sont incompatibles, mais antipathiques par nature, ennemis par instinct. Si le loup est le plus fort, il déchire, il dévore sa proie ; le chien au contraire, plus généreux, se contente de la victoire ; il l'abandonne pour servir de pâture aux corbeaux, et même aux autres loups ; car ils s'entre-dévorent, et lorsqu'un loup est grièvement blessé, les autres le suivent au sang, et s'attroupent pour l'achever.

Le chien, même sauvage, n'est pas d'un naturel farouche ; il s'apprivoise aisément, s'attache et demeure fidèle à son maître. Le loup, pris jeune, se prive, mais ne s'attache point ; la nature est plus forte que l'éducation ; il reprend avec l'âge son caractère féroce, et retourne, dès qu'il le peut, à son état sauvage. Les chiens, même les plus grossiers, cherchent la compagnie des autres animaux ; ils sont naturellement portés à les suivre, à les accompagner, et c'est par instinct seul et non par éducation qu'ils savent conduire et garder les troupeaux. Le loup est, au contraire, l'ennemi de toute société, il ne fait pas même compagnie à ceux de son espèce ; lorsqu'on les voit plusieurs ensemble, ce n'est point une société de paix, c'est un attroupement de guerre, qui se fait à grand bruit, avec des hurlements affreux, et qui dénote un projet d'attaquer quelque gros animal comme un cerf, un bœuf, ou de se défaire de quelque redoutable mâtin. Dès que leur expédition militaire est consommée, ils se séparent et retournent en silence à leur solitude.

Il n'y a pas de races intermédiaires entre le chien et le loup ; ils sont d'un naturel tout opposé, d'un tempérament différent.

Lorsque les louves sont prêtes à mettre bas, elles cherchent au fond du bois un fort, un endroit bien fourré au milieu duquel elles aplanissent un espace assez considérable en coupant, en arrachant les épines avec les dents ; elles y apportent ensuite une grande quantité de mousse, et préparent un lit commode pour leurs petits. Elles en font ordinairement cinq ou six, quelquefois sept, huit et même neuf, et jamais moins de trois ; ils naissent les yeux fermés comme les chiens ; la mère les allaite pendant quelques semaines et leur apprend bientôt à manger de la chair qu'elle leur prépare en la mâchant. Quelque temps après elle leur apporte des mulots, des levrauts, des perdrix, des volailles vivantes ; les louveteaux commencent par jouer avec elles et finissent par les étrangler ; la louve ensuite les déplume, les écorche, les déchire et en donne une part à chacun. Ils ne sortent du fort où ils ont pris naissance qu'au bout de six semaines ou deux mois ; ils suivent alors leur mère qui les mène boire dans quelque tronc d'arbre ou quelque mare voisine ; elle les ramène au gîte ou les oblige à se recéler ailleurs, lorsqu'elle craint quelque danger. Ils la suivent ainsi pendant plusieurs mois. Quand on les attaque elle les défend de toutes ses forces, et même avec fureur, quoique dans les autres temps elle soit, comme toutes les femelles, plus timide que le mâle.

Ces animaux, qui sont deux ou trois ans à croître, vivent quinze ou vingt ans. Les loups blanchissent dans la vieillesse ; ils ont alors toutes les dents usées. Ils dorment lorsqu'ils sont rassasiés ou fatigués, mais plus le jour que la nuit, et toujours d'un sommeil léger; ils boivent fréquemment, et dans les temps de sécheresse, lorsqu'il n'y a point d'eau dans les ornières ou dans les vieux troncs d'arbres, ils viennent plus d'une fois par jour aux mares et aux ruisseaux. Quoique très-voraces ils supportent aisément la diète; ils peuvent passer quatre ou cinq jours sans manger, pourvu qu'ils ne manquent pas d'eau.

Le loup a beaucoup de force, surtout dans les parties antérieures du corps, dans les muscles du cou et de la mâchoire. Il porte avec sa gueule un mouton sans le laisser toucher à terre, et court en même temps plus vite que les bergers; en sorte qu'il n'y a que les chiens qui puissent l'atteindre et lui faire lâcher prise. Il mord cruellement, et toujours avec d'autant plus d'acharnement qu'on lui résiste moins; car il prend des précautions avec les animaux qui peuvent se défendre. Il craint pour lui et ne se bat que par nécessité, et jamais par un mouvement de courage : lorsqu'on le tire et que la balle lui casse quelque membre, il crie, et cependant lorsqu'on l'achève à coups de bâton il ne se plaint pas comme le chien; il est plus dur, moins sensible, plus robuste; il marche, court, rôde des jours entiers et des nuits; il est infatigable, et c'est peut-être de tous les animaux le plus difficile à forcer à la course. Le chien est doux et courageux; le loup, quoique féroce, est timide. Lorsqu'il tombe dans un piége, il est si fort et si longtemps épouvanté qu'on peut ou le tuer sans qu'il se défende, ou le prendre vivant sans qu'il résiste; on peut lui mettre un collier, l'enchaîner, le museler, le conduire ensuite partout où l'on veut sans qu'il ose donner le moindre signe de colère ou même de mécontentement. Le loup a les sens très-bons, l'œil, l'oreille et surtout l'odorat ; il sent souvent de plus loin qu'il ne voit; l'odeur du carnage l'attire de plus d'une lieue ; il sent aussi de loin les animaux vivants, il les chasse même assez longtemps en les suivant aux portées. Lorsqu'il veut sortir du bois, jamais il ne manque de prendre le vent ; il s'arrête sur la lisière, évente de tous côtés, et reçoit ainsi les émanations des corps morts ou vivants que le vent lui apporte de loin. Il préfère la chair vivante à la chair morte, et cependant il dévore les voiries les plus infectes ; il aime la chair humaine, et, peut-être, s'il était le plus fort, n'en mangerait-il pas d'autre. On a vu des loups suivre de loin les armées, arriver en nombre à des champs de bataille où l'on n'avait enterré que négligemment les corps, les découvrir, les dévorer avec une insatiable avidité ; et ces mêmes loups, accoutumés à la chair humaine, se jeter ensuite sur les hommes, attaquer le berger plutôt que le troupeau, dévorer des femmes, emporter des enfants, etc. L'on a appelé ces mauvais loups *loups-garous*, c'est-à-dire loups dont il faut se garer.

On est donc obligé quelquefois d'armer tout un pays pour se défaire des loups.

Dans les campagnes, on fait des battues à force d'hommes et de mâtins, on tend des piéges, on présente des appâts, on fait des fosses, on répand des boulettes empoisonnées ; tout cela n'empêche pas que ces animaux ne soient toujours en même nombre, surtout dans les pays où il y a beaucoup de bois.

La couleur et le poil de ces animaux changent suivant les différents climats, et varient quelquefois dans le même pays. On trouve en France et en Allemagne, outre les loups ordinaires, quelques loups à poil plus épais et tirant sur le jaune. Ces loups, plus sauvages et moins nuisibles que les autres, n'approchent jamais ni des maisons ni des troupeaux, et ne vivent que de chasse et non pas de rapine. Dans les pays du Nord, on en trouve de tout blancs et de tout noirs; ces derniers sont plus grands et plus forts que les autres. L'espèce commune est très-généralement répandue. En Orient, et surtout en Perse, on fait servir les loups à des spectacles pour le peuple ; on les exerce de jeunesse à la danse, ou plutôt à une espèce de lutte contre un grand nombre d'hommes. On achète jusqu'à cinq cents écus un loup bien dressé à la danse. Ce fait prouve au moins qu'à force de temps et de contrainte ces animaux sont susceptibles de quelque espèce d'éducation. Tant qu'ils sont jeunes, c'est-à-dire dans la première et la seconde année, ils sont assez dociles ; ils sont même caressants ; et, s'ils sont bien nourris, ils ne se jettent ni sur la volaille, ni sur les autres animaux ; mais à dix-huit mois ou deux ans ils reviennent à leur naturel ; on est forcé de les enchaîner pour les empêcher de s'enfuir et de faire du mal.

Il n'y a rien de bon dans cet animal que sa peau ; on en fait des fourrures grossières, qui sont chaudes et durables. Sa chair est si mauvaise qu'elle répugne à tous les animaux, et il n'y a que le loup qui mange volontiers du loup. Il exhale une odeur infecte par la gueule. Enfin, désagréable en tout, la mine basse, l'aspect sauvage, la voix effrayante, l'odeur insupportable, le naturel pervers, les mœurs féroces, il est odieux, nuisible de son vivant, inutile après sa mort.

LE RENARD.

Le renard est fameux par ses ruses, et mérite en partie sa réputation ; ce que le loup ne fait que par la force, il le fait par adresse, et réussit plus souvent.

Fin autant que circonspect, ingénieux et prudent, même jusqu'à la patience, il varie sa conduite, il a des moyens de réserve qu'il sait n'employer qu'à propos. Il veille de près à sa conservation ; quoique aussi infatigable, et même plus léger que le loup, il ne se fie pas entièrement à la vitesse de sa course ; il sait se mettre en sûreté en se pratiquant un asile où il se retire dans les dangers pressants, où il s'établit, où il élève ses petits. il n'est point animal vagabond, mais animal domicilié.

Le renard tourne tout à son profit ; il se loge au bord des bois, à portée des hameaux ; il écoute le champ des coqs et le cri des volailles ; il les savoure de loin ; il prend habilement son temps, cache son dessein et sa marche, se glisse, se traîne, arrive, et fait rarement des tentatives inutiles. S'il peut franchir les clôtures, ou passer par-dessous, il ne perd pas un instant ; il ravage la basse-cour, il y met tout à mort, se retire ensuite lestement en emportant sa proie, qu'il cache sous la mousse, ou porte à son terrier ; il revient quelques moments après en chercher une autre, qu'il emporte et cache de même, mais dans un autre endroit, ensuite une troisième, une quatrième, etc., jusqu'à ce que le jour ou le mouvement dans la maison l'avertisse qu'il faut se retirer et ne plus revenir. Il fait la même manœuvre dans les pipées et dans les boqueteaux où l'on prend les grives et les bécasses au lacet ; il devance le piqueur, va de très-grand matin, et souvent plus d'une fois par jour, visiter les lacets, les gluaux, emporte successivement les oiseaux qui se sont empêtrés, les dépose tous en différents endroits, surtout au bord des chemins, dans les ornières, sous de la mousse, sous un genièvre, les y laisse quelquefois deux ou trois jours, et sait parfaitement les retrouver au besoin. Il chasse les jeunes levrauts en plaine, saisit quelquefois les lièvres au gîte, ne les manque jamais lorsqu'ils sont blessés, déterre les lapereaux dans les garennes, découvre les nids de perdrix, de cailles, prend la mère sur les œufs, et détruit une quantité prodigieuse de gibier.

Pour détruire les renards, il est plus commode de tendre des piéges, où l'on met de la chair pour appât, un pigeon, une volaille vivante, etc. Le renard est aussi vorace que carnassier ; il mange de tout avec une égale avidité, des œufs, du lait, du fromage, des fruits, et surtout des raisins : lorsque les levrauts et les perdrix lui manquent, il se rabat sur les rats, les mulots, les serpents, les lézards, les crapauds, etc., il en détruit un grand nombre : c'est là le seul bien qu'il procure. Il est très-avide de miel; il attaque les abeilles sauvages, les guêpes, les frelons, qui d'abord tâchent de le mettre en fuite, en le perçant de mille coups d'aiguillon ; il se retire, en effet, mais c'est en se roulant pour les écraser, il revient si souvent à la charge qu'il les oblige à abandonner le guêpier ; alors il le déterre et en mange et le miel et la cire. Il prend aussi les hérissons, les roule avec ses pieds, et les force à s'étendre. Enfin il mange du poisson, des écrevisses, des hannetons, des sauterelles, etc.

Le renard a les sens aussi bons que le loup, le sentiment plus fin, et l'organe de la voix plus souple et plus parfait.

Son glapissement est une espèce d'aboiement qui se fait par des sons semblables et très-précipités. C'est ordinairement à la fin du glapissement qu'il donne un coup de voix plus fort, plus élevé, et semblable au cri du paon. En hiver, surtout pendant la neige et la gelée, il ne cesse de donner de la voix, et il est au contraire presque muet en été. C'est dans cette saison que son poil tombe et se renouvelle ; l'on fait peu de cas de la peau des jeunes renards, ou des renards pris en été. La chair du renard est moins mauvaise que celle du loup ; les chiens et même les hommes en mangent en automne, surtout lorsqu'il s'est nourri et engraissé de raisins, et sa peau d'hiver fait de bonnes fourrures. Il a le sommeil profond, on l'approche aisément sans l'éveiller : lorsqu'il dort, il se met en rond comme les chiens ; mais lorsqu'il ne fait que se reposer, il étend les jambes de derrière et demeure étendu sur le ventre c'est dans cette posture qu'il épie les oiseaux le long des haies. Ils ont pour lui une si grande antipathie que, dès qu'ils l'aperçoivent, ils font un petit cri d'avertissement : les geais, les merles surtout, le conduisent du haut des arbres, répètent souvent le petit cri d'avis, et le suivent quelquefois à plus de deux ou trois cents pas.

LE CHACAL OU ADIVE.

Quoique l'espèce du loup soit fort voisine de celle du chien, celle du chacal ne laisse pas de trouver place entre les deux. *Le chacal ou adive est bête entre loup et chien;* avec la férocité du loup, il a, en effet, un peu de la familiarité du chien ; sa voix est un hurlement mêlé d'aboiement et de gémissements ; il est plus criard que le chien, plus vorace que le loup ; il ne va jamais seul, mais toujours par troupes de vingt, trente ou quarante ; ils se rassemblent chaque jour pour faire la guerre et la chasse ; ils vivent de petits animaux, et se font redouter des plus puissants par le nombre. Ils attaquent toute espèce de bétail ou de volailles presque à la vue des hommes ; ils entrent insolemment et sans marquer de crainte dans les bergeries, les étables, les écuries, et lorsqu'ils n'y trouvent pas autre chose, ils dévorent le cuir, des harnais, des bottes, des souliers, et emportent des lanières qu'ils n'ont pas le temps d'avaler. Faute de proie vivante, ils déterrent les cadavres des animaux et des hommes ; on est obligé de battre la terre sur les sépultures, et d'y mêler de grosses épines pour les empêcher de la gratter et fouir, car une épaisseur de quelques pieds de terre ne suffit pas pour les rebuter ; ils travaillent plusieurs ensemble, ils accompagnent de cris lugubres cette exhumation, et lorsqu'ils sont une fois accoutumés aux cadavres humains, ils ne cessent de courir les cimetières, de suivre les armées, de

s'attacher aux caravanes : ce sont les corbeaux des quadrupèdes ; la chair la plus infecte ne les dégoûte pas ; leur appétit est si constant, si véhément, que le cuir le plus sec est encore savoureux, et que toute peau, toute graisse leur est également bonne. Tous les voyageurs se plaignent des cris, des vols et des excès du chacal, qui réunit l'impudence du chien à la bassesse du loup, et qui, participant de la nature des deux, semble n'être qu'un odieux composé de toutes les mauvaises qualités de l'un et de l'autre.

LA CIVETTE ET LE ZIBET.

Il y a un animal qu'on appelle la *genette*, qui est taché de même, qui a la tête à peu près de la même forme et qui porte, comme la civette, un sac dans lequel se filtre une humeur odorante. Mais la genette est plus petite que nos civettes ; elle a les jambes beaucoup plus courtes et le corps bien mince ; son parfum est très-faible et de peu de durée : au contraire, le parfum des civettes est très fort ; celui du zibet est d'une violence extrême et plus vif encore que celui de la civette. Ces liqueurs odorantes sont une humeur épaisse, d'une consistance semblable à celle des pommades, et dont le parfum, quoique très-fort, est agréable au sortir même du corps de l'animal. Il ne faut pas confondre cette matière des civettes avec le musc, qui est une humeur sanguinolente qu'on tire d'un animal tout différent de la civette ou du zibet ; cet animal, qui produit le musc, est une espèce de chevreuil sans bois, ou de chèvre sans cornes, qui n'a rien de commun avec les civettes que de fournir comme elles un parfum violent.

Les civettes (c'est-à-dire la civette et le zibet) sont des animaux des climats les plus chauds de l'ancien continent, qui n'ont pu passer par le Nord pour aller dans le nou-

veau, et dans le fait il n'y a jamais eu en Amérique d'autres civettes que celles qui y ont été transportées des îles Philippines et des côtes de l'Afrique ; mais, quoique originaires et natives des climats les plus chauds de l'Afrique et de l'Asie, elle peuvent cependant vivre dans les pays tempérés et même froids, pourvu qu'on les défende avec soin des injures de l'air et qu'on leur donne des aliments succulents et choisis ; on en nourrit un assez grand nombre en Hollande, où l'on fait commerce de leur parfum. La *civette* faite à Amsterdam est préférée par nos commerçants à celle qui vient du Levant ou des Indes, qui est ordinairement moins pure ; celle qu'on tire de Guinée serait la meilleure de toutes, si les Nègres, ainsi que les Indiens et les Levantins, ne la falsifiaient en y mêlant des sucs végétaux, comme du ladanum, du storax et d'autres drogues balsamiques et odoriférantes. Pour recueillir ce parfum, ils mettent l'animal dans une cage étroite où il ne peut se tourner ; ils ouvrent la cage par le bout, tirent l'animal par la queue, le contraignent à demeurer dans cette situation en mettant un bâton à travers les barreaux de la cage, au moyen duquel ils lui gênent les jambes de derrière ; ensuite ils font entrer une petite cuiller dans le sac qui contient le parfum, ils raclent avec soin toutes les parois intérieures de ce sac, et mettent la matière qu'ils en retirent dans un vase qu'ils couvrent avec soin. Cette opération se répète deux ou trois fois par semaine : la quantité de l'humeur odorante dépend beaucoup de la qualité de la nourriture et de l'appétit de l'animal ; il en rend d'autant plus qu'il est mieux et plus délicatement nourri.

Le parfum de ces animaux est si fort, qu'il se communique à toutes les parties de leur corps : le poil en est imbu, et la peau pénétrée au point que l'odeur s'en conserve longtemps après leur mort, et que de leur vivant l'on ne peut en soutenir la violence, surtout si l'on est enfermé dans le même lieu.

Les civettes sont naturellement farouches, et même un peu féroces ; cependant on les apprivoise aisément au moins assez pour les approcher et les manier sans grand danger : elles ont les dents fortes et tranchantes, mais leurs ongles sont faibles et émoussés ; elles sont agiles et même légères, quoique leur corps soit assez épais ; elles sautent comme les chats, et peuvent aussi courir comme les chiens ; elles vivent de chasse, surprennent et poursuivent les petits animaux, les oiseaux elles cherchent, comme les renards, à entrer dans le basses-cours pour emporter leurs volailles ; leurs yeu. brillent la nuit, et il est à croire qu'elles voient dan l'obscurité.

LA GENETTE.

La genette est un plus petit animal que les civettes elle a le corps allongé, les jambes courtes, le muse. pointu, la tête effilée, le poil doux et mollet, d'un gr cendré, brillant et marqué de taches noires, rondes séparées sur les côtés du corps, mais qui se réunisse de si près sur la partie du dos qu'elles paraissent form des bandes noires continues qui s'étendent tout le lo du corps ; elle a aussi sur le cou et le long de l'épine (

dos une espèce de crinière ou de poil plus long, qui forme une bande noire et continue depuis la tête jusqu'à la queue, laquelle est aussi longue que le corps, et marquée de sept ou huit anneaux alternativement noirs et blancs sur toute sa longueur ; les taches noires du cou sont en forme de bandes, et l'on voit au-dessous de chaque œil une marque blanche très-apparente. La genette a sous la queue, et dans le même endroit que les civettes, une ouverture ou sac dans lequel se filtre une espèce de parfum, mais faible et dont l'odeur ne se conserve pas : elle est un peu plus grande que la fouine, qui lui ressemble beaucoup par la forme du corps aussi bien que par le naturel et par les habitudes ; seulement il paraît qu'on apprivoise la genette plus aisément. Le nom de *genette* ne vient point des langues anciennes, et n'est probablement qu'un nom nouveau pris de quelque lieu planté de genêt, qui, comme l'on sait, est fort commun en Espagne. Les naturalistes prétendent que la genette n'habite que dans les endroits humides et le long des ruisseaux, et qu'on ne la trouve ni sur les montagnes ni dans les terres arides. L'espèce n'en est pas nombreuse, du moins elle n'est pas fort répandue ; il n'y en a point en France ni dans aucune autre province de l'Europe, à l'exception de l'Espagne et de la Turquie. Il lui faut donc un climat chaud pour subsister et se multiplier ; néanmoins il ne paraît pas qu'elle se trouve dans les pays les plus chauds de l'Afrique et des Indes.

La peau de cet animal fait une fourrure légère et très-jolie : les manchons de genette ont été fort à la mode et se vendaient fort cher.

L'HYÈNE.

Cet animal sauvage et solitaire demeure dans les cavernes des montagnes, dans les fentes des rochers ou dans des tanières qu'il se creuse lui-même sous terre : il est d'un naturel féroce, et, quoique pris tout petit, il ne s'apprivoise pas ; il vit de proie comme le loup, mais il est plus fort et paraît plus hardi. Il attaque quelquefois les hommes, il se jette sur le bétail, suit de près les troupeaux et souvent rompt dans la nuit les portes des étables et les clôtures des bergeries : ses yeux brillent dans l'obscurité, et l'on prétend qu'il voit mieux la nuit que le jour. Si l'on en croit tous les naturalistes, son cri ressemble aux sanglots d'un homme qui vomirait avec effort, ou plutôt au mugissement du veau.

L'hyène se défend du lion, ne craint pas la panthère, attaque l'once, laquelle ne peut lui résister. Lorsque la proie lui manque, elle creuse la terre avec les pieds et en tire par lambeaux les cadavres des animaux et des hommes que, dans le pays qu'elle habite, on enterre

également dans les champs. On la trouve dans presque tous les climats chauds de l'Afrique et de l'Asie.

Il y a peu d'animaux sur lesquels on ait fait autant d'histoires absurdes que sur celui-ci. On a dit qu'il savait imiter la voix humaine, retenir le nom des bergers, les appeler, les charmer, les arrêter, les rendre immobiles; faire en même temps courir les bergères et leur faire oublier leur troupeau, etc.

LE LION.

L'EXTÉRIEUR du lion ne dément point ses grandes qualités intérieures; il a la figure imposante, le regard assuré, la démarche fière, la voix terrible. Sa taille n'est point excessive comme celle de l'éléphant ou du rhinocéros; elle n'est ni lourde comme celle de l'hippopotame ou du bœuf, ni trop ramassée comme celle de l'hyène ou de l'ours, ni trop allongée ni déformée par des inégalités comme celle du chameau; mais elle est, au contraire, si bien prise et si bien proportionnée que le corps du lion paraît être le modèle de la force jointe à l'agilité. Aussi solide que nerveux, n'étant chargé ni de chair ni de graisse, et ne contenant rien de surabondant, il est tout nerf et muscle. Cette grande force musculaire se marque au dehors par les sauts et les bonds prodigieux que le lion fait aisément, par le mouvement brusque de sa queue qui est assez fort pour terrasser un homme, par la facilité avec laquelle il fait mouvoir la peau de sa face et surtout celle de son front, ce qui ajoute beaucoup à la physionomie ou plutôt à l'expression de la fureur, et enfin par la faculté qu'il a de remuer sa crinière, laquelle non-seulement se hérisse, mais se meut et s'agite en tous sens, lorsqu'il est en colère.

La lionne met bas au printemps et ne produit qu'une fois tous les ans : ce qui indique encore qu'elle est occupée pendant plusieurs mois à soigner et allaiter ses petits, et que par conséquent le temps de leur premier accroissement, pendant lequel ils ont besoin des secours de la mère, est au moins de quelques mois.

Dans ces animaux, toutes les passions, même les plus douces, sont excessives, et l'amour maternel est extrême. La lionne, naturellement moins forte, moins courageuse et plus tranquille que le lion, devient terrible dès qu'elle a des petits ; elle se montre alors avec encore plus de hardiesse que le lion, elle ne connaît point le danger, elle se jette indifféremment sur les hommes et sur les animaux qu'elle rencontre, elle les met à mort, se charge ensuite de sa proie, la porte et la partage à ses lionceaux, auxquels elle apprend de bonne heure à sucer le sang et à déchirer la chair. D'ordinaire elle met bas dans des lieux très-écartés et de difficile accès, et lorsqu'elle craint d'être découverte, elle cache ses traces en retournant plusieurs fois sur ses pas, ou bien elle les efface avec sa queue ; quelquefois même, lorsque l'inquiétude est grande, elle transporte ailleurs ses petits, et quand on veut les lui enlever, elle devient furieuse et les défend jusqu'à la dernière extrémité.

On croit que le lion n'a pas l'odorat aussi parfait ni les yeux aussi bons que la plupart des autres animaux de proie : on a remarqué que la grande lumière du soleil paraît l'incommoder, qu'il marche rarement dans le milieu du jour, que c'est pendant la nuit qu'il fait toutes ses courses, que, quand il voit des feux allumés autour des troupeaux, il n'en approche guère, etc. On a observé qu'il n'évente pas de loin l'odeur des autres animaux, qu'il ne les chasse qu'à vue et non pas en les suivant à la piste, comme font les chiens et les loups, dont l'odorat est plus fin. On a même donné le nom de *guide* ou de *pourvoyeur du lion* à une espèce de lynx auquel on suppose la vue perçante et l'odorat exquis, et on prétend que ce lynx accompagne ou précède toujours le lion pour lui indiquer sa proie.

Le lion, lorsqu'il a faim, attaque de face tous les animaux qui se présentent ; mais comme il est très-redouté, et que tous cherchent à éviter sa rencontre, il est souvent obligé de se cacher et de les attendre au passage ; il se tapit sur le ventre dans un endroit fourré, d'où il s'élance avec tant de force qu'il les saisit souvent du premier bond. Dans les déserts et les forêts, sa nourriture la plus ordinaire sont les gazelles et les singes, quoiqu'il ne prenne ceux-ci que lorsqu'ils sont à terre, car il ne grimpe pas sur les arbres comme le tigre ou le puma ; il mange beaucoup à la fois et se remplit pour deux ou trois jours ; il a les dents si fortes qu'il brise aisément les os et il les avale avec la chair. On prétend qu'il supporte longtemps la faim; comme son tempérament est excessivement chaud, il supporte moins patiemment la soif, et boit toutes les fois qu'il peut trouver de l'eau; il prend l'eau en lapant comme un chien, mais au lieu que la langue du chien se courbe en dessus pour aper, celle du lion se courbe en déssous, ce qui fait qu'il est longtemps à boire et qu'il perd beaucoup d'eau. Il lui faut environ quinze livres de chair crue chaque jour; il préfère la chair des animaux vivants, de ceux surtout qu'il vient d'égorger; quoique d'ordinaire il se nourrisse de chair fraîche, son haleine est très-forte.

Le rugissement du lion est si fort que, quand il se fait entendre par échos, la nuit dans les déserts, il ressemble au bruit du tonnerre; ce rugissement est sa voix ordinaire, car quand il est en colère il a un autre cri, qui est court et réitéré subitement, au lieu que le rugissement est un cri prolongé, une espèce de grondement d'un ton grave, mêlé d'un frémissement plus aigu : il rugit cinq ou six fois par jour, et plus souvent lorsqu'il doit tomber de la pluie. Le cri qu'il fait lorsqu'il est en colère est encore plus terrible que le rugissement : alors il se bat les flancs de sa queue, il en bat la terre, il agite sa crinière, fait mouvoir la peau de sa face, remue ses gros sourcils, montre des dents menaçantes, et tire une langue armée de pointes si dures, qu'elle suffit seule pour écorcher la peau et entamer la chair sans le secours des dents ni des ongles, qui sont, après les dents, ses armes les plus cruelles. Il est beaucoup plus fort par la tête, les mâchoires et les jambes de devant, que par les parties postérieures du corps; il voit la nuit, comme les chats; il ne dort pas longtemps, et s'éveille aisément;

mais c'est mal à propos que l'on a prétendu qu'il dormait les yeux ouverts.

La démarche ordinaire du lion est fière, grave et lente, quoique toujours oblique; sa course ne se fait pas par des mouvements égaux, mais par sauts et par bonds, et ses mouvements sont si brusques qu'il ne peut s'arrêter à l'instant et qu'il passe presque toujours son but. Lorsqu'il saute sur sa proie, il fait un bond de douze ou quinze pieds, tombe dessus, la saisit avec les pattes de devant, la déchire avec les ongles et ensuite la dévore avec les dents. Tant qu'il est jeune et qu'il a de la légèreté, il vit du produit de sa chasse, et quitte rarement ses déserts et ses forêts où il trouve assez d'animaux sauvages pour subsister aisément; mais lorsqu'il devient vieux, pesant et moins propre à l'exercice de la chasse, il s'approche des lieux fréquentés et devient plus dangereux pour l'homme et pour les animaux domestiques : seulement on a remarqué que lorsqu'il voit des hommes et des animaux ensemble, c'est toujours sur les animaux qu'il se jette et jamais sur les hommes, à moins qu'ils ne le frappent, car alors il reconnaît à merveille celui qui vient de l'offenser, et il quitte sa proie pour se venger. On prétend qu'il préfère la chair du chameau à celle de tous les autres animaux; il aime aussi beaucoup celle des jeunes éléphants; ils ne peuvent lui résister lorsque leurs défenses n'ont pas encore poussé et il en vient aisément à bout, à moins que la mère n'arrive à leur secours. L'éléphant, le rhinocéros, le tigre et l'hippopotame, sont les seuls animaux qui puissent résister au lion.

Sa peau, quoique d'un tissu ferme et serré, ne résiste point à la balle ni même au javelot; néanmoins on ne le tue presque jamais d'un seul coup : on le prend souvent par adresse, comme nous prenons les loups, en le faisant tomber dans une fosse profonde qu'on recouvre avec des matières légères, au-dessus desquelles on attache un animal vivant. Le lion devient doux dès qu'il est pris, et, si l'on profite des premiers moments de sa surprise ou de sa honte, on peut l'attacher, le museler et le conduire où l'on veut.

La chair du lion est d'un goût désagréable et fort; cependant les Nègres et les Indiens ne la trouvent pas mauvaise et en mangent souvent : la peau, qui faisait autrefois la tunique des héros, sert à ces peuples de manteau et de lit; ils en gardent aussi la graisse, qui est d'une qualité fort pénétrante, et qui même est de quelque usage dans notre médecine.

LE TIGRE.

Dans la classe des animaux carnassiers, le lion est le premier, le tigre est le second; comme le premier, même dans un mauvais genre, est toujours le plus grand et souvent le meilleur, le second est ordinairement le plus méchant de tous. Le tigre est bassement féroce, cruel sans justice, c'est-à-dire sans nécessité. Aussi est-il plus à craindre que le lion : celui-ci oublie souvent qu'il est le roi, c'est-à-dire le plus fort de tous les animaux. Le tigre au contraire, quoique rassasié de chair, semble toujours être altéré de sang ; sa fureur n'a d'autres intervalles que ceux du temps qu'il faut pour dresser des embûches ; il saisit et déchire une nouvelle proie avec la même rage qu'il vient d'exercer, et non pas d'assouvir, en dévorant la première ; il désole le pays qu'il habite, il ne craint ni l'aspect ni les armes de l'homme ; il égorge, il dévaste les troupeaux d'animaux domestiques, met à mort toutes les bêtes sauvages, attaque les petits éléphants, les jeunes rhinocéros, et quelquefois même ose braver le lion.

Le tigre, trop long de corps, trop bas sur ses jambes, la tête nue, les yeux hagards, la langue couleur de sang, toujours hors de la gueule, n'a que les caractères de la basse méchanceté et de l'insatiable cruauté ; il n'a pour tout instinct qu'une rage constante, une fureur aveugle qui ne connaît, qui ne distingue rien, et qui lui fait souvent dévorer ses propres enfants et déchirer leur mère lorsqu'elle veut les défendre.

Comme le sang ne fait que l'altérer, il a souvent besoin d'eau pour tempérer l'ardeur qui le consume ; et d'ailleurs il attend près des eaux les animaux qui y arrivent, et que la chaleur du climat contraint d'y venir plusieurs fois chaque jour : c'est là qu'il choisit sa proie, ou plutôt qu'il multiplie ses massacres ; car souvent il abandonne les animaux qu'il vient de mettre à mort pour en égorger d'autres ; il semble qu'il cherche à goûter de leur sang, il le savoure, il s'en enivre, et lorsqu'il leur fend et déchire le corps, c'est pour y plonger la tête et pour sucer à longs traits le sang dont il vient d'ouvrir la source, qui tarit presque toujours avant que sa soif ne s'éteigne.

Cependant quand il a mis à mort quelques gros animaux comme un cheval, un buffle, il ne les éventre pas sur la place, s'il craint d'y être inquiété ; pour les dépecer à son aise il les emporte dans les bois, en les traînant avec tant de légèreté, que la vitesse de sa course paraît à peine ralentie par la masse énorme qu'il entraîne. Ceci seul suffirait pour faire juger de sa force ; mais pour en donner une idée plus juste, arrêtons-nous un instant sur les dimensions et les proportions du corps de cet animal terrible. Quelques voyageurs l'ont comparé pour la grandeur, à un cheval, d'autres à un buffle, d'autres ont seulement dit qu'il était beaucoup plus grand que le lion.

Le tigre est peut-être le seul de tous les animaux dont on ne puisse fléchir le naturel : ni la force, ni la contrainte, ni la violence ne peuvent le dompter. Il s'irrite des bons comme des mauvais traitements ; la douce habitude, qui peut tout, ne peut rien sur cette nature de fer ; le temps, loin de l'amollir en tempérant les humeurs féroces, ne fait qu'aigrir le fiel de sa rage ; il déchire la main qui le nourrit comme celle qui le frappe ; il rugit à la vue de tout être vivant ; chaque objet lui paraît une nouvelle proie qu'il dévore d'avance de ses regards avides, qu'il menace par des frémissements affreux mêlés d'un grincement de dents, et vers lequel il s'élance souvent malgré les chaînes et les grilles qui brisent sa fureur sans pouvoir la calmer.

L'espèce du tigre a toujours été plus rare et beaucoup

moins répandue que celle du lion ; cependant la tigresse produit, comme la lionne, quatre ou cinq petits. Elle est furieuse en tout temps, mais sa rage devient extrême lorsqu'on les lui ravit ; elle brave tous les périls, elle suit les ravisseurs qui, se trouvant pressés, sont obligés de lui relâcher un de ses petits ; elle s'arrête, le saisit, l'emporte pour le mettre à l'abri, revient quelques instants après et les poursuit jusqu'aux portes des villes ou jusqu'à leurs vaisseaux : et, lorsqu'elle a perdu tout espoir de recouvrer sa perte, des cris forcenés et lugubres, des hurlements affreux, expriment sa douleur cruelle et font encore frémir ceux qui les entendent de loin.

Le tigre fait mouvoir la peau de sa face, grince des dents, frémit, rugit comme fait le lion ; mais son rugissement est différent.

La peau de ces animaux est assez estimée, surtout en Chine ; en Europe, ces peaux, quoique rares, ne sont pas d'un grand prix. On fait beaucoup plus de cas de celles du léopard de Guinée et du Sénégal, que nos fourreurs appelent tigre.

LA PANTHÈRE, L'ONCE ET LE LÉOPARD.

Il se trouve encore, en Asie et en Afrique, trois autres espèces d'animaux de ce genre, toutes trois différentes du tigre et toutes différentes entre elles : la *panthère*, l'*once* et le *léopard*.

La panthère a l'air féroce, l'œil inquiet, le regard cruel, les mouvements brusques et le cri semblable à celui d'un dogue en colère ; elle a même la voix plus forte et plus rauque que le chien irrité ; elle a la langue rude et très-rouge, les dents fortes et pointues, les ongles aigus et durs, la peau belle, d'un fauve plus ou moins foncé, semée de taches noires arrondies en anneaux, ou réunies en forme de roses, le poil court, la queue marquée de grandes taches noires au-dessus et d'anneaux noirs et blancs vers l'extrémité. La panthère est de la taille et de la tournure d'un dogue de forte race, mais moins haute de jambes.

L'once s'apprivoise aisément, on le dresse à la chasse et on s'en sert à cet usage en Perse et dans plusieurs autres provinces de l'Asie ; il y a des onces assez petits pour qu'un cavalier puisse les porter en croupe ; ils sont assez doux pour se laisser manier et caresser avec la main. La panthère paraît être d'une nature plus fière et moins flexible ; on la dompte plutôt qu'on ne l'apprivoise ; jamais elle ne perd en entier son caractère féroce, et, lorsqu'on veut s'en servir pour la chasse, il faut beaucoup de soins pour la dresser, et encore plus de précautions pour la conduire et l'exercer. On la mène sur une charrette enfermée dans une cage, dont on lui ouvre la porte lorsque le gibier paraît ; elle s'élance vers la bête, l'atteint ordinairement en trois ou quatre sauts, la terrasse et l'étrangle : mais, si elle manque son coup, elle devient furieuse et se jette quelquefois sur son maître, qui d'ordinaire prévient ce danger en portant avec lui des morceaux de viande ou des animaux vivants, comme des agneaux, des chevreaux, dont on lui en jette un pour calmer sa fureur.

L'espèce de l'once paraît plus nombreuse et plus répandue que celle de la panthère : on la trouve très-communément en Barbarie, en Arabie et dans toutes les parties méridionales de l'Asie, à l'exception peut-être de l'Égypte ; elle s'est même étendue jusqu'à la Chine.

Ce qui fait qu'on se sert de l'once pour la chasse dans les climats chauds de l'Asie, c'est que les chiens y sont très-rares ; il n'y a, pour ainsi dire, que ceux qu'on y transporte, et encore perdent-ils en peu de temps leur voix et leur instinct ; d'ailleurs, ni la panthère, ni l'once, ni le léopard, ne peuvent souffrir les chiens ; ils semblent les chercher et les attaquer de préférence sur toutes les autres bêtes.

Le léopard a les mêmes mœurs et le même naturel que la panthère; et je ne vois nulle part qu'on l'ait apprivoisé comme l'once, ni que les nègres du Sénégal et de Guinée, où il est très-commun, s'en soient jamais servis pour la chasse. Communément, il est plus grand que l'once et plus petit que la panthère; il a la queue plus courte que l'once, quoiqu'elle soit longue de deux pieds ou deux pieds pieds et demi.

La panthère, l'once et le léopard n'habitent que l'Afrique et les climats les plus chauds de l'Asie; ils ne se sont jamais répandus dans les pays du Nord, ni même dans les régions tempérées. Ces animaux, en général, se plaisent dans les forêts touffues, et fréquentent souvent les bords des fleuves et les environs des habitations isolées, où ils cherchent à surprendre les animaux domestiques et les bêtes sauvages qui viennent chercher les eaux. Ils se jettent rarement sur les hommes, quand même ils seraient provoqués; ils grimpent aisément sur les arbres, où ils suivent les chats sauvages et les animaux, qui ne peuvent leur échapper. Leurs peaux sont toutes précieuses et font de très-belles fourrures; la plus belle et la plus chère est celle du léopard; une seule de ces peaux coûte huit ou dix louis lorsque le fauve en est vif et brillant, et que les taches en sont bien noires et bien terminées.

LE JAGUAR.

Le jaguar ressemble à l'once par la grandeur du corps, par la forme de la plupart des taches dont sa robe est semée, et même par le naturel ; il est moins fier et moins féroce que le léopard et la panthère. Il a le fond du poil d'un beau fauve comme le léopard, et non pas gris comme l'once ; il a la queue plus courte que l'un et l'autre, le poil plus long que la panthère et plus court que l'once. Le jaguar vit de proie comme le tigre ; mais il ne faut pour le faire fuir que lui présenter un tison allumé, et même lorsqu'il est repu, il perd tout courage et toute vivacité, un tison seul suffit pour lui donner la chasse ; il se ressent en tout de l'influence du climat du nouveau monde ; il n'est léger, agile, alerte, que quand la faim le presse.

Le jaguar se trouve au Brésil et dans toutes les contrées méridionales de l'Amérique ; il est cependant plus rare à Cayenne que le couguar, qu'on a appelé *tigre rouge;* et le jaguar est maintenant moins commun au Brésil, qui paraît être son pays natal, qu'il ne l'était autrefois : on a mis sa tête à prix ; on en a beaucoup détruit, et il s'est retiré loin des côtes dans la profondeur des terres.

LE LYNX OU LOUP-CERVIER.

Le lynx, dont les anciens on dit que la vue était assez perçante pour pénétrer les corps opaques, est un animal fabuleux aussi bien que toutes les propriétés qu'on lui attribue. Ce lynx imaginaire n'a d'autre rapport avec le vrai lynx que celui du nom.

Le vrai lynx ne voit point à travers les murailles, mais il est vrai qu'il a les yeux brillants, le regard doux, l'air

agréable et gai. Il n'a rien du loup qu'une espèce de hurlement, qui, se faisant entendre de loin, a dû tromper les chasseurs et leur faire croire qu'ils entendaient un loup. Cela seul a peut-être suffi pour lui faire donner le nom de *loup*, auquel, pour le distinguer du vrai loup, les chasseurs auront ajouté l'épithète de *cervier*, parce qu'il attaque les cerfs, ou plutôt parce que sa peau est variée de taches à peu près comme celle des jeunes cerfs. Le lynx est moins gros que le loup et plus bas sur ses jambes ; il est communément de la grandeur d'un renard. Il ne court pas de suite comme le loup, il marche et saute comme le chat ; il vit de chasse et poursuit son gibier jusqu'à la cime des arbres ; les chats sauvages, les martres, les hermines, les écureuils ne peuvent lui échapper ; il saisit aussi les oiseaux ; il attend les cerfs, les chevreuils, les lièvres au passage et s'élance dessus ; il les prend à la gorge, et, lorsqu'il s'est rendu maître de sa victime, il en suce le sang et lui ouvre la tête pour manger la cervelle, après quoi souvent il l'abandonne pour en chercher une autre : rarement il retourne à sa première proie, et c'est ce qui a fait dire que, de tous les animaux, le lynx était celui qui avait le moins de mémoire. Son poil change de couleur suivant les climats et la saison ; les fourrures d'hiver sont plus belles, meilleures et plus fournies que celles de l'été ; sa chair, comme celle de tous les animaux de proie, n'est pas bonne à manger.

LE LAMANTIN.

Le lamantin est gros comme un bœuf et tout rond comme un tonneau ; il a une petite tête et peu de queue ; sa peau est rude et épaisse comme celle d'un éléphant ; il y en a de si gros, qu'on en tire plus de six cents livres de viande très-bonne à manger ; sa graisse est aussi douce que le beurre. Cet animal se plaît dans les rivières proche de leur embouchure à la mer, pour y brouter l'herbe qui croît le long de rivages ; il y a de certains endroits, à dix ou douze lieues de Cayenne, où l'on en trouve en si grand nombre que l'on peut dans un jour en remplir une longue barque, pourvu qu'on ait des gens qui se servent bien du harpon. Le lamantin se nourrit d'une petite herbe qui croît dans la mer ; il la broute comme le bœuf fait de celle des prés, et après s'être rempli de cette pâture, il cherche les rivières et les eaux douces, où il s'abreuve deux fois par jour ; après avoir bien bu et bien mangé, il s'endort le mufle à demi hors de l'eau, ce qui le fait remarquer de loin ; la femelle fait deux petits qui la suivent partout ; et, si on prend la mère, on est assuré d'avoir les petits.

LES RONGEURS.

L'ÉCUREUIL.

'écureuil est un joli petit animal qui n'est qu'à demi sauvage, et qui, par sa gentillesse, par sa docilité, par l'innocence même de ses mœurs, mériterait d'être épargné. Il n'est ni carnassier ni nuisible, quoiqu'il saisisse

quelquefois des oiseaux ; sa nourriture ordinaire sont des fruits, des amandes, des noisettes, de la faîne et du gland ; il est propre, leste, vif, très-alerte, très-éveillé, très-industrieux ; il a les yeux pleins de feu, la physionomie fine, le corps nerveux, les membres très-dispos : sa jolie figure est encore rehaussée, parée par une belle queue en forme de panache, qu'il relève jusque dessus sa tête, et sous laquelle il se met à l'ombre ; il est, pour ainsi dire, moins quadrupède que les autres ; il se tient ordinairement assis, presque debout, et se sert de ses pieds de devant comme d'une main, pour porter à sa bouche. Au lieu de se cacher sous terre, il est toujours en l'air ; il approche des oiseaux par sa légèreté ; il demeure comme eux sur la cime des arbres, parcourt les forêts en sautant de l'un à l'autre, y fait aussi son nid, cueille les graines, boit la rosée, et ne descend à terre que quand les arbres sont agités par la violence des vents. On ne le trouve pas dans les champs, dans les lieux découverts, dans les pays de plaine ; il n'approche jamais des habitations, il ne reste point dans les taillis, mais dans les bois de hauteur, sur les vieux arbres des plus belles futaies. Il craint l'eau plus encore que la terre. Il ne s'engourdit pas comme le loir pendant l'hiver ; il est en tout temps très-éveillé, et pour peu que l'on touche au pied de l'arbre sur lequel il repose, il sort de sa petite bauge, fuit sur un autre arbre, ou se cache à l'abri d'une branche. Il ramasse des noisettes pendant l'été, en remplit les troncs, les fentes d'un vieux arbre, et a recours en hiver à sa provision ; il les cherche aussi sous la neige, qu'il détourne en grattant. Il a la voix éclatante, et plus perçante encore que celle de la fouine ; il a de plus un murmure à bouche fermée, un petit grognement de mécontentement qu'il fait entendre toutes les fois qu'on l'irrite. Il est trop léger pour marcher, il va ordinairement par petits sauts et quelquefois par bonds ; il a les ongles si pointus et les mouvements si prompts, qu'il grimpe en un instant sur un hêtre dont l'écorce est fort lisse.

On entend les écureuils, pendant les belles nuits d'été, crier en courant sur les arbres les uns après les autres ; ils semblent craindre l'ardeur du soleil, ils demeurent pendant le jour à l'abri dans leur domicile, dont ils sortent le soir pour s'exercer, jouer et manger ; ce domicile est propre, chaud et impénétrable à la pluie ; c'est ordinairement sur l'enfourchure d'un arbre qu'ils l'établissent ; ils commencent par y transporter des bûchettes qu'ils mêlent, qu'ils entrelacent avec de la mousse ; ils la serrent ensuite, il la foulent, et donnent assez de capacité et de solidité à leur ouvrage pour y être à l'aise et en sûreté avec leurs petits. Ils produisent ordinairement trois ou quatre petits, et mettent bas au mois de mai ou au commencement de juin ; ils muent au sortir de l'hiver ; le poil nouveau est plus roux que celui qui tombe. Ils se peignent, il se polissent avec les mains et les dents ; ils sont propres, ils n'ont aucune mauvaise odeur ; leur chair est assez bonne à manger. Le poil de la queue sert à faire des pinceaux ; mais leur peau ne fait pas une bonne fourrure.

Il y a beaucoup d'espèces voisines de celle de l'écureuil, et peu de variétés dans l'espèce même ; ils s'en trouve quelques-uns de cendrés ; tous les autres sont roux.

8.

LE PETIT-GRIS.

O n trouve dans les parties septentrionales de l'un et de l'autre continent l'animal que nous donnons ici sous le nom de *petit-gris* ; il ressemble beaucoup à l'écureuil, et n'en diffère à l'extérieur que par les caractères suivants : il est plus grand que l'écureuil ; il n'a pas le poil roux, mais d'un gris plus ou moins foncé ; les oreilles sont dénuées de ces longs poils qui surmontent l'extrémité de celles de l'écureuil.

On a peu de faits sur l'histoire des petits-gris : l'écureuil gris ou noirâtre d'Amérique se tient ordinairement sur les arbres et particulièrement sur les pins ; il se nourrit de fruits et de graines et en fait provision pour l'hiver, il les dépose dans le creux d'un arbre où il se retire lui-même pour passer la mauvaise saison, il y fait aussi ses petits, etc. Ces habitudes du petit-gris sont encore différentes de celles de l'écureuil, lequel se construit un nid au-dessus des arbres, comme font les oiseaux. Cet écureuil noirâtre est-il le même que l'écureuil gris de Virginie, et tous deux sont-ils les mêmes que le petit-gris du nord de l'Europe, c'est une chose qui paraît être très-vraisemblable, parce que ces trois animaux sont à peu près de la même grandeur, de la même couleur et du même climat froid, qu'ils sont précisément de la même forme, et qu'on emploie également leurs peaux dans les fourrures qu'on appelle *petit-gris*.

LA MARMOTTE.

La marmotte, prise jeune, s'apprivoise plus qu'aucun animal sauvage, et presque autant que nos animaux domestiques ; elle apprend aisément à saisir un bâton, à gesticuler, à danser, à obéir en tout à la voix de son maître. Elle est, comme le chat, antipathique avec le chien. Quoiqu'elle ne soit pas tout à fait aussi grande qu'un lièvre, elle joint beaucoup de force à beaucoup de souplesse. Cependant elle n'attaque que les chiens, et ne fait de mal à personne à moins qu'on ne l'irrite. Si l'on n'y prend pas garde, elle ronge les meubles, les étoffes et perce même le bois lorsqu'elle est renfermée. Elle se tient souvent assise, et marche aisément sur ses pieds de derrière ; elle porte à sa gueule ce qu'elle saisit avec ceux de devant, et mange debout comme l'écureuil ; elle court assez vite en montant, mais assez lentement en plaine ; elle grimpe sur les arbres, elle monte entre deux parois de rochers, entre deux murailles voisines, et c'est des marmottes, dit-on, que les Savoyards ont appris à grimper pour ramoner les cheminées. Elles mangent de tout ce qu'on leur donne, mais elles sont plus avides de lait et de beurre que de tout autre aliment. Quoique moins enclines que le chat à dérober, elles cherchent à entrer dans les endroits où l'on renferme le lait, et elles le boivent en grande quantité en marmottant, c'est-à-dire en faisant comme le chat une espèce de murmure de contentement.

La marmotte tient un peu de l'ours et un peu du rat pour la forme du corps. Elle a le nez, les lèvres et la forme de la tête comme le lièvre, le poil et les ongles du blaireau, les dents du castor, la moustache du chat, les yeux du loir, les pieds de l'ours, la queue courte et les oreilles tronquées. Elle a la voix et le murmure d'un petit chien, lorsqu'elle joue ou quand on la caresse ; mais lorsqu'on l'irrite ou qu'on l'effraye, elle fait entendre un sifflet si perçant et si aigu, qu'il blesse le tympan. Elle aime la propreté, mais elle a, comme le rat, surtout en été, une odeur forte qui la rend très-désagréable ; en automne, elle est très-grasse : elle serait assez bonne à manger, si elle n'avait pas toujours un peu d'odeur, qu'on ne peut masquer que par des assaisonnements très-forts.

Cet animal, qui se plaît dans la région de la neige et des glaces, qu'on ne trouve que sur les plus hautes montagnes, est cependant sujet plus qu'un autre à s'engourdir par le froid. C'est ordinairement à la fin de septembre ou au commencement d'octobre qu'il se recèle dans sa retraite pour n'en sortir qu'au commencement d'avril. Les marmottes demeurent ensemble et elles travaillent en commun à leur habitation ; elles y passent les trois quarts de leur vie, elles s'y retirent pendant l'orage, pendant la pluie ou dès qu'il y a quelque danger ; elles n'en sortent même que dans les plus beaux jours, et ne s'en éloignent guère ; l'une fait le guet, assise sur une roche élevée, tandis que les autres s'amusent à jouer sur le gazon, ou s'occupent à le couper pour en faire du foin ; et lorsque celle qui fait sentinelle aperçoit un homme, un aigle, un chien, etc., elle avertit les autres par un coup de sifflet, et ne rentre elle-même que la dernière.

Elles ne font pas de provisions pour l'hiver, il semble qu'elles devinent qu'elles seraient inutiles ; mais lorsqu'elles sentent les premières approches de la saison qui doit les engourdir, elles travaillent à fermer les deux portes de leur domicile, et elles le font avec tant de soin et de solidité, qu'il est plus aisé d'ouvrir la terre partout ailleurs que dans l'endroit qu'elles ont muré. Lorsqu'on découvre leur retraite, on les trouve resserrées en boule et fourrées dans le foin ; on les emporte tout engourdies, on peut même les tuer sans qu'elles paraissent le sentir ; on choisit les plus grasses pour les manger, et les plus jeunes pour les apprivoiser. Une chaleur graduée les ranime comme les loirs, et celles qu'on nourrit à la maison, en les tenant dans les lieux chauds, ne s'engourdissent pas, et sont même aussi vives que dans les autres temps.

Ces animaux ne produisent qu'une fois l'an ; les portées ordinaires ne sont que de trois ou quatre petits ; leur accroissement est prompt, et la durée de leur vie n'est que de neuf ou dix ans ; aussi l'espèce n'en est ni nombreuse, ni bien répandue.

LE RAT.

L'on a compris et confondu, sous le nom générique de rat, plusieurs espèces de petits animaux ; nous ne donnerons ce nom qu'au rat commun qui est noirâtre et qui habite dans les maisons ; chacune des autres espèces aura sa dénomination particulière, parce que, ne se mêlant point ensemble, chacune est différente de toutes les autres. Le rat est assez connu par l'incommodité qu'il nous cause ; il habite ordinairement les greniers où l'on entasse le grain, où l'on serre les fruits, et de là descend et se répand dans la maison. Il est carnassier, et même omnivore ; il semble seulement préférer les choses dures aux plus tendres ; il ronge la laine, les étoffes, les meubles, perce le bois, fait des trous dans les murs, se loge dans l'épaisseur des planchers, dans les vides de la charpente ou de la boiserie, il en sort pour chercher sa subsistance, et souvent il y transporte tout ce qu'il peut traîner ; il y fait même quelquefois magasin, surtout lorsqu'il a des petits. Il produit plusieurs fois par an, presque toujours en été ;

les portées ordinaires sont de cinq ou six. Il cherche les lieux chauds et se niche en hiver auprès des cheminées ou dans le foin, dans la paille. Malgré les chats, le poison, les piéges, les appâts, ces animaux pullulent si fort qu'ils causent souvent de grands dommages ; c'est surtout dans les vieilles maisons à la campagne, où l'on garde du blé dans les greniers, et où le voisinage des granges et des magasins à foin facilite leur retraite et leur multiplication, qu'ils sont en si grand nombre qu'on serait obligé de démeubler, de déserter, s'ils ne se détruisaient eux-mêmes ; mais nous avons vu par expérience qu'ils se tuent, qu'ils se mangent entre eux pour peu que la faim les presse ; en sorte que, quand il y a disette à cause du trop grand nombre, les plus forts se jettent sur les plus faibles, leur ouvrent la tête et mangent la cervelle, et ensuite le reste du cadavre ; le lendemain la guerre recommence, et dure ainsi jusqu'à la destruction du plus grand nombre ; c'est par cette raison qu'il arrive ordinairement, qu'après avoir été infesté de ces animaux pendant un temps, ils semblent souvent disparaître tout à coup quelquefois pour longtemps.

Les rats crient quand ils se battent, ils préparent un lit à leurs petits et leur apportent bientôt à manger ; lorsqu'ils commencent à sortir de leur trou, la mère les veille, les défend, et se bat même contre les chats pour les sauver. Un gros rat est plus méchant et presque aussi fort qu'un jeune chat ; il a les dents de devant longues et fortes ; le chat mord mal, et comme il ne se sert guère que de ses griffes, il faut qu'il soit non-seulement vigoureux, mais aguerri. La belette, quoique plus petite, est un ennemi plus dangereux, et que le rat redoute davantage.

On trouve des variétés dans cette espèce comme dans toutes celles qui sont très-nombreuses en individus, outre les rats ordinaires, qui sont noirâtres, il y en a de bruns, de presque noirs, d'autres d'un gris plus blanc ou plus roux, et d'autres tout à fait blancs.

LA SOURIS.

La souris, beaucoup plus petite que le rat, est aussi plus nombreuse, plus commune et plus généralement répandue ; elle a le même instinct, le même tempérament, le même naturel, et n'en diffère guère que par la faiblesse et par les habitudes qui l'accompagnent. Timide par nature, familière par nécessité, la peur ou le besoin font tous ses mouvements ; elle ne sort de son trou que pour chercher à vivre ; elle ne s'en écarte guère, y rentre à la première alerte, ne va pas, comme le rat, de maisons en maisons, à moins qu'elle n'y soit forcée, fait aussi beaucoup moins de dégât, a les mœurs plus douces et s'apprivoise jusqu'à un certain point, mais sans s'attacher ; comment aimer, en effet, ceux qui nous dressent des embûches ? Plus faible, elle a plus d'ennemis, auxquels elle ne peut échapper que par son agilité. Les chouettes, tous les oiseaux de nuit, les chats, les fouines, les belettes, les rats même lui font la guerre ; on l'attire, on la leurre aisément par des appâts, on la détruit par milliers ; elle ne subsiste enfin que par son immense fécondité.

On en a vu qui avaient mis bas dans des souricières ;

elles produisent dans toutes les saisons et plusieurs fois par an ; les portées ordinaires sont de cinq ou six petits ; en moins de quinze jours ils prennent assez de force pour se disperser et aller chercher à vivre : ainsi la durée de la vie de ces petits animaux est fort courte, puisque leur accroissement est si prompt ; et cela augmente encore l'idée qu'on doit avoir de leur prodigieuse multiplication. Aristote dit qu'ayant mis une souris pleine dans un vase à serrer du grain, il s'y trouva peu de temps après cent vingt souris toutes issues de la même mère. Ces petits animaux ne sont point laids, ils ont l'air vif et même assez fin. Toutes les souris sont blanchâtres sous le ventre, et il y en a de blanches sur tout le corps ; il y en a aussi de plus ou moins brunes et de plus ou moins noires. L'espèce est généralement répandue en Europe, en Asie, en Afrique ; mais on prétend qu'il n'y en avait point en Amérique, et que celles qui y sont actuellement en grand nombre viennent originairement de notre continent : ce qu'il y a de vrai, c'est qu'il paraît que ce petit animal suit l'homme et fuit les pays inhabités par l'appétit naturel qu'il a pour le pain, le fromage, le lard, l'huile, le beurre et les autres aliments que l'homme prépare pour lui-même.

LE MULOT.

Le mulot est plus petit que le rat et plus gros que la souris ; il n'habite jamais les maisons et ne se trouve que dans les champs et dans les bois ; il est remarquable par les yeux qu'il a gros et proéminents, et il diffère encore du rat et de la souris par la couleur du poil qui est blanchâtre sous le ventre et d'un roux brun sur le dos : il est très-généralement et très-abondamment répandu, surtout dans les terres élevées.

On le trouve en grande quantité dans les bois et dans les champs qui en sont voisins. Il se retire dans les trous qu'il trouve tout faits, ou qu'il se pratique sous des buissons ou des troncs d'arbres ; il y amasse une quantité prodigieuse de glands, de noisettes ou de faînes ; on en trouve quelquefois jusqu'à un boisseau dans un seul trou, et cette provision, au lieu d'être proportionnée à ses besoins, ne l'est qu'à la capacité du lieu ; ces trous sont ordinairement de plus d'un pied sous terre, et souvent partagés en deux loges, l'une où il habite avec ses petits, et l'autre où il fait son magasin. On a souvent éprouvé le dommage considérable que ces animaux causent aux plantations ; ils emportent les glands nouvellement semés, ils suivent le sillon tracé par la charrue, déterrent chaque gland l'un après l'autre et n'en laissent pas un : cela arrive surtout dans les années où le gland n'est pas fort abondant ; comme ils n'en trouvent pas assez dans les bois, ils viennent le chercher dans les terres semées, ne le mangent pas sur le lieu, mais l'emportent dans leur trou, où ils l'entassent et le laissent souvent sécher et pourrir. Eux seuls font plus de tort à un *semis* de bois que tous les oiseaux et tous les autres animaux ensemble.

Le mulot est très-généralement répandu dans toute l'Europe ; ou le trouve en Suède ; il est très-commun en France, en Italie, en Suisse ; il l'est aussi en Allemagne et en Angleterre. Il a pour ennemis les loups, les renards, les martes, les oiseaux de proie et lui-même.

LE CAMPAGNOL.

Le campagnol est encore plus commun, plus généralement répandu que le mulot ; celui-ci ne se trouve guère que dans les terres élevées ; le campagnol se trouve partout, dans les bois, dans les champs, dans les prés, et même dans les jardins ; il est remarquable par la grosseur de sa tête, et aussi par sa queue courte et tronquée, qui n'a guère qu'un pouce de long ; il se pratique des trous en terre où il amasse du grain, des noisettes et du gland ; cependant il paraît qu'il préfère le blé à toutes les autres nourritures. Dans le mois de juillet, lorsque les blés sont mûrs, les campagnols arrivent de tous côtés et font souvent de grands dommages en coupant les tiges du blé pour en manger l'épi ; ils semblent suivre les moissonneurs, ils profitent de tous les grains tombés et des épis oubliés ; lorsqu'ils ont tout glané, ils vont dans les terres nouvellement semées, et détruisent d'avance la récolte de l'année suivante. En automne et en hiver, la plupart se retirent dans les bois où ils trouvent de la faîne, des noisettes et du gland. Dans certaines années, ils paraissent en si grand nombre qu'ils détruiraient tout, s'ils subsistaient longtemps : mais ils se détruisent eux-mêmes et se mangent dans les temps de disette ; ils servent d'ailleurs de pâture aux mulots, et de gibier ordinaire au renard, au chat sauvage, à la marte et aux belettes.

Les campagnols ressemblent plus au rat d'eau qu'à aucun animal ; ils ne se nourrissent pas de poisson et ne se jettent point à l'eau ; ils vivent de gland dans les bois, de blé dans les champs, et dans les prés de racines tuberculeuses, comme celle du chiendent. Leurs trous ressemblent à ceux des mulots, et sont souvent divisés en deux loges, mais ils sont moins spacieux et beaucoup moins enfoncés sous terre : ces petits animaux y habitent quelquefois plusieurs ensemble. Lorsque les femelles sont prêtes à mettre bas, elles y portent des herbes pour faire un lit à leurs petits : elles produisent au printemps et en été ; les portées ordinaires sont de cinq ou six, et quelquefois de sept ou huit.

LE LOIR.

On connaît trois espèces de loirs, qui, comme la marmotte, dorment pendant l'hiver : le loir, le lérot et le muscardin ; le loir est le plus gros des trois, le muscardin est le plus petit. Le loir est à peu près de la grandeur de l'écureuil ; il a, comme lui, la queue couverte de longs poils ; le lérot n'est pas si gros que le rat, il a la queue couverte de poils très-courts, avec un bouquet de poils longs à l'extrémité ; le muscardin n'est pas plus gros que la souris, il a la queue couverte de poils plus longs que le lérot, mais plus courts que le loir, avec un gros bouquet de longs poils à l'extrémité. Le lérot diffère des deux autres par les marques noires qu'il a près des yeux, et le muscardin par la couleur blonde de son poil sur le dos. Tous trois sont blancs ou blanchâtres sous la gorge et le ventre; mais le lérot est d'un assez beau blanc, le loir n'est que blanchâtre, et le muscardin est plutôt jaunâtre que blanc dans toutes les parties inférieures.

C'est improprement que l'on dit que ces animaux dorment pendant l'hiver : leur état n'est point celui d'un sommeil naturel, c'est une torpeur, un engourdissement des membres et des sens, et cet engourdissement est produit par le refroidissement du sang. Ces animaux ont si peu de chaleur intérieure, qu'elle n'excède guère celle de la température de l'air.

Leur engourdissement dure autant que la cause qui le produit, et cesse avec le froid; quelques degrés de chaleur au-dessus de dix ou onze suffisent pour ranimer ces animaux, et, si on les tient pendant l'hiver dans un lieu bien chaud, ils ne s'engourdissent point du tout; ils vont et viennent, ils mangent et dorment seulement de temps en temps, comme tous les autres animaux.

Le loir ressemble assez à l'écureuil par les habitudes naturelles; il habite comme lui les forêts, il grimpe sur les arbres, saute de branche en branche, moins légèrement à la vérité que l'écureuil, qui a les jambes plus longues, le ventre bien moins gros, et qui est aussi maigre que le loir est gras : cependant ils vivent tous deux des mêmes aliments; de la faîne, des noisettes, de la châtaigne, d'autres fruits sauvages, font leur nourriture ordinaire. Le loir mange aussi de petits oiseaux qu'il prend dans les nids ; il ne fait point de bauge au-dessus des arbres comme l'écureuil, mais il se fait un lit de mousse dans le tronc de ceux qui sont creux ; il se gîte aussi dans les fentes des rochers élevés, et toujours dans des lieux secs ; il craint l'humidité, boit peu et descend rarement à terre ; il diffère encore de l'écureuil en ce que celui-ci s'apprivoise, et que l'autre demeure toujours sauvage. Les loirs font leurs petits en été, les portées sont ordinairement de quatre ou de cinq ; ils croissent vite, et l'on assure qu'ils ne vivent que six ans. Ces petits animaux sont courageux, et défendent leur vie jusqu'à la dernière extrémité ; ils ont les dents de devant très-longues et très-fortes, aussi mordent-ils violemment ; ils ne craignent ni la belette ni les petits oiseaux de proie, ils échappent au renard, qui ne peut les suivre au-dessus des arbres ; leurs plus grands ennemis sont les chats sauvages et les martes.

Il faut aux loirs un climat tempéré et un pays couvert de bois ; on en trouve en Espagne, en France, en Grèce, en Italie, en Allemagne, en Suisse, où ils habitent dans les forêts et sur les collines.

LE RAT D'EAU.

Le rat d'eau est un petit animal de la grosseur d'un rat, mais qui, par le naturel et par les habitudes, ressemble beaucoup plus à la loutre qu'au rat ; comme elle il ne fréquente que les eaux douces, et on le trouve communément sur les bords des rivières, des ruisseaux, des étangs ; comme elle, il ne vit guère que de poissons : les goujons, les mouteilles, les vérons, les ablettes, le frai de la carpe, du brochet, du barbeau, sont sa nourriture ordinaire ; il mange aussi des grenouilles, des insectes d'eau, et quelquefois des racines et des herbes ; il a tous les doigts des pieds séparés, et cependant il nage facilement, se tient sous l'eau longtemps, et rapporte sa proie pour la manger à terre, sur l'herbe ou dans son trou ; les pêcheurs l'y surprennent quelquefois en cherchant des écrevisses, il leur mord les doigts, et cherche à se sauver en se jetant dans l'eau. Il a la tête plus courte, le museau plus gros, le poil plus hérissé, et la queue beaucoup moins longue que le rat. Il fuit, comme la loutre, les grands fleuves ou plutôt les rivières trop fréquentées. Les chiens le chassent avec une espèce de fureur. On ne le trouve jamais dans les maisons, dans les granges ; il ne quitte pas le bord des eaux, ne s'en éloigne pas même autant que la loutre. Le rat d'eau ne va point dans les terres élevées ; il est fort rare dans les hautes montagnes, dans les plaines arides, mais très-nombreux dans tous les vallons humides et marécageux. Les femelles mettent bas au mois d'avril; les portées ordinaires sont de six ou sept. Peut-être ces animaux produisent-ils plusieurs fois par an, mais on ne le sait pas au juste; leur chair n'est pas absolument mauvaise, les paysans la mangent les jours maigres comme celle de la loutre. On les trouve partout en Europe, excepté dans le climat trop rigoureux du pôle.

LE CASTOR.

Le castor est le seul parmi les quadrupèdes qui ait la queue plate, ovale et couverte d'écailles, de laquelle il se sert comme d'un gouvernail pour se diriger dans l'eau; le seul qui ait des nageoires aux pieds de derrière, et en même temps les doigts séparés dans ceux du devant, qu'il emploie comme des mains pour porter à sa bouche; le seul qui, ressemblant aux animaux terrestres par les parties antérieures de son corps, paraisse en même temps tenir des animaux aquatiques par les parties postérieures. Mais ces singularités seraient plutôt des défauts que des perfections, si l'animal ne savait tirer de cette conformation, qui nous paraît bizarre, des avantages uniques, et qui le rendent supérieur à tous les autres.

Les castors commencent par s'assembler au mois de juin ou de juillet pour se réunir en société; ils arrivent en nombre et de plusieurs côtés, et forment bientôt une troupe de deux ou trois cents : le lieu du rendez-vous est ordinairement le lieu de l'établissement, et c'est toujours au bord des eaux. Si ce sont des eaux plates, et qui se soutiennent à la même hauteur comme dans un lac, ils se dispensent d'y construire une digue ; mais dans les eaux courantes, et qui sont sujettes à hausser ou baisser, comme sur les ruisseaux, les rivières, ils établissent une chaussée, et par cette retenue ils forment une espèce d'étang ou de pièce d'eau, qui se soutient toujours à la même hauteur : la chaussée traverse la rivière comme une écluse, et va d'un bord à l'autre ; elle a souvent quatre-vingts ou cent pieds de longueur sur dix ou douze pieds d'épaisseur à sa base. Cette construction paraît énorme pour des animaux de cette taille, et suppose, en effet, un travail immense ; mais la solidité avec laquelle l'ouvrage est construit étonne encore plus que sa grandeur. L'endroit de la rivière où ils établissent cette digue est ordinairement peu profond ; s'il se trouve sur le bord un gros arbre qui puisse tomber dans l'eau, ils commencent par l'abattre pour en faire la pièce principale de leur construction : cet arbre est souvent plus gros que le corps d'un homme : ils le scient, ils le rongent au pied, et sans autre instrument que leurs quatre dents incisives ils le coupent en assez peu de temps, et le font tomber du côté qu'il leur plaît, c'est-à-dire en travers sur la rivière ; ensuite ils coupent les branches de la cime de cet arbre tombé pour le mettre de niveau et le faire porter partout également. Ces opérations se font en commun ; plusieurs castors rongent ensemble le pied de l'arbre pour l'abattre, plusieurs aussi vont ensemble pour en couper les branches lorsqu'il est abattu ; d'autres parcourent en même temps les bords de la rivière et coupent de moindres arbres, les uns gros comme la jambe, les autres comme la cuisse; ils les dépècent et les scient à une certaine hauteur pour en faire des pieux; ils amènent ces pièces de bois d'abord par terre jusqu'au bord de la rivière, et ensuite par eau jusqu'au lieu de leur construc-

tion; ils en font une espèce de pilotis serré, qu'ils enfoncent encore en entrelaçant des branches entre les pieux. A mesure que les uns plantent ainsi leurs pieux, les autres vont chercher de la terre qu'ils gâchent avec leurs pieds et battent avec leur queue; ils la portent dans leur gueule et avec les pieds de devant, et ils en transportent en si grande quantité, qu'ils en remplissent tous les intervalles de leur pilotis. Ce pilotis est composé de plusieurs rangs de pieux, tous égaux en hauteur, et tous plantés les uns contre les autres ; il s'étend d'un bord à l'autre de la rivière, il est rempli et maçonné partout : les pieux sont plantés verticalement du côté de la chute de l'eau ; tout l'ouvrage est au contraire en talus du côté qui en soutient la charge, en sorte que la chaussée, qui a dix ou douze pieds de largeur à sa base, se réduit à deux ou trois pieds d'épaisseur au sommet ; elle a donc non-seulement toute l'étendue, toute la solidité nécessaire, mais encore la forme la plus convenable pour retenir l'eau, l'empêcher de passer, en soutenir le poids et en rompre les efforts. Au haut de la chaussée, c'est-à-dire dans la partie où elle a le moins d'épaisseur, ils pratiquent deux ou trois ouvertures en pente, qui sont autant de décharges de superficie qu'ils élargissent ou rétrécissent selon que la rivière vient à hausser ou baisser ; et lorsque par des inondations trop grandes ou trop subites il se fait quelques brèches à leur digue, ils savent les réparer, et travaillent de nouveau dès que les eaux sont baissées.

Ils travaillent assis, et, outre l'avantage de cette situation commode, ils ont le plaisir de ronger continuellement de l'écorce et du bois dont le goût leur est fort agréable, car ils préfèrent l'écorce fraîche et le bois tendre à la plupart des aliments ordinaires ; ils en font ample provision pour se nourrir pendant l'hiver ; ils n'aiment pas le bois sec. C'est dans l'eau et près de leurs habitations qu'ils établissent leur magasin ; chaque cabane a le sien proportionné au nombre de ses habitants, qui tous y ont un droit commun et ne vont jamais piller leurs voisins. Ils ne souffrent pas que des étrangers viennent s'établir dans leurs enceintes. Les plus petites cabanes contiennent deux, quatre, six, et les plus grandes dix-huit, vingt, et même, dit-on, jusqu'à trente castors, presque toujours en nombre pair, autant de femelles que de mâles; ainsi, en comptant même au rabais, on peut dire que leur société est souvent composée de cent cinquante ou deux cents ouvriers associés, qui tous ont travaillé d'abord en corps pour élever le grand ouvrage public, et ensuite par compagnies pour édifier des habitations particulières. Quelque nombreuse que soit cette société, la paix s'y maintient sans altération; le travail commun a resserré leur union; les commodités qu'ils se sont procurées, l'abondance des vivres qu'ils amassent et consomment ensemble, servent à l'entretenir; des goûts simples, de l'aversion pour la chair et le sang, leur ôtent jusqu'à l'idée de rapine et de guerre : ils jouissent de tous les biens que l'homme ne fait que désirer. Amis entre eux, s'ils ont quelques ennemis au dehors, ils savent les éviter; ils s'avertissent en frappant avec leur queue sur l'eau un coup qui retentit au loin dans toutes les voûtes des habitations; chacun prend son parti, ou de plonger dans le lac ou de se recéler dans leurs murs qui ne craignent que le feu du ciel ou le fer de l'homme, et qu'aucun animal n'ose entreprendre d'ouvrir ou renverser.

C'est au commencement de l'été que les castors se rassemblent; ils emploient les mois de juillet et d'août à construire leur digue et leurs cabanes; ils font leur provision d'écorce et de bois dans le mois de septembre, ensuite ils jouissent de leurs travaux, ils goûtent les douceurs domestiques ; c'est le temps du repos. Se connaissant, prévenus l'un pour l'autre par l'habitude, par les plaisirs et les peines d'un travail commun, chaque couple ne se forme point au hasard, mais s'unit par choix et s'assortit par goût : ils passent ensemble l'automne et l'hiver ; contents l'un de l'autre, ils ne se quittent guère ; à l'aise dans leur domicile, ils en rapportent des écorces fraîches qu'ils préfèrent à celles qui sont sèches ou trop imbibées d'eau. Les femelles portent, dit-on, quatre mois ; elles mettent bas sur la fin de l'hiver, et produisent ordinairement deux ou trois petits ; les mâles les quittent à peu près dans ce temps, ils vont à la campagne jouir des douceurs et des fruits du printemps ; ils reviennent de temps en temps à la cabane, mais ils n'y séjournent plus : les mères y demeurent occupées à allaiter, à soigner, à élever leurs petits, qui sont en état de les suivre au bout de quelques semaines ; elles vont à leur tour se promener, se rétablir à l'air, manger du poisson, des écrevisses, des écorces nouvelles, et passent ainsi l'été sur les eaux, dans les bois. Ils ne se rassemblent qu'en automne, à moins que les inondations n'aient renversé leur digue ou détruit leurs cabanes, car alors ils se réunissent de bonne heure pour en réparer les brèches.

Outre les castors qui sont en société, on rencontre partout, dans le même climat, des castors solitaires, lesquels rejetés, dit-on, de la société pour leurs défauts, ne participent à aucun de ses avantages, n'ont ni maison, ni magasin, et demeurent, comme le blaireau, dans un boyau sous terre : on a même appelé ces castors solitaires *castors terriers*.

Les castors habitent de préférence sur les bords des lacs, des rivières et des autres eaux douces ; cependant il s'en trouve au bord de la mer, mais c'est principalement sur les mers septentrionales, et surtout dans les golfes méditerranés qui reçoivent de grands fleuves, et dont les eaux sont peu salées. Ils sont ennemis de la loutre ; ils la chassent, et ne lui permettent pas de paraître sur les eaux qu'ils fréquentent. La fourrure du castor est encore plus belle et plus fournie que celle de la loutre.

Mais indépendamment de la fourrure, qui est ce que le castor fournit de plus précieux, il donne encore une matière dont on a fait un grand usage en médecine. Les sauvages tirent dit-on, de la queue du castor, une huile dont ils se servent comme de topique pour différents maux. La chair du castor, quoique grasse et délicate, a toujours un goût amer assez désagréable.

Le castor se sert de ses pieds de devant comme de mains, avec une adresse au moins égale à celle de l'écureuil ; les doigts en sont bien séparés, bien divisés, au lieu que ceux des pieds de derrière sont réunis entre eux par une forte membrane ; ils lui servent de nageoires, et s'élargissent comme ceux de l'oie, dont le castor a aussi en partie la démarche sur la terre. Il nage beaucoup mieux qu'il ne court : comme il a les jambes de devant bien plus courtes que celles de derrière, il marche toujours la tête baissée et le dos arqué. Il a les sens très-bons, l'odorat très-fin, et même susceptible ; il paraît qu'il ne peut supporter ni la malpropreté, ni les mauvaises odeurs.

La durée de sa vie ne peut être bien longue, et c'est trop sans doute que de l'étendre à quinze ou vingt ans.

LE PORC-ÉPIC.

Le porc-épic, quoique originaire des climats les plus chauds de l'Afrique et des Indes, peut vivre et se multiplier dans les pays moins chauds.

On dit que le porc-épic, comme l'ours, se cache pendant l'hiver et met bas au bout de trente jours. Dans l'état de domesticité, il n'est ni féroce ni farouche, il n'est que jaloux de sa liberté; à l'aide de ses dents de devant, qui sont fortes et tranchantes comme celles du castor, il coupe le bois et perce aisément la porte de sa loge. On le nourrit aisément avec de la mie de pain, du fromage et des fruits ; dans l'état de liberté il vit de racines et de graines sauvages ; quand il peut entrer dans un jardin, il y fait un grand dégât et mange les légumes avec avidité ; il devient gras comme la plupart des autres animaux, vers la fin de l'été, et sa chair, quoique un peu fade, n'est pas mauvaise à manger.

LE LIÈVRE.

'ESPÈCE du lièvre et du lapin ont pour nous le double avantage du nombre et de l'utilité : les lièvres sont universellement et très-abondamment répandus dans tous les climats de la terre ; les lapins, quoique originaires de climats particuliers, multiplient si prodigieusement presque dans tous les lieux où l'on veut les transporter, qu'il n'est plus possible de les détruire, et qu'il faut même employer beaucoup d'art pour en diminuer la quantité, quelquefois incommode.

Dans les cantons conservés pour le plaisir de la chasse, on tue quelquefois quatre ou cinq cents lièvres dans une seule battue. Ces animaux multiplient beaucoup ; les femelles ne portent que trente ou trente et un jours ; elles produisent trois ou quatre petits.

Les petits ont les yeux ouverts en naissant ; la mère les allaite pendant vingt jours, après quoi ils s'en séparent et trouvent eux-mêmes leur nourriture ; ils ne s'écartent pas beaucoup les uns des autres, ni du lieu où ils sont nés ; cependant ils vivent solitairement, et se forment chacun un gîte à une petite distance, comme de soixante à quatre-vingts pas ; ainsi lorsqu'on trouve un jeune levraut dans un endroit, on est presque sûr d'en trouver encore un ou deux autres aux environs. Ils paissent pendant la nuit plutôt que pendant le jour; ils se nourrissent d'herbes, de racines, de feuilles, de fruits, de graines, et préfèrent les plantes dont la sève est laiteuse; ils rongent même l'écorce des arbres pendant l'hiver, et il n'y a guère que l'aulne et le tilleul auxquels ils ne touchent pas. Lorsqu'on en élève, on les nourrit avec de la laitue et des légumes; mais la chair de ces lièvres nourris est toujours de mauvais goût.

Ils dorment ou se reposent au gîte pendant le jour, et ne vivent, pour ainsi dire, que la nuit : c'est pendant la nuit qu'ils se promènent et qu'ils mangent; on les voit au clair de la lune jouer ensemble, sauter et courir les uns après les autres; mais le moindre mouvement, le bruit d'une feuille qui tombe, suffit pour les troubler; ils fuient, et fuient chacun d'un côté différent.

Les lièvres dorment beaucoup, et dorment les yeux ouverts[1]; ils n'ont pas de cils aux paupières[2], et ils paraissent avoir les yeux mauvais; ils ont, comme par dédommagement, l'ouïe très-fine et l'oreille d'une grandeur démesurée, relativement à celle de leur corps; ils remuent ces longues oreilles avec une extrême facilité; ils s'en servent comme de gouvernail pour se diriger dans leur course, qui est si rapide, qu'ils devancent aisément tous les autres animaux. Comme ils ont les jambes de devant beaucoup plus courtes que celles de derrière, il leur est beaucoup plus commode de courir en montant qu'en descendant; aussi, lorsqu'ils sont poursuivis,

1. Le *lièvre* dort les yeux fermés. (*Note de M. Flourens.*)
2. Le *lièvre* a des *cils* aux paupières. (*Id.*)

commencent-ils toujours par gagner la montagne ; leur mouvement dans leur course est une espèce de galop, une suite de sauts très-prestes et très-pressés, ils marchent sans faire aucun bruit, parce qu'ils ont les pieds couverts et garnis de poils, même par-dessous ; ce sont aussi peut-être les seuls animaux qui aient des poils au dedans de la bouche [1].

Les lièvres ne vivent que sept ou huit ans au plus, et la durée de la vie est, comme dans les autres animaux, proportionnelle au temps de l'entier développement du corps ; ils prennent presque tout leur accroissement en un an, et vivent environ sept fois un an. Ils passent leur vie dans la solitude et dans le silence, et l'on n'entend leur voix que quand on les saisit avec force, qu'on les tourmente et qu'on les blesse : ce n'est point un cri aigre, mais une voix assez forte, dont le son est presque semblable à celui de la voix humaine. Ils ne sont pas aussi sauvages que leurs habitudes et leurs mœurs paraissent l'indiquer ; ils sont doux et susceptibles d'une espèce d'éducation ; on les apprivoise aisément, ils deviennent même caressants, mais ils ne s'attachent jamais assez pour pouvoir devenir animaux domestiques ; car ceux même qui ont été pris tout petits et élevés dans la maison, dès qu'ils en trouvent l'occasion, se mettent en liberté et s'enfuient à la campagne. Comme ils ont l'oreille bonne, qu'ils s'asseyent volontiers sur leurs pattes de derrière, et qu'ils se servent de celles de devant comme de bras, on en a vu qu'on avait dressés à battre du tambour, à gesticuler en cadence, etc.

1. Toutes les espèces du genre *lièvre* ont des *poils au dedans de la bouche* (*Note de M. Flourens.*)

En général, le lièvre ne manque pas d'instinct pour sa propre conservation, ni de sagacité pour échapper à ses ennemis ; il se forme un gîte, il choisit en hiver les lieux exposés au midi, et en été il se loge au nord ; il se cache, pour n'être pas vu, entre des mottes qui sont de la couleur de son poil.

La nature du terroir influe sur ces animaux comme sur tous les autres ; les lièvres de montagne sont plus grands et plus gros que les lièvres de plaine ; ils sont aussi de couleur différente ; ceux de montagne sont plus bruns sur le corps et ont plus de blanc sous le cou que ceux de plaine, qui sont presque rouges. Dans les hautes montagnes et dans les pays du Nord, ils deviennent blancs pendant l'hiver et reprennent en été leur couleur ordinaire ; il n'y en a que quelques-uns, et ce sont peut-être les plus vieux, qui restent toujours blancs, car tous le deviennent plus ou moins en vieillissant.

La chasse du lièvre est l'amusement et souvent la seule occupation des gens oisifs de la campagne : comme elle se fait sans appareil et sans dépense, et qu'elle est même utile, elle convient à tout le monde ; on va le matin et le soir au coin du bois attendre le lièvre à sa rentrée ou à sa sortie ; on le cherche pendant le jour dans les endroits où il se gîte. Lorsqu'il y a de la fraîcheur dans l'air par un soleil brillant, et que le lièvre vient de se gîter après avoir couru, la vapeur de son corps forme une petite fumée que les chasseurs aperçoivent de fort loin, surtout si leurs yeux sont exercés à cette espèce d'observation. Il se laisse ordinairement approcher de fort près, surtout si l'on ne fait pas semblant de le regarder, et si, au lieu d'aller directement à lui, on tourne obliquement pour l'approcher. Il craint les chiens plus que les hommes, et lorsqu'il sent ou qu'il entend un chien, il part de plus loin : quoiqu'il coure plus vite que les chiens, comme il ne fait pas une route droite, qu'il tourne et retourne autour de l'endroit où il a été lancé, les lévriers, qui le chassent à vue plutôt qu'à l'odorat, lui coupent le chemin, le saisissent et le tuent. Il se tient volontiers en été dans les champs, en automne dans les vignes, et en hiver dans les buissons et dans les bois, et l'on peut en tout temps, sans le tirer, le forcer à la course avec des chiens courants ; on peut aussi le faire prendre par des oiseaux de proie. Les ducs, les buses, les aigles, les renards, les loups, les hommes, lui font ordinairement la guerre : il a tant d'ennemis qu'il ne leur échappe que par hasard, et il est bien rare qu'ils le laissent jouir du petit nombre de jours que la nature lui a comptés.

LE LAPIN.

e lièvre et le lapin, quoique fort semblables tant à l'extérieur qu'à l'intérieur, ne se mêlant point ensemble, font deux espèces distinctes et séparées.

La fécondité du lapin est encore plus grande que celle du lièvre; et sans ajouter foi à ce que dit un naturaliste, que d'une seule paire qui fut mise dans une île il s'en trouva six mille au bout d'un an, il est sûr que ces animaux multiplient si prodigieusement dans les pays qui leur conviennent, que la terre ne peut fournir à leur subsistance. Ils détruisent les herbes, les racines, les grains, les fruits, les légumes, et même les arbrisseaux et les arbres; et si l'on n'avait pas contre eux le secours des furets et des chiens, ils feraient déserter les habitants de ces campagnes. Non-seulement le lapin produit plus fréquemment et en plus grand nombre que le lièvre, mais il a aussi beaucoup plus de ressources pour échapper à ses ennemis : il se soustrait aisément aux yeux de l'homme; les trous qu'il se creuse dans la terre, où il se retire pendant le jour et où il met ses

petits, le mettent à l'abri du loup, du renard et de l'oiseau de proie; il y habite avec sa famille en pleine sécurité; il y élève et nourrit ses petits jusqu'à l'âge d'environ deux mois, et il ne les fait sortir de leur retraite pour les amener au dehors que quand ils sont tout élevés; il leur évite par là tous les inconvénients du bas âge, pendant lequel, au contraire, les lièvres périssent en plus grand nombre et souffrent plus que dans tout le reste de la vie.

Cela seul suffit pour prouver que le lapin est supérieur au lièvre par la sagacité : tous deux sont conformés de même, et pourraient également se creuser des retraites ; tous deux sont également timides à l'excès, mais l'un, plus imbécile, se contente de se former un gîte à la surface de la terre, où il demeure continuellement exposé, tandis que l'autre, par un instinct plus réfléchi, se donne la peine de fouiller la terre et de s'y pratiquer un asile.

Les lapins clapiers, ou domestiques, varient pour les couleurs, comme tous les autres animaux domestiques ; le blanc, le noir et le gris sont cependant les seules qui entrent ici dans le jeu de la nature : les lapins noirs sont les plus rares ; mais il y en a beaucoup de tout blancs, beaucoup de tout gris, et beaucoup de mêlés. Tous les lapins sauvages sont gris, et, parmi les lapins domestiques, c'est encore la couleur dominante, car dans toutes les portées il se trouve toujours des lapins gris, et même en plus grand nombre.

Les femelles portent trente ou trente et un jours, et produisent quatre, cinq ou six, et quelquefois sept et huit petits.

Quelques jours avant de mettre bas, elles se creusent un nouveau terrier, non pas en ligne droite, mais en zigzag, au fond duquel elles pratiquent une excavation, après quoi elles s'arrachent sous le ventre une assez grande quantité de poils, dont elles font une espèce de lit pour recevoir leurs petits. Pendant les deux premiers jours, elles ne les quittent pas ; elles ne sortent que lorsque le besoin les presse, et reviennent dès qu'elles ont pris de la nourriture : dans ce temps elles mangent beaucoup et fort vite ; elles soignent aussi et allaitent leurs petits pendant plus de six semaines. Jusqu'alors le père ne les connaît point, il n'entre pas dans ce terrier qu'a pratiqué la mère ; souvent même, quand elle en sort et qu'elle y laisse ses petits, elle en bouche l'entrée avec de la terre ; mais lorsqu'ils commencent à venir au bord du trou, et à manger du séneçon et d'autres herbes que la mère leur présente, le père semble les reconnaître ; il les prend entre ses pattes, il leur lustre le poil, il leur lèche les yeux, et tous, les uns après les autres, ont également part à ses soins.

Ces animaux vivent huit ou neuf ans : comme ils passent la plus grande partie de leur vie dans les terriers, où ils sont en repos et tranquilles, ils prennent un peu plus d'embonpoint que les lièvres ; leur chair est aussi différente par la couleur et par le goût ; celle des jeunes lapereaux est très-délicate, mais celle des vieux lapins est toujours sèche et dure. Ils sont originaires des climats chauds : les Grecs les connaissaient, et il paraît que les seuls endroits de l'Europe où il y en eût anciennement étaient la Grèce et l'Espagne. De là on les a transportés dans des climats plus tempérés, comme en Italie, en France, en Allemagne où ils se sont naturalisés ; mais dans les pays plus froids, comme en Suède et dans le reste du Nord, on ne peut les élever que dans les maisons, et ils périssent lorsqu'on les abandonne à la campagne. Ils aiment, au contraire, le chaud excessif, car on en trouve dans les contrées les plus méridionales de l'Asie et de l'Afrique, comme au golfe Persique, à la baie de Saldanha, en Libye, au Sénégal, en Guinée ; et on en trouve aussi dans nos îles de l'Amérique, qui y ont été transportés de l'Europe et qui ont très-bien réussi.

LE COCHON D'INDE.

E petit animal, originaire des climats chauds du Brésil, ne laisse pas de vivre et de produire dans le climat tempéré, et même dans les pays froids, en le soignant et le mettant à l'abri de l'intempérie des saisons. On élève des cochons d'Inde en France, et quoiqu'ils multiplient prodigieusement, ils n'y sont pas en grand nombre, parce que les soins qu'ils demandent ne sont pas compensés par le profit qu'on en tire. Leur peau n'a presque aucune valeur, et leur chair, quoique mangeable, n'est pas assez bonne pour être recherchée.

La mère n'allaite ses petits que pendant douze ou quinze jours, au plus tard trois semaines après qu'elle a mis bas; et s'ils s'obstinent à demeurer auprès d'elle, leur père les maltraite et les tue.

Le froid et l'humidité les font mourir, ils se laissent manger par les chats sans se défendre; les mères même ne s'irritent pas contre eux: n'ayant pas le temps de s'attacher à leurs petits, elles ne font aucun effort pour les sauver. Les mâles se soucient encore moins des petits, et se laissent manger eux-mêmes sans résistance. Ils passent leur vie à dormir et manger ; leur sommeil est court, mais fréquent ; ils mangent à toute heure du jour et de la nuit ; ils ne boivent jamais. Ils se nourrissent de toutes sortes d'herbes, et surtout de persil ; ils le préfèrent même au son, à la farine, au pain ; ils aiment aussi beaucoup les pommes et les autres fruits. Ils mangent précipitamment, peu à la fois, mais très-souvent. Ils ont un grognement semblable à celui d'un petit cochon de lait, et un cri fort aigu lorsqu'ils ressentent de la douleur. Ils sont délicats, frileux, et l'on a de la peine à leur faire passer l'hiver ; il faut les tenir dans un endroit sain, sec et chaud. Lorsqu'ils sentent le froid, ils se rassemblent et se serrent les uns contre les autres, et il arrive souvent que, saisis par le froid, ils meurent tous ensemble. Ils sont naturellement doux et privés, ils ne font aucun mal, mais ils sont également incapables de bien, ils ne s'attachent point : ils sont doux par tempérament, dociles par faiblesse et presque insensibles à tout.

ÉDENTÉS.

L'UNAU ET L'AÏ.

'on a donné à ces deux animaux l'épithète de *paresseux*, à cause de la lenteur de leurs mouvements et de la difficulté qu'ils ont à marcher. Quoiqu'ils se ressemblent à plusieurs égards, ils diffèrent néanmoins par des caractères si marqués qu'il n'est plus possible, lorsqu'on les a examinés, de les prendre l'un pour l'autre, ni même de douter qu'ils ne soient de deux espèces très-éloignées. L'unau n'a point de queue, et n'a que deux ongles aux pieds de devant ; l'aï porte une queue courte et trois ongles à tous les pieds. L'unau a le museau plus long, le front plus élevé, les oreilles plus apparentes que l'aï ; il a aussi le poil tout différent ; mais le caractère le plus distinctif, et en même temps le plus singulier, c'est que l'unau a quarante-huit côtes, tandis que l'aï n'en a que trente. Le commun des animaux est à tous ces égards très-richement doué ; et les espèces disgraciées de l'unau et de l'aï sont peut-être les seules que la nature ait maltraitées, les seules qui nous offrent l'image de la misère innée.

Voyons-la de plus près ; faute de dents, ces pauvres

animaux ne peuvent ni saisir une proie, ni se nourrir de chair, ni même brouter l'herbe. Réduits à vivre de feuilles et de fruits sauvages, ils consument du temps à se traîner au pied d'un arbre, il leur en faut encore beaucoup pour grimper jusqu'aux branches ; et pendant ce lent et triste exercice qui dure quelquefois plusieurs jours, ils sont obligés de supporter la faim.

A terre, ils sont livrés à tous leurs ennemis : comme leur chair n'est pas absolument mauvaise, les hommes et les animaux de proie les cherchent et les tuent ; il paraît qu'ils multiplient peu, ou du moins que, s'ils produisent fréquemment, ce n'est qu'en petit nombre ; tout concourt donc à les détruire, et il est bien difficile que l'espèce se maintienne : il est vrai que, quoiqu'ils soient lents, gauches et presques inhabiles au mouvement, ils sont durs, forts de corps et vivaces ; qu'ils peuvent supporter longtemps la privation de toute nourriture.

LE TAMANOIR, LE TAMANDUA ET LE FOURMILIER.

Il existe dans l'Amérique méridionale trois espèces d'animaux à long museau, à gueule étroite et sans aucunes dents, à langue ronde et longue qu'ils insinuent dans les fourmilières et qu'ils retirent pour avaler les fourmis dont ils font leur principale nourriture. Le premier de ces mangeurs de fourmis est le *Tamanoir*. Cet animal agite fréquemment et brusquement sa queue lorsqu'il est irrité, mais il la laisse traîner en marchant, lorsqu'il est tranquille, et il balaye le chemin par où il passe. Le tamanoir marche lentement, un homme peut aisément l'atteindre à la course ; ses pieds paraissent moins faits

pour marcher que pour grimper et pour saisir des corps arrondis, aussi serre-t-il avec une si grande force une branche ou un bâton qu'il n'est pas possible de les lui arracher.

Le second de ces animaux est le *Tamandua* ; il est beaucoup plus petit que le tamanoir. Il grimpe et serre aussi bien que lui, et ne marche pas mieux ; il ne se couvre pas de sa queue qui ne pourrait lui servir d'abri étant en partie dénuée de poil, lequel d'ailleurs est beaucoup plus court que celui de la queue du tamanoir ; lorsqu'il dort, il cache sa tête sous son cou et sous ses jambes de devant.

Le troisième de ces animaux est le *Fourmilier*, beaucoup plus petit encore que le tamandua. Celui-ci se suspend aux branches des arbres. Le fourmilier a aussi la même habitude : dans cette situation ils balancent leur corps, approchent leur museau des trous et des creux d'arbres, ils y insinuent leur longue langue et la retirent ensuite brusquement pour avaler les insectes qu'elle a ramassés.

Au reste, ces trois animaux, qui diffèrent si fort par la grandeur et par les proportions du corps, ont néanmoins beaucoup de choses communes, tant pour la conformation que pour les habitudes naturelles : tous trois se nourrissent de fourmis et plongent aussi leur langue dans le miel et dans les autres substances liquides ou visqueuses ; ils ramassent assez promptement les miettes de pain et les petits morceaux de viande hachée ; on les apprivoise et on les élève aisément ; ils soutiennent longtemps la privation de toute nourriture ; ils n'avalent pas toute la liqueur qu'ils prennent en buvant : il en retombe une partie qui passe par les narines ; ils dorment ordinairement pendant le jour et changent de lieu pendant la nuit; ils marchent si mal qu'un homme peut facilement les atteindre à la course dans un lieu découvert. Les sauvages mangent leur chair, qui cependant est d'un très-mauvais goût.

On prendrait de loin le tamanoir pour un grand renard, et c'est par cette raison que quelques voyageurs l'ont appelé *renard américain ;* il est assez fort pour se défendre d'un gros chien et même d'un jaguar ; lorsqu'il en est attaqué, il se bat d'abord debout, et, comme l'ours, il se défend avec les mains, dont les ongles sont meurtriers ; ensuite il se couche sur le dos pour se servir des pieds comme des mains, et dans cette situation il est presque invincible et combat opiniâtrément jusqu'à la dernière extrémité, et même, lorsqu'il a mis à mort son ennemi, il ne le lâche que très-longtemps après ; il résiste plus qu'un autre au combat, parce qu'il est couvert d'un grand poil touffu, d'un cuir fort épais, et qu'il a la chair peu sensible et la vie très-dure.

Le tamanoir, le tamandua et le fourmilier sont des animaux naturels aux climats les plus chauds de l'Amérique. On ne les trouve point en Canada, ni dans les autres contrées froides du Nouveau-Monde.

MARSUPIAUX.

LA SARIGUE OU L'OPOSSUM.

Le sarigue ou l'opossum est un animal de l'Amérique qu'il est aisé de distinguer de tous les autres par deux caractères très-singuliers. Le premier de ces caractères est que la femelle a sous le ventre une ample cavité dans laquelle elle reçoit et allaite ses petits. Le second est que le mâle et la femelle ont tous deux le premier doigt des pieds de derrière sans ongle et bien séparé des autres doigts, tel qu'est le pouce dans la main de l'homme, tandis que les quatre autres doigts de ces mêmes pieds de derrière sont placés les uns contre les autres et armés d'ongles crochus, comme dans les pieds des autres quadrupèdes.

Le sarigue est uniquement originaire des contrées méridionales du Nouveau-Monde. On le trouve non-seulement au Brésil, à la Guyane, au Mexique, mais aussi à la Floride, en Virginie, et dans les autres régions tempérées de ce continent. Il est partout assez commun, parce qu'il produit souvent et en grand nombre. La plupart des auteurs disent quatre ou cinq petits; d'autres, six ou sept.

Les petits sarigues restent attachés et comme collés aux mamelles de la mère pendant le premier âge et jusqu'à ce qu'ils aient pris assez de force et d'accroissement pour se mouvoir aisément. Ils se laissent alors tomber dans la poche et sortent ensuite pour se promener et pour chercher leur subsistance; ils y entrent souvent pour dormir, pour teter, et aussi pour se cacher lorsqu'ils sont épouvantés : la mère fuit alors et les emporte tous.

A la seule inspection de la forme des pieds de cet animal, il est aisé de juger qu'il marche mal et qu'il court lentement : aussi dit-on qu'un homme peut l'attraper sans même précipiter son pas. En revanche, il grimpe sur les arbres avec une extrême facilité ; il se cache dans le feuillage pour attraper des oiseaux, ou bien il se suspend par la queue, dont l'extrémité est musculeuse et flexible comme une main, en sorte qu'il peut serrer et même environner de plus d'un tour les corps qu'il saisit ; il reste quelquefois longtemps dans cette situation sans mouvement, le corps suspendu, la tête en bas ; il épie et attend le petit gibier au passage ; d'autres fois, il se balance pour sauter d'un arbre à un autre, à peu près comme les singes à queue prenante, auxquels il ressemble aussi par la conformation des pieds. Quoique carnassier et même avide de sang, qu'il se plaît à sucer, il mange assez de tout, des reptiles, des insectes, des cannes de sucre, des patates, des racines, et même des feuilles et des écorces. On peut le nourrir comme un animal domestique ; il n'est ni féroce, ni farouche, et on l'apprivoise aisément ; mais il dégoûte par sa mauvaise odeur, qui est plus forte que celle du renard, et il déplaît aussi par sa vilaine figure ; car, indépendamment de ses oreilles de chouette, de sa queue de serpent et de sa gueule fendue jusqu'auprès des yeux, son corps paraît toujours sale, parce que le poil, qui n'est ni lisse ni frisé, est terne et semble être couvert de boue. Sa mauvaise odeur réside dans la peau, car sa chair n'est pas mauvaise à manger : c'est même un des animaux que les sauvages chassent de préférence et duquel ils se nourrissent le plus volontiers.

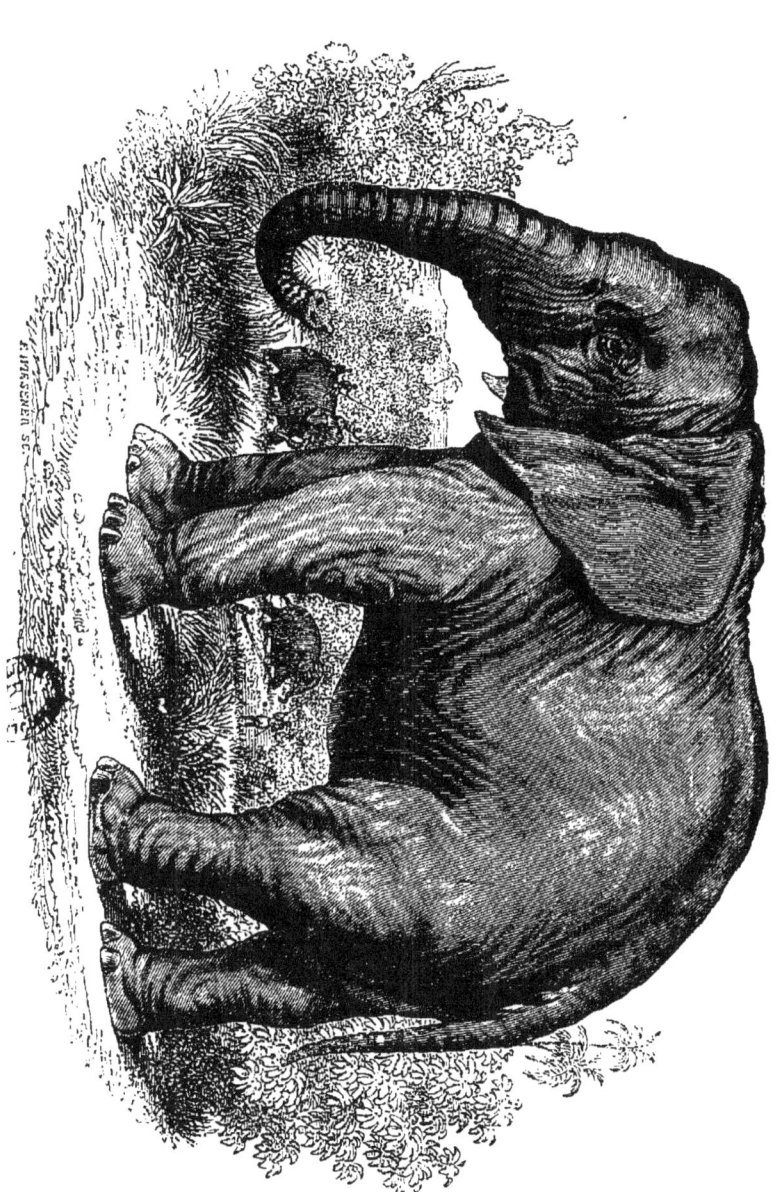

PACHYDERMES.

L'ÉLÉPHANT.

L'ÉLÉPHANT est, si nous voulons ne nous pas compter, l'être le plus considérable de ce monde : il surpasse tous les animaux terrestres en grandeur, et il approche de l'homme par l'intelligence.

Aussi les hommes ont-ils eu dans tous les temps pour ce grand, pour ce premier animal une espèce de vénération. Les anciens le regardaient comme un prodige, un miracle de la nature, ils ont beaucoup exagéré ses facultés naturelles, ils lui ont attribué sans hésiter des qualités intellectuelles et des vertus morales. On respecte à Siam, à Laos, à Pégu, les éléphants blancs comme les mânes vivants des empereurs de l'Inde ; ils ont chacun un palais, une maison composée d'un nombreux domestique, une vaisselle d'or, des mets choisis, des vêtements magnifiques, et sont dispensés de tout travail, de toute obéissance ; l'empereur vivant est le seul devant lequel ils fléchissent les genoux, et ce salut leur est rendu par le monarque.

En écartant les fables de la crédule antiquité, en rejetant aussi les fictions puériles de la superstition toujours subsistante, il reste encore assez à l'éléphant, aux yeux mêmes du philosophe, pour qu'il doive le regarder comme un être de la première distinction; il est digne d'être connu, d'être observé.

Dans l'état sauvage, l'éléphant n'est ni sanguinaire, ni féroce ; il est d'un naturel doux, et jamais il ne fait abus de ses armes ou de sa force ; il ne les emploie, il ne les exerce que pour se défendre lui-même ou pour protéger ses semblables. Il a les mœurs sociales, on le voit rarement errant ou solitaire ; il marche ordinairement de compagnie; le plus âgé conduit la troupe, le second d'âge la fait aller et marche le dernier ; les jeunes et les faibles sont au milieu des autres ; les mères portent leurs petits et les tiennent embrassés de leur trompe ; ils ne gardent cet ordre que dans les marches périlleuses, lorsqu'ils vont paître sur des terres cultivées ; ils se promènent ou voyagent avec moins de précaution dans les forêts et dans les solitudes, sans cependant se séparer absolument ni même s'écarter assez loin pour être hors de portée des secours et des avertissements. Il serait dangereux de leur faire la moindre injure ; ils vont droit à l'offenseur, et quoique la masse de leur corps soit très-pesante, leur pas est si grand qu'ils atteignent aisément l'homme le plus léger à la course; ils le percent de leurs défenses, ou, le saisissant avec la trompe, le lancent comme une pierre et achèvent de le tuer en le foulant aux pieds ; mais ce n'est que lorsqu'ils sont provoqués qu'ils font ainsi main-basse sur les hommes ; ils ne font aucun mal à ceux qui ne les cherchent pas ; cependant comme ils sont susceptibles et délicats sur le fait des injures, il est bon d'éviter leur rencontre, et les voyageurs qui fréquentent leur pays allument de grands feux la nuit et battent de la caisse pour les empêcher d'approcher. On prétend que lorsqu'ils ont été une fois attaqués par les hommes, ou qu'ils sont tombés dans quelque embûche, ils ne l'oublient jamais et qu'ils cherchent à se venger en toute occasion ; comme ils ont l'odorat excellent et peut-être plus parfait qu'aucun des animaux, à cause de la grande étendue de leur nez, l'odeur de l'homme les frappe de très-loin ; ils pourraient aisément le suivre à la piste. Ces animaux aiment le bord des fleuves, les profondes vallées, les lieux ombragés et les terrains humides ; ils ne peuvent se passer d'eau et la troublent avant que de la boire ; ils en remplissent souvent leur trompe, soit pour la porter à leur bouche ou seulement pour se rafraîchir le nez et s'amuser en la répandant à flots ou l'aspergeant à la ronde. Ils ne peuvent supporter le froid et souffrent aussi de l'excès de la chaleur ; car, pour éviter la trop grande ardeur du soleil, ils s'enfoncent, autant qu'ils peuvent, dans la profondeur des forêts les plus sombres ; ils se mettent aussi assez souvent dans l'eau ; le volume énorme de leur corps leur nuit moins qu'il ne leur aide à nager ; ils enfoncent moins dans l'eau que les autres animaux, et d'ailleurs la longueur de leur trompe qu'ils redressent en haut et par laquelle ils respirent, leur ôte toute crainte d'être submergés.

Leurs aliments ordinaires sont des racines, des herbes, des feuilles et du bois tendre ; ils mangent aussi des fruits et des grains, mais ils dédaignent la chair et le poisson : lorsque l'un d'entre eux trouve quelque part un pâturage abondant, il appelle les autres et les invite à venir manger avec lui. Comme il leur faut une grande quantité de fourrage, ils changent souvent de lieu, et lorsqu'ils arrivent à des terres ensemencées, ils y font un dégât prodigieux. Leur corps étant d'un poids énorme, ils écachent et détruisent dix fois plus de plantes avec leurs pieds qu'ils n'en consomment pour leur nourriture, laquelle peut monter à cent cinquante livres d'herbe par jour : n'arrivant jamais qu'en nombre, ils dévastent donc une campagne en une heure. Il est difficile de les épouvanter, et ils ne sont guère susceptibles de crainte ; la seule chose qui les surprenne et puisse les arrêter sont les feux d'artifice, les pétards qu'on leur lance, et dont l'effet subit et promptement renouvelé les saisit et leur fait quelquefois rebrousser chemin. On vient très-rarement à bout de les séparer les uns des autres, car, ordinairement, ils prennent tous ensemble le même parti d'attaquer, de passer indifféremment ou de fuir.

La femelle porte vingt mois ; elle ne produit qu'un petit, lequel au moment de sa naissance a des dents, et est déjà plus gros qu'un sanglier ; cependant les défenses ne sont pas encore apparentes, elles commencent à percer peu de temps après, et à l'âge de six mois elles sont de quelques pouces de longueur. L'éléphant à six mois est déjà plus gros qu'un bœuf, et les défenses continuent de grandir et de croître jusqu'à l'âge avancé, pourvu que l'animal se porte bien et soit en liberté ; car on n'imagine pas à quel point l'esclavage et les aliments apprêtés détériorent le tempérament et changent les habitudes naturelles de l'éléphant. On vient à bout de le dompter, de le soumettre, de l'instruire, et comme il est plus fort et plus intelligent qu'un autre, il sert plus à propos, plus puissamment et plus utilement. Il n'y a aucun éléphant domestique qui n'ait été sauvage auparavant, et la manière de les prendre, de les dompter, de les soumettre, mérite une attention particulière. Au milieu des forêts et dans un lieu voisin de ceux qu'ils fréquentent, on choisit un espace qu'on environne d'une forte palissade, les plus gros arbres de la forêt servent de pieux principaux contre lesquels on attache les traverses de charpente qui soutiennent les autres pieux : cette palissade est faite à claire-voie, en sorte qu'un homme peut y passer aisément ; on y laisse une autre grande ouverture par laquelle l'éléphant peut entrer, et cette baie est surmontée d'une trappe suspendue, ou bien elle reçoit une barrière qu'on ferme derrière lui. Pour l'attirer jusque dans cette enceinte, il faut l'aller chercher : on conduit une femelle privée dans la forêt, et lorsqu'on imagine être à portée de la faire entendre, son gouverneur l'oblige à faire un cri : le mâle sauvage y répond à l'instant et se met en marche pour la joindre ; on la fait marcher elle-même en lui faisant de temps en temps répéter l'appel ; elle arrive la première à l'enceinte, où le mâle, la suivant à la piste, entre par la même porte. Dès qu'il se voit enfermé, son ardeur s'évanouit, et, lorsqu'il aperçoit les chasseurs, elle se change en fureur ; on lui jette des cordes à nœuds coulants pour l'arrêter, on lui met des entraves aux pieds et à la trompe, on amène deux ou trois éléphants privés et conduits par des hommes adroits, on essaye de les attacher avec l'éléphant sauvage ; enfin l'on vient à bout, par adresse, par force, par tourment et par caresses, de le dompter en peu de jours.

L'éléphant, une fois dompté, devient le plus doux, le

plus obéissant de tous les animaux : il s'attache à celui qui le soigne, il le caresse, le prévient, et semble deviner tout ce qui peut lui plaire; en peu de temps, il vient à comprendre les signes et même à entendre l'expression des sons; il distingue le ton impératif, celui de la colère ou de la satisfaction, et il agit en conséquence. Il ne se trompe point à la parole de son maître, il reçoit ses ordres avec attention, les exécute avec prudence, avec empressement, sans précipitation, car ses mouvements sont toujours mesurés, et son caractère paraît tenir de la gravité de sa masse. On lui apprend aisément à fléchir les genoux pour donner plus de facilité à ceux qui veulent le monter; il caresse ses amis avec sa trompe, en salue les gens qu'on lui fait remarquer; il s'en sert pour enlever des fardeaux et aide lui-même à se charger; il se laisse vêtir et semble prendre plaisir à se voir couvert de harnais dorés et de housses brillantes. On l'attelle, on l'attache par des traits à des chariots, des charrues, des navires, des cabestans : il tire également, continûment et sans se rebuter, pourvu qu'on ne l'insulte pas par des coups donnés mal à propos, et qu'on ait l'air de lui savoir gré de la bonne volonté avec laquelle il emploie ses forces. Celui qui le conduit ordinairement est monté sur son cou et se sert d'une verge de fer, dont l'extrémité fait le crochet, ou qui est armée d'un poinçon avec lequel on le pique sur la tête, à côté des oreilles, pour l'avertir, le détourner ou le presser; mais souvent la parole suffit, surtout s'il a eu le temps de faire connaissance complète avec son conducteur et de prendre en lui une entière confiance. Son attachement devient quelquefois si fort, si durable, et son affection si profonde, qu'il refuse ordinairement de servir sous tout autre, et qu'on l'a quelquefois vu mourir de regret d'avoir, dans un accès de colère, tué son gouverneur.

L'espèce de l'éléphant ne laisse pas d'être nombreuse, quoiqu'il ne produise qu'une fois et un seul petit tous les deux ou trois ans. Plus la vie des animaux est courte, et plus leur production est nombreuse. Dans l'éléphant, la durée de la vie compense le petit nombre, et s'il est vrai, comme on l'assure, qu'il vive deux siècles et qu'il produise jusqu'à cent vingt ans, chaque couple donne quarante petits dans cet espace de temps : l'espèce se trouve généralement répandue dans tous les pays méridionaux de l'Afrique et de l'Asie. Ils sont fidèles à leur patrie et constants pour leur climat ; car, quoiqu'ils puissent vivre dans les régions tempérées, il ne paraît pas qu'ils aient jamais tenté de s'y établir, ni même d'y voyager ; ils étaient jadis inconnus dans nos climats. Alexandre est le premier qui ait montré l'éléphant à l'Europe : il fit passer en Grèce ceux qu'il avait conquis sur Porus, et ce furent peut-être les mêmes que Pyrrhus, plusieurs années après, employa contre les Romains dans la guerre de Tarente, et avec lesquels Curius vint triompher à Rome. Annibal ensuite en amena d'Afrique, leur fit passer la Méditerranée, les Alpes, et les conduisit, pour ainsi dire, jusqu'aux portes de Rome.

Il paraît que le climat de l'Inde méridionale et de l'Afrique orientale est la vraie patrie, le pays naturel et le séjour le plus convenable à l'éléphant ; il y est beaucoup plus grand, beaucoup plus fort qu'en Guinée et dans toutes les autres parties de l'Afrique occidentale. L'Inde méridionale et l'Afrique orientale sont donc les contrées dont la terre et le ciel lui conviennent le mieux ; et, en effet, il craint l'excessive chaleur, il n'habite jamais dans les sables brûlants, et il ne se trouve en grand nombre dans les pays des Nègres que le long des rivières et non dans les terres élevées ; au lieu qu'aux Indes, les plus puissants, les plus courageux de l'espèce, et dont les armes sont les plus fortes et les plus grandes, s'appellent éléphants de montagnes, et habitent, en effet, les hauteurs où l'air étant plus tempéré, les eaux moins impures, les aliments plus sains, leur nature arrive à son plein développement et acquiert toute son étendue, toute sa perfection.

La force de ces animaux est proportionnelle à leur grandeur : les éléphants des Indes portent aisément trois ou quatre milliers ; les plus petits, c'est-à-dire ceux d'Afrique, enlèvent librement un poids de deux cents livres avec leur trompe, et le placent eux-mêmes sur leurs épaules ; ils prennent dans cette trompe une grande quantité d'eau qu'ils rejettent en haut ou à la ronde, à une ou deux toises de distance ; ils peuvent porter plus d'un millier pesant sur leurs défenses ; la trompe leur sert à casser les branches des arbres, et les défenses à arracher les arbres mêmes. On peut encore juger de leur force par la vitesse de leur mouvement, comparée à la masse de leur corps ; ils font au pas ordinaire à peu près autant de chemin qu'un cheval en fait au petit trot, et autant qu'un cheval au galop lorsqu'ils courent, ce qui dans l'état de liberté ne leur arrive guère que quand ils sont animés de colère ou poussés par la crainte. On mène ordinairement au pas les éléphants domestiques ; ils font aisément et sans fatigue quinze ou vingt lieues par jour, et quand on veut les presser, ils peuvent en faire jusqu'à trente-cinq ou quarante.

Un éléphant domestique rend peut-être à son maître plus de service que cinq ou six chevaux, mais il lui faut du foin et une nourriture abondante et choisie. On lui donne ordinairement du riz cru ou cuit, mêlé avec de l'eau, et on prétend qu'il faut cent livres de riz par jour pour qu'il s'entretienne dans sa pleine vigueur ; on lui donne aussi de l'herbe pour le rafraîchir, car il est sujet à s'échauffer, et il faut le mener à l'eau et le laisser baigner deux ou trois fois par jour. Il apprend aisément à se laver lui même ; il prend de l'eau dans sa trompe, il la porte à sa bouche pour boire, et ensuite, en retournant sa trompe, il en laisse couler le reste à flots sur toutes les parties de son corps. Pour donner une idée des services qu'il peut rendre, il suffira de dire que tous les tonneaux, sacs, paquets qui se transportent d'un lieu à un autre dans les Indes, sont voiturés par des éléphants ; qu'ils peuvent porter des fardeaux sur leurs corps, sur leur cou, sur leurs défenses, et même avec leur gueule, en leur présentant le bout d'une corde qu'ils serrent avec les dents ; que, joignant l'intelligence à la force, ils ne cassent ni n'endommagent rien de ce qu'on leur confie ; qu'ils font tourner et passer ces paquets du bord des eaux dans un bateau sans les laisser mouiller, les posant doucement et les arrangeant où l'on veut les placer ; que, quand ils les ont déposés dans l'endroit qu'on leur montre, ils essayent avec leur trompe s'ils sont bien situés ; et que quand c'est un tonneau qui roule, ils vont d'eux-mêmes chercher des pierres pour le caler et l'établir solidement, etc.

Lorsque l'éléphant est bien soigné il vit longtemps, quoique en captivité. Au reste, la captivité abrége moins leur vie que la disconvenance du climat : quelque soin qu'on en prenne, l'éléphant ne vit pas longtemps dans les pays tempérés, et encore moins dans les climats froids. La couleur ordinaire des éléphants est d'un gris cendré ou noirâtre ; les blancs sont extrêmement rares, et on cite ceux qu'on a vus en différents temps dans quelques endroits des Indes, où il s'en trouve aussi quelques-uns qui sont roux, et ces éléphants blancs et rouges sont très-estimés.

L'éléphant a les yeux très-petits relativement au volume de son corps, mais ils sont brillants et spirituels, et ce qui les distingue de ceux de tous les autres animaux, c'est l'expression pathétique du sentiment et la conduite presque réfléchie de tous leurs mouvements: il les tourne lentement et avec douceur vers son maître ; il a pour lui le regard de l'amitié, celui de l'attention lorsqu'il parle, le coup d'œil de l'intelligence quand il l'a écouté, celui de la pénétration lorsqu'il veut le prévenir ; il semble réfléchir, délibérer, penser, et ne se déterminer qu'après avoir examiné et regardé à plusieurs fois et sans précipitation, sans passion, les signes auxquels il doit obéir.

Il a l'ouïe très-bonne, et cet organe est à l'extérieur, comme celui de l'odorat, plus marqué dans l'éléphant que dans aucun autre animal. Ses oreilles sont très-grandes, beaucoup plus longues, même à proportion du corps, que celles de l'âne, et aplaties contre la tête comme celles de l'homme ; elles sont ordinairement pendantes, mais il les relève et les remue avec une grande facilité.

elles lui servent à essuyer ses yeux, à les préserver de l'incommodité de la poussière et des mouches. Il se délecte au son des instruments et paraît aimer la musique ; il apprend aisément à marquer la mesure, à se remuer en cadence, et à joindre à propos quelques accents au bruit des tambours et au son des trompettes. Son odorat est exquis, et il aime avec passion les parfums de toute espèce et surtout les fleurs odorantes ; il les choisit, il les cueille une à une, il en fait des bouquets, et, après en avoir savouré l'odeur, il les porte à sa bouche et semble les goûter ; la fleur d'orange est un de ses mets les plus délicieux : il dépouille avec sa trompe un oranger de toute sa verdure et en mange les fruits, les fleurs, les feuilles, et jusqu'au jeune bois. Il choisit dans les prairies les plantes odoriférantes, et dans les bois il préfère les cocotiers, les bananiers, les palmiers, les sagous ; et comme ces arbres sont moelleux et tendres, il en mange non-seulement les feuilles et les fruits, mais même les branches, le tronc et les racines, car quand il ne peut arracher ces arbres avec sa trompe, il les déracine avec ses défenses.

A l'égard du sens du toucher, il ne l'a, pour ainsi dire, que dans la trompe, mais il est aussi délicat, aussi distinct dans cette espèce de main que dans celle de l'homme. Cette trompe, composée de membranes, de nerfs et de muscles, est en même temps un membre capable de mouvement et un organe de sentiment. L'animal peut non-seulement la remuer, la fléchir, mais il peut la raccourcir, l'allonger, la courber et la tourner en tous sens. L'extrémité de la trompe est terminée par un rebord qui s'allonge par le dessus en forme de doigt : c'est par le moyen de ce rebord et de cette espèce de doigt que l'éléphant fait tout ce que nous faisons avec les doigts : il ramasse à terre les plus petites pièces de monnaie, il cueille les herbes et les fleurs en les choisissant une à une, il dénoue les cordes, ouvre et ferme les portes en tournant les clefs et poussant les verrous; il apprend à tracer des caractères réguliers avec un instrument aussi petit qu'une plume.

La délicatesse du toucher, la finesse de l'odorat, la facilité du mouvement et la puissance de succion se trouvent donc à l'extrémité du nez de l'éléphant. De tous les instruments dont la nature a si libéralement muni ses productions chéries, la trompe est peut-être le plus complet et le plus admirable : c'est non-seulement un instrument organique, mais un triple sens, dont les fonctions réunies et combinees sont en même temps la cause, et produisent les effets de cette intelligence et de ces facultés qui distinguent l'éléphant et l'élèvent au-dessus de tous les animaux.

Au reste, quoique l'éléphant ait plus de mémoire et plus d'intelligence qu'aucun des animaux, il a cependant le cerveau plus petit que la plupart d'entre eux, relativement au volume de son corps. C'est donc en vertu de cette combinaison singulière des sens et de ces facultés uniques de la trompe que cet animal est supérieur aux autres par l'intelligence, malgré l'énormité de sa masse, malgré la disproportion de sa forme; car l'éléphant est en même temps un miracle d'intelligence et un monstre de matière.

Il résulte pour l'animal plusieurs inconvénients de cette conformation bizarre ; il peut à peine tourner la tête, il ne peut se tourner lui-même, pour rétrograder, qu'en faisant un circuit.

Les oreilles de l'éléphant sont très-longues ; il s'en sert comme d'un éventail, il les fait remuer et claquer comme il lui plaît; sa queue n'est pas plus longue que l'oreille, et n'a ordinairement que deux pieds et demi ou trois pieds de longueur ; elle est assez menue, pointue et garnie à l'extrémité d'une houppe de gros poils ou plutôt de filets de corne noirs, luisants et solides.

Le climat, la nourriture et la condition influent beaucoup sur l'accroissement et la grandeur de l'éléphant; en général, ceux qui sont pris jeunes et réduits à cet âge en captivité n'arrivent jamais aux dimensions entières de la nature. Les plus grands éléphants des Indes et des côtes orientales de l'Afrique ont quatorze pieds de hauteur; les plus petits, qui se trouvent au Sénégal et dans les autres parties de l'Afrique occidentale, n'ont que dix ou onze pieds, et tous ceux qu'on a amenés jeunes en Europe ne se sont pas élevés à cette hauteur.

Quoique l'éléphant ne se nourrisse ordinairement que d'herbes et de bois tendre, et qu'il lui faille un prodigieux volume de cette espèce d'aliment pour pouvoir en tirer la quantité de molécules organiques nécessaires à la nutrition d'un aussi vaste corps, il n'a cependant pas plusieurs estomacs, comme la plupart des animaux qui se nourrissent de même; il n'a qu'un estomac, il ne rumine pas, il est plutôt conformé comme le cheval que comme le bœuf ou les autres animaux ruminants. Quelque grand que soit l'appétit de l'éléphant, il mange avec modération, et son goût pour la propreté l'emporte sur le sentiment du besoin; son adresse à séparer avec sa trompe les bonnes feuilles d'avec les mauvaises, et le soin qu'il a de les bien secouer, pour qu'il n'y reste point d'insectes ni de sable, sont des choses agréables à voir ; il aime beaucoup le vin, les liqueurs spiritueuses, l'eau-de-vie, l'arack, etc. On lui fait faire les corvées les plus pénibles et les entreprises les plus fortes, en lui montrant un vase rempli de ces liqueurs, et en le lui promettant pour prix de ses travaux ; il paraît aimer aussi la fumée de tabac, mais elle l'étourdit et l'enivre ; il craint toutes les mauvaises odeurs, et il a une horreur si grande pour le cochon, que le seul cri de cet animal l'émeut et le fait fuir.

Nous allons achever de donner une idée du naturel et de l'intelligence de ce singulier animal. Son conducteur veut-il lui faire faire quelque corvée pénible, il lui explique de quoi il est question, et lui détaille les raisons qui doivent l'engager à obéir ; si l'éléphant marque de la répugnance à ce qu'il exige de lui, le *cornac* (c'est ainsi qu'on appelle son conducteur) promet de lui donner de l'arack ou quelque chose qu'il aime : alors l'animal se prête à tout ; mais il est dangereux de lui manquer de parole : plus d'un cornac en a été la victime. Il s'est passé à ce sujet dans le Dekan un trait qui mérite d'être rapporté, et qui, tout incroyable qu'il paraît, est cependant exactement vrai. Un éléphant venait de se venger de son cornac en le tuant ; sa femme, témoin de ce spectacle, prit ses deux enfants et les jeta aux pieds de l'animal, encore tout furieux, en lui disant : *Puisque tu as tué mon mari, ôte-moi aussi la vie, ainsi qu'à mes enfants.* L'éléphant s'arrêta tout court, s'adoucit, et, comme s'il eût été touché de regret, prit avec sa trompe le plus grand de ces deux enfants, le mit sur son cou, l'adopta pour son cornac, et n'en voulut point souffrir d'autre.

Si l'éléphant est vindicatif, il n'est pas moins reconnaissant. Un soldat de Pondichéry, qui avait coutume de porter à un de ces animaux une certaine mesure d'arack chaque fois qu'il touchait son prêt, ayant un jour bu plus que de raison, et se voyant poursuivi par la garde, qui le voulait conduire en prison, se réfugia sous l'éléphant et s'y endormit. Ce fut en vain que la garde tenta de l'arracher de cet asile : l'éléphant le défendit avec sa trompe. Le lendemain, le soldat, revenu de son ivresse, frémit à son réveil de se trouver couché sous un animal d'une grosseur si énorme. L'éléphant, qui sans doute s'aperçut de son effroi, le caressa avec sa trompe pour le rassurer, et lui fit entendre qu'il pouvait s'en aller

L'éléphant tombe quelquefois dans une espèce de folie qui lui ôte sa docilité et le rend même très-redoutable ; on est alors obligé de le tuer. On se contente quelquefois de l'attacher avec de grosses chaînes de fer, dans l'espérance qu'il viendra à résipiscence. Mais quand il est dans son état naturel, les douleurs les plus aiguës ne peuvent l'engager à faire du mal à qui ne lui en a pas fait. Un éléphant, furieux des blessures qu'il avait reçues à la bataille de Hambourg, courait à travers champs et poussait des cris affreux; un soldat qui, malgré les avertissements de ses camarades, n'avait pu fuir, peut-être parce qu'il était blessé, se trouva à sa rencontre : l'éléphant craignit de le fouler aux pieds, le prit avec sa trompe, le plaça doucement de côté, et continua sa route. Certain éléphant semblait connaître quand on se moquait de lui, et s'en souvenir pour s'en venger quand il en trouvait l'occasion. A un homme qui l'avait trompé, en faisant semblant de lui jeter quelque chose dans la gueule, il donna un coup de sa trompe qui le renversa et lui rompit deux côtes ; ensuite de quoi il le foula aux pieds et lui rompit une jambe, et s'étant agenouillé, il voulut lui enfoncer ses défenses dans le ventre. Il écrasa un autre homme, en le froissant contre une muraille pour le même sujet. Un peintre le voulait dessiner dans une attitude extraordinaire, qui était de tenir sa trompe levée et la gueule ouverte; le valet du peintre, pour le faire demeurer en cet état, lui jetait des fruits dans la gueule, et le plus souvent faisait semblant d'en jeter ; il en fut indigné, et comme s'il eût connu que l'envie que le peintre avait de le dessiner était la cause de cette importunité, au lieu de s'en prendre au valet il s'adressa au maître, et lui jeta par sa trompe une quantité d'eau dont il gâta le papier sur lequel le peintre dessinait.

En donnant aux éléphants tout ce qui peut leur plaire, on les rend aussi privés et aussi soumis que le sont les hommes. L'on peut dire qu'il ne leur manque que la parole. Ils sont orgueilleux et ambitieux, mais ils se souviennent du bien qu'on leur a fait et ont de la reconnaissance, jusque-là qu'ils ne manquent point de baisser la tête pour marquer le respect en passant devant les maisons où ils ont été bien traités. Ils se laissent conduire et commander par un enfant, mais ils veulent être loués et chéris. On ne saurait se moquer d'eux ni les injurier qu'ils ne l'entendent, et ceux qui le font doivent prendre garde à eux, car ils seront bien heureux s'ils s'empêchent d'être arrosés de l'eau des trompes de ces animaux ou d'être jetés par terre, le visage contre la poussière.

Ils saluent en fléchissant les genoux et en baissant la tête, et lorsque leur maître veut les monter, ils lui présentent si adroitement le pied qu'il s'en peut servir comme d'un degré. Lorsqu'on a pris un éléphant sauvage et qu'on lui a lié les pieds, le chasseur l'aborde, le salue, lui fait des excuses de ce qu'il l'a lié, lui proteste que ce n'est pas pour lui faire injure, lui expose que la plupart du temps il avait faute de nourriture dans son premier état, au lieu que désormais il sera parfaitement bien traité, qu'il lui en fait la promesse. Le chasseur n'a pas plutôt achevé ce discours obligeant, que l'éléphant le suit comme ferait un très-doux agneau.

LE TAPIR OU L'ANTA.

Le tapir est de la grandeur d'une petite vache, mais sans cornes et sans queue ; les jambes courtes, le corps arqué comme celui d'un cochon, portant une livrée dans sa jeunesse comme le cerf, et ensuite un pelage uniforme d'un brun foncé ; la tête grosse et longue avec une espèce de trompe comme le rhinocéros, dix dents incisives et dix molaires à chaque mâchoire, caractère qui le sépare entièrement du genre des bœufs.

Le tapir est un animal triste et ténébreux, qui ne sort que de nuit, qui ne se plaît que dans les eaux, où il habite plus souvent que sur la terre ; il vit dans les marais, et ne s'éloigne guère du bord des fleuves ou des lacs ; dès qu'il est menacé, poursuivi ou blessé, il se jette à l'eau, s'y plonge et y demeure assez de temps pour faire un grand trajet avant de reparaître : ces habitudes, qu'il a communes avec l'hippopotame, ont fait croire à quelques naturalistes qu'il était du même genre, mais il en diffère autant par la nature qu'il en est éloigné par le climat. Quoique habitant des eaux, le tapir ne se nourrit pas de poisson ; et quoiqu'il ait la gueule armée de vingt dents incisives et tranchantes, il n'est pas carnassier ; il vit de plantes et de racines, et ne se sert point de ses armes contre les autres animaux. Il est d'un naturel doux, timide, et fuit tout combat, tout danger : avec des jambes courtes et le corps massif, il ne laisse pas de courir assez vite, et il nage encore mieux qu'il ne court. Il marche ordinairement de compagnie et quelquefois en grande troupe ; son cuir est d'un tissu très-ferme et si serré que souvent il résiste à la balle ; sa chair est fade et grossière, cependant les Indiens la mangent : on le trouve communément au Brésil, au Paraguay, à la Guyane, aux Amazones et dans toute l'étendue de l'Amérique méridionale, depuis l'extrémité du Chili jusqu'à la Nouvelle-Espagne.

LE RHINOCÉROS.

APRÈS l'éléphant, le rhinocéros est le plus puissant des animaux quadrupèdes; il a au moins douze pieds de longueur, depuis l'extrémité du museau jusqu'à l'origine de la queue, six à sept pieds de hauteur, et la circonférence du corps à peu près égale à sa longueur. Il approche donc de l'éléphant pour le volume et par la masse, et s'il paraît bien plus petit, c'est que ses jambes sont bien plus courtes à proportion que celles de l'éléphant; mais il en diffère beaucoup par les facultés naturelles et par l'intelligence : n'ayant reçu de la nature que ce qu'elle accorde assez communément à tous les quadrupèdes, privé de toute sensibilité dans la peau, manquant de mains et d'organes distincts pour le sens du toucher, n'ayant, au lieu de trompe, qu'une lèvre mobile, dans laquelle consistent tous ses moyens d'adresse. Il n'est guère supérieur aux autres animaux que par la force, la grandeur et l'arme offensive qu'il porte sur le nez, et qui n'appartient qu'à lui. Cette arme est une corne très-dure, solide dans toute sa longueur, et placée plus avantageusement que les cornes des animaux ruminants : celles-ci ne munissent que les parties supérieures de la tête et du cou, au lieu que la corne du rhinocéros défend toutes les parties antérieures du museau et préserve d'insulte le mufle, la bouche et la face; en sorte que le tigre attaque plus volontiers l'éléphant, dont il saisit la trompe, que le rhinocéros, qu'il ne peut coiffer sans risquer d'être éventré ; car le corps et les membres sont recouverts d'une enveloppe impénétrable, et cet animal ne craint ni la griffe du tigre, ni l'ongle du lion, ni le fer, ni le feu du chasseur ; sa peau est un cuir noirâtre de la même couleur mais plus épais et plus dur que celui de l'éléphant. Il n'est pas sensible comme lui à la piqûre des mouches ; il ne peut aussi ni froncer ni contracter sa peau : elle est seulement plissée par de grosses rides au cou, aux épaules et à la croupe pour faciliter le mouvement de la tête et des jambes, qui sont massives et terminées par de larges pieds armés de trois grands ongles. Il a la tête plus longue à proportion que l'éléphant ; mais il a les yeux encore plus petits, il ne les ouvre jamais qu'à demi. La mâchoire supérieure avance sur l'inférieure, et la lèvre du dessus a du mouvement et peut s'allonger jusqu'à six ou sept pouces de longueur. Cette lèvre, musculeuse et flexible, est une espèce de main ou de trompe très-incomplète, mais qui ne laisse pas de saisir avec force et de palper avec adresse. Au lieu de ces longues dents d'ivoire qui forment les défenses de l'éléphant, le rhinocéros a sa puissante corne et deux fortes dents incisives à chaque mâchoire ; ces dents incisives sont fort éloignées l'une de l'autre dans les mâchoires du rhinocéros ; mais indépendamment de ces quatre dents incisives placées en avant aux quatre coins des mâchoires, il a de plus vingt-quatre dents molaires, six de chaque côté des deux mâchoires. Ses oreilles se tiennent toujours droites ; elles sont assez semblables pour la forme à celles du cochon, seulement elles sont moins grandes à proportion du corps : ce sont les seules parties sur lesquelles il y ait du poil ou plutôt des soies ; l'extrémité de la queue est, comme celle de l'éléphant, garnie d'un bouquet de grosses soies très-solides et très-dures.

Il est très-certain qu'il existe des rhinocéros qui n'ont qu'une corne sur le nez, et d'autres qui en ont deux ; mais il n'est pas également certain que cette variété soit constante, toujours dépendante du climat de l'Afrique ou des Indes. Il paraît que les rhinocéros qui n'ont qu'une corne l'ont plus grosse et plus longue que ceux qui en ont deux ; c'est avec cette arme, dit-on, que le rhinocéros attaque et blesse quelquefois mortellement les éléphants de la plus haute taille, dont les jambes élevées permettent au rhinocéros, qui les a bien plus courtes, de leur porter des coups de boutoir et de corne sous le ventre, où la peau est la plus sensible et la plus pénétrable ; mais aussi lorsqu'il manque son premier coup, l'éléphant le terrasse et le tue.

La corne du rhinocéros est plus estimée des Indiens que l'ivoire de l'éléphant, non pas tant à cause de la matière dont cependant ils font plusieurs ouvrages au tour et au ciseau, mais à cause de sa substance même, à laquelle ils accordent plusieurs qualités spécifiques et propriétés médicinales ; les blanches, comme les plus rares, sont aussi celles qu'ils estiment et qu'ils recherchent le plus.

Le rhinocéros, sans être ni féroce, ni carnassier, ni même extrêmement farouche, est cependant intraitable ; il faut même qu'il soit sujet à des accès de fureur que rien ne peut calmer, car celui qu'Emmanuel, roi de Portugal, envoya au pape en 1513, fit périr le bâtiment sur lequel on le transportait. Ces animaux sont aussi, comme le cochon, très-enclins à se vautrer dans la boue et à se rouler dans la fange : ils aiment les lieux humides et marécageux, et ils ne quittent guère les bords des rivières ; on en trouve en Asie et en Afrique ; mais en général, l'espèce en est moins nombreuse et moins répandue que celle de l'éléphant ; il ne produit de même qu'un seul petit à la fois, et à des distances de temps assez considérables. Dans le premier mois le jeune rhinocéros n'est guère plus gros qu'un chien de grande taille. Il n'a point en naissant la corne sur le nez.

Sans pouvoir devenir utile comme l'éléphant, le rhinocéros est aussi nuisible par la consommation, et surtout par le prodigieux dégât qu'il fait dans les campagnes ; il n'est bon que par sa dépouille, sa chair est excellente au goût des Indiens et des Nègres. Sa peau fait le cuir le meilleur et le plus dur qu'il y ait au monde, et non-seulement sa corne, mais toutes les autres parties de son corps et même son sang sont estimés comme des antidotes contre le poison ou comme des remèdes à plusieurs maladies.

Le rhinocéros se nourrit d'herbes grossières, de chardons, d'arbrisseaux épineux, et il préfère ces aliments agrestes à la douce pâture des plus belles prairies ; il aime beaucoup les cannes de sucre, et mange aussi de toutes sortes de grains : n'ayant nul goût pour la chair, il n'inquiète pas les petits animaux, il ne craint pas les grands, vit en paix avec tous et même avec le tigre, qui souvent l'accompagne sans oser l'attaquer. Pline est, je crois, le premier qui ait parlé des combats du rhinocéros et de l'éléphant : il paraît qu'on les a forcés à se battre dans les spectacles de Rome, et c'est probablement de là que l'on a pris l'idée que, quand ils sont en liberté et dans leur état naturel, ils se battaient de même.

Les rhinocéros ne se rassemblent pas en troupes, ni ne marchent en nombre comme les éléphants ; ils sont plus solitaires, plus sauvages, et peut-être plus difficiles à chasser et à vaincre. Ils n'attaquent pas les hommes, à moins qu'ils ne soient provoqués; mais alors ils prennent de la fureur et sont très-redoutables : l'acier de Damas, les sabres du Japon n'entament pas leur peau ; les javelots et les lances ne peuvent la percer, elle résiste même aux balles du mousquet ; celles de plomb s'aplatissent sur ce cuir, et les lingots de fer ne le pénètrent pas en entier ; les seuls endroits absolument pénétrables dans ce corps cuirassé sont le ventre, les yeux et le tour des oreilles.

Cet animal a l'oreille bonne et même très-attentive; on assure aussi qu'il a l'odorat excellent; mais on prétend qu'il n'a pas l'œil bon, et qu'il ne voit, pour ainsi dire, que devant lui. La petitesse extrême de ses yeux, leur position basse, oblique et enfoncée, le peu de brillant et de mouvement qu'on y remarque, semblent confirmer ce fait. Sa voix est assez sourde lorsqu'il est tranquille ; elle ressemble en gros au grognement du cochon ; et, lorsqu'il est en colère, son cri devient aigu et se fait entendre de fort loin. Il ne vit que de végétaux ; sa consommation, quoique considérable, n'approche pas de celle de l'éléphant, et il paraît, par la continuité et l'épaisseur non interrompue de sa peau, qu'il perd aussi beaucoup moins que lui par la transpiration.

L'HIPPOPOTAME.

'HIPPOPOTAME est un animal dont le corps est plus long et aussi gros que celui du rhinocéros; ses jambes sont beaucoup plus courtes, il a la tête moins longue et plus grosse à proportion du corps; il n'a de cornes ni sur le nez comme le rhinocéros, ni sur la tête comme les animaux ruminants. Son cri de douleur tenant autant du hennissement du cheval que du mugissement du buffle, il se pourrait que sa voix ordinaire fût semblable au hennissement du cheval, duquel néanmoins il diffère à tous autres égards; et si cela est, l'on peut présumer que ce seul rapport de la ressemblance de la voix a suffi pour lui faire donner le nom d'*hippopotame*, qui veut dire *cheval de rivière*. Les dents incisives de l'hippopotame, et surtout les dents canines dans la mâchoire inférieure sont très-longues, très-fortes et d'une substance si dure qu'elle fait feu contre le fer. Cette matière des dent

canines de l'hippopotame est si blanche, si nette et si dure, qu'elle est de beaucoup préférable à l'ivoire pour faire des dents artificielles et postiches. Les dents incisives de l'hippopotame, surtout celles de la mâchoire inférieure, sont très-longues, cylindriques et cannelées ; les dents canines, qui sont aussi très-longues, sont courbées, prismatiques et coupantes. Les dents molaires sont carrées ou barlongues, assez semblables aux dents mâchelières de l'homme, et si grosses qu'une seule pèse plus de trois livres ; les plus grandes incisives et canines ont jusqu'à douze et même seize pouces de longueur, et pèsent quelquefois douze ou treize livres chacune.

Avec d'aussi puissantes armes et une force prodigieuse de corps, l'hippopotame pourrait se rendre redoutable à tous les animaux ; mais il est naturellement doux ; il est d'ailleurs si pesant et si lent à la course, qu'il ne pourrait attraper aucun des quadrupèdes ; il nage plus vite qu'il ne court, il chasse le poisson et en fait sa proie ; il se plaît dans l'eau, et y séjourne aussi longtemps que sur la terre. Il ne nage aisément que par la grande capacité de son ventre, qui fait que, volume pour volume, il est à peu près d'un poids égal à l'eau : d'ailleurs, il se tient longtemps au fond de l'eau, et y marche comme en plein air, et lorsqu'il en sort pour paître, il mange des cannes de sucre, des joncs, du millet, du riz, des racines ; il en consomme et détruit une grande quantité, et il fait beaucoup de dommage dans les terres cultivées ; mais comme il est plus timide sur terre que dans l'eau, on vient aisément à bout de l'écarter ; il a les jambes si courtes, qu'il ne pourrait échapper par la fuite, s'il s'éloignait du bord des eaux ; sa ressource, lorsqu'il est en danger, est de se jeter à l'eau, de s'y plonger et de faire un grand trajet avant de reparaître ; il fuit ordinairement lorsqu'on le chasse, mais, si l'on vient à le blesser, il s'irrite, et se retournant avec fureur, se lance contre les barques, les saisit avec les dents, en enlève souvent des pièces, et quelquefois les submerge.

Cet animal n'est en grand nombre que dans quelques endroits, et il paraît même que l'espèce en est confinée à des climats particuliers, et qu'elle ne se trouve guère que dans les fleuves de l'Afrique.

LE ZÈBRE.

Le zèbre est peut-être de tous les animaux quadrupèdes le mieux fait et le plus élégamment vêtu : il a la figure et les grâces du cheval, la légèreté du cerf, et la robe rayée de rubans noirs et blancs, disposés alternativement avec tant de régularité et de symétrie qu'il semble que la nature ait employé la règle et le compas pour la peindre : ces bandes alternatives de noir et de blanc sont d'autant plus singulières qu'elles sont étroites, parallèles et très-exactement séparées comme dans une étoffe rayée ; que d'ailleurs, elles s'étendent non-seulement sur le corps, mais sur la tête, sur les cuisses et les jambes, et jusque sur les oreilles et la queue ; en sorte que de loin cet animal paraît

12.

comme s'il était environné partout de bandelettes qu'on aurait pris plaisir et employé beaucoup d'art à disposer régulièrement sur toutes les parties de son corps. Dans la femelle ces bandes sont alternativement noires et blanches ; dans le mâle elles sont noires et jaunes, mais toujours d'une nuance vive et brillante sur un poil court, fin et fourni, dont le lustre augmente encore la beauté des couleurs. Le zèbre est, en général, plus petit que le cheval et plus grand que l'âne ; et quoiqu'on l'ait souvent comparé à ces deux animaux, qu'on l'ait même appelé *cheval sauvage* et *âne rayé*, il n'est la copie ni de l'un ni de l'autre, et serait plutôt leur modèle.

RUMINANTS.

LE CHAMEAU ET LE DROMADAIRE.

Es deux noms, *dromadaire* et *chameau*, ne désignent pas deux espèces différentes, mais indiquent seulement deux races distinctes, et subsistantes de temps immémorial dans l'espèce du chameau : le principal et, pour ainsi dire, l'unique caractère sensible par lequel ces deux races diffèrent, consiste en ce que le chameau porte deux bosses, et que le dromadaire n'en a qu'une : il est aussi plus petit et moins fort que le chameau ; mais tous deux se mêlent, produisent ensemble, et les individus qui proviennent de cette race croisée sont ceux qui ont le plus de vigueur et qu'on préfère à tous les autres. Il paraît, depuis que l'on a découvert les parties de l'Afrique et de l'Asie inconnues aux anciens, que le dromadaire est sans comparaison plus nombreux et plus généralement répandu que le chameau : celui-ci ne se trouve guère que dans le Turkestan et dans quelques autres endroits du Levant; tandis que le dromadaire, plus commun qu'aucune autre bête de somme en Arabie, se trouve de même en grande quantité dans toute la partie septentrionale de l'Afrique, et qu'on le retrouve en Égypte, en Perse, dans la Tartarie méridionale et dans les parties septentrionales de l'Inde.

Le dromadaire occupe donc des terres immenses, et le chameau est borné à un petit terrain ; le premier habite des régions arides et chaudes, le second, un pays moins sec et plus tempéré; et l'espèce entière, tant des uns que des autres, paraît être confinée dans une zone de trois ou quatre cents lieues de largeur. Cet animal paraît être originaire d'Arabie ; car non-seulement c'est le pays où il est en plus grand nombre, mais c'est aussi celui auquel il est le plus conforme : l'Arabie est le pays du monde le plus aride, et où l'eau est la plus rare ; le chameau est le plus sobre des animaux, et peut passer plusieurs jours sans boire; le terrain est presque partout sec et sablonneux ; le chameau a les pieds faits pour marcher dans les sables, et ne peut au contraire se soutenir dans les terrains humides et glissants ; l'herbe et les pâturages manquant à cette terre, le bœuf y manque aussi, et le chameau remplace cette bête de somme. On a inutilement essayé de multiplier les chameaux en Espagne, on les a vainement transportés en Amérique, ils n'ont réussi ni dans l'un ni dans l'autre climat, et dans les grandes Indes on n'en trouve guère au delà de Surate et d'Ormus. Les Arabes regardent le chameau comme un présent du ciel, un animal sacré, sans le secours duquel ils ne pourraient ni subsister, ni commercer, ni voyager. Le lait des chameaux fait leur nourriture ordinaire; ils en mangent aussi la chair, surtout celle des jeunes, qui est très-bonne à leur goût; le poil de ces animaux, qui est fin et moelleux, et qui se renouvelle tous les ans, leur sert à faire les étoffes dont ils se vêtissent et se meublent ; avec leurs chameaux, non-seulement ils ne manquent de rien, mais même ils ne craignent rien ; ils peuvent mettre en un seul jour cinquante lieues de désert entre eux et leurs ennemis.

Qu'on se figure un pays sans verdure et sans eau, un soleil brûlant, un ciel toujours sec, des plaines sablonneuses, des montagnes encore plus arides, sur lesquelles l'œil s'étend et le regard se perd sans pouvoir s'arrêter sur aucun objet vivant, une terre morte, et pour ainsi dire écorchée par les vents, laquelle ne présente que des ossements, des cailloux jonchés, des rochers debout ou renversés, un désert entièrement découvert, où le voyageur n'a jamais respiré sous l'ombrage, où rien ne l'accompagne, rien ne lui rappelle la nature vivante : solitude absolue, mille fois plus affreuse que celle des forêts ; car les arbres sont encore des êtres pour l'homme qui se voit seul ; plus isolé, plus dénué, plus perdu dans ces lieux vides et sans bornes, il voit partout l'espace comme son tombeau ; la lumière du jour, plus triste que l'ombre de la nuit, ne renaît que pour éclairer sa nudité, son impuissance, et pour lui présenter l'horreur de sa situation, en reculant à ses yeux les barrières du vide, en étendant autour de lui l'abîme de l'immensité qui le sépare de la terre habitée ; immensité qu'il tenterait en vain de parcourir, car la faim, la soif et la chaleur brûlante pressent tous les instants qui lui restent entre le désespoir et la mort.

Cependant l'Arabe, à l'aide du chameau, a su franchir et même s'approprier ces lagunes de la nature ; elles lui servent d'asile, elles assurent son repos et le maintiennent dans son indépendance. L'Arabe, qui se destine au métier de pirate de terre, s'endurcit de bonne heure à la fatigue des voyages ; il s'essaye à se passer du sommeil, à souffrir la faim, la soif et la chaleur. En même temps, il instruit ses chameaux, il les élève et les exerce dans cette même vue ; peu de jours après leur naissance, il leur plie les jambes sous le ventre, il les contraint à demeurer à terre et les charge, dans cette situation, d'un poids assez fort qu'il les accoutume à porter et qu'il ne leur ôte que pour leur en donner un plus fort. Au lieu de les laisser paître à toute heure et boire à leur soif, il commence par régler leurs repas, et peu à peu les éloigne à de grandes distances, en diminuant aussi la quantité de la nourriture. Lorsqu'ils sont un peu forts, il les exerce à la course, il les excite par l'exemple des chevaux et parvient à les rendre aussi légers et plus robustes ; enfin, dès qu'il est sûr de la force, de la légèreté et de la sobriété de ses chameaux, il les charge de ce qui est nécessaire à sa subsistance et à la leur, il part avec eux, arrive sans être attendu aux confins du désert, arrête les premiers passants, pille les habitations écartées, charge ses chameaux de son butin ; et s'il est poursuivi, s'il est forcé de précipiter sa retraite, c'est alors qu'il développe tous ses talents et les leurs : monté sur l'un des plus légers, il conduit la troupe, la fait marcher jour et nuit, presque sans s'arrêter, ni boire ni manger ; il fait aisément trois cents lieues en huit jours, et pendant tout ce temps de fatigue et de mouvement, il laisse ses chameaux chargés ; il ne leur donne chaque jour qu'une heure de repos et une pelote de pâte ; souvent ils courent neuf ou dix jours sans trouver de l'eau, ils se passent de boire ; et lorsque par hasard il se trouve une mare à quelque distance de leur route, ils sentent l'eau de plus d'une demi-lieue ; la soif qui les presse leur fait doubler le pas, et ils boivent en une seule fois pour tout le temps passé et pour autant de temps à venir ; car souvent leurs voyages sont de plusieurs semaines, et leurs temps d'abstinence durent aussi longtemps que leurs voyages.

En Turquie, en Perse, en Arabie, en Égypte, en Barbarie, le transport des marchandises ne se fait que par le moyen des chameaux. Des marchands et autres passagers se réunissent en caravane pour éviter les insultes et les pirateries des Arabes ; ces caravanes sont souvent très-nombreuses et toujours composées de plus de chameaux que d'hommes ; chacun de ces chameaux est chargé selon sa force : il la sent si bien lui-même, que, quand on lui donne une charge trop forte, il la refuse et reste constamment couché jusqu'à ce qu'on l'ait allégée. Ordinairement les grands chameaux portent un millier, et même douze cents pesant, les plus petits six à sept cents. Dans ces voyages de commerce, on ne précipite pas leur marche ; comme la route est souvent de sept ou huit cents lieues, on règle leur mouvement et leurs journées ; ils ne vont que le pas et font chaque jour dix à douze lieues ; tous les soirs on leur ôte leur charge et on les laisse paître en liberté. Si l'on est en pays vert, dans une bonne prairie, ils prennent en moins d'une heure tout ce qu'il leur faut pour en vivre vingt-quatre, et pour ruminer pendant toute la nuit ; mais rarement ils trouvent de ces bons pâturages, et cette nourriture délicate ne leur est pas nécessaire ; ils semblent même préférer aux herbes les plus douces l'absinthe, le chardon, l'ortie, le genêt, l'acacia et les autres végétaux épineux ; tant qu'ils trouvent des plantes à brouter, ils se passent très-aisément de boire.

Au reste, cette facilité qu'ils ont de s'abstenir longtemps de boire n'est pas de pure habitude, c'est plutôt un effet de leur conformation.

Si l'on réfléchit sur les difformités, ou plutôt sur les non-conformités de cet animal avec les autres, on ne pourra douter que sa nature n'ait été considérablement altérée par la contrainte de l'esclavage et par la continuité des travaux.

On n'en a jamais fait qu'une bête de somme qu'on ne s'est pas même donné la peine d'atteler ni de faire tirer, mais dont on a regardé le corps comme une voiture vivante qu'on pouvait tenir chargée et surchargée même pendant le sommeil ; car, lorsqu'on est pressé, on se dispense quelquefois de leur ôter le poids qui les accable et sous lequel ils s'affaissent pour dormir, les jambes pliées et le corps appuyé sur l'estomac ; aussi portent-ils tous les empreintes de la servitude et les stigmates de la douleur.

Ces pauvres animaux doivent souffrir beaucoup, car ils jettent des cris lamentables, surtout lorsqu'on les surcharge ; cependant, quoique continuellement excédés, ils ont autant de cœur que de docilité ; au premier signe ils ploient les genoux et s'accroupissent jusqu'à terre pour se laisser charger dans cette situation, ce qui évite à l'homme la peine d'élever les fardeaux à une grande hauteur ; dès qu'ils sont chargés ils se relèvent d'eux-mêmes sans être aidés ni soutenus ; celui qui les conduit, monté sur l'un d'entre eux, les précède tous et leur fait prendre le même pas qu'à sa monture. On n'a besoin ni de fouet, ni d'éperon pour les exciter ; mais lorsqu'ils commencent à être fatigués, on soutient leur courage ou plutôt on charme leur ennui par le chant ou le son de quelque instrument ; leurs conducteurs se relayent à chanter, et lorsqu'ils veulent prolonger la route et doubler la journée, ils ne leur donnent qu'une heure de repos, après quoi, reprenant leur chanson, ils les remettent en marche pour plusieurs heures de plus, et le chant ne finit que quand il faut s'arrêter ; alors les chameaux s'accroupissent de nouveau et se laissent tomber avec leur charge : on leur ôte le fardeau en dénouant les cordes et laissant couler les ballots des deux côtés ; ils restent ainsi accroupis, couchés sur le ventre et s'endorment au milieu de leur bagage, qu'on rattache le lendemain avec autant de promptitude et de facilité qu'on l'avait détaché la veille.

La femelle porte près d'un an, et, comme tous les autres grands animaux, ne produit qu'un petit ; son lait est abondant, épais, et fait une bonne nourriture, même pour les hommes, en le mêlant avec une plus grande quantité d'eau. On ne fait guère travailler les femelles ; on les laisse paître en liberté ; le profit que l'on tire de leur produit et de leur lait surpasse peut-être celui qu'on tirerait de leur travail. Plus les chameaux sont gras et plus ils sont capables de résister à de longues fatigues. Leurs bosses ne paraissent être formées que de la surabondance de la nourriture ; car dans de grands voyages où l'on est obligé de l'épargner, et où ils souffrent souvent la faim et la soif, ces bosses diminuent peu à peu et se réduisent au point que la place et l'éminence n'en sont plus marquées que par la hauteur du poil, qui est toujours beaucoup plus long sur ces parties que sur le reste du dos ; la maigreur du corps augmente à mesure que les bosses diminuent.

Le petit chameau tette sa mère pendant un an, et lorsqu'on veut le ménager, pour le rendre dans la suite plus fort et plus robuste, on le laisse en liberté teter ou paître pendant les premières années, et on ne commence à le charger et à le faire travailler qu'à l'âge de quatre ans. Il vit ordinairement quarante et même cinquante ans, et c'est sans fondement que quelques auteurs ont avancé qu'il vivait jusqu'à cent ans.

Le chameau vaut non-seulement mieux que l'éléphant, mais peut-être vaut-il autant que le cheval, l'âne et le bœuf tous réunis ensemble ; il porte seul autant que deux mulets ; il mange aussi peu que l'âne, et se nourrit d'herbes aussi grossières ; la femelle fournit du lait pendant plus de temps que la vache ; la chair des jeunes chameaux est bonne et saine, comme celle du veau ; leur poil est plus beau, plus recherché que la belle laine.

LE LAMA ET LE PAC.

LE Pérou est le pays natal, la vraie patrie des lamas : on les conduit, à la vérité, dans d'autres provinces, comme à la Nouvelle-Espagne, mais c'est plutôt pour la curiosité que pour l'utilité ; au lieu que dans toute l'étendue du Pérou, depuis Potosi jusqu'à Caracas, ces animaux sont en très-grand nombre ; ils sont aussi de la plus grande nécessité ; ils font seuls toute la richesse des Indiens et contribuent beaucoup à celle des Espagnols. Leur chair est bonne à manger ; leur poil est une laine fine d'un excellent usage, et pendant toute leur vie ils servent constamment à transporter toutes les denrées du pays ; leur charge ordinaire est de cent cinquante livres, et les plus forts en portent jusqu'à deux cent cinquante. Ils font des voyages assez longs dans des pays impraticables pour tous les autres animaux ; ils marchent assez lentement et ne font que quatre ou cinq lieues par jour ; leur démarche est grave et ferme, leur pas assuré ; ils descendent des ravines précipitées et surmontent des rochers escarpés, où les hommes même ne peuvent les accompagner ; ordinairement ils marchent quatre ou cinq jours de suite, après quoi ils veulent du repos, et prennent d'eux-mêmes un séjour de vingt-quatre ou trente heures avant de se remettre en marche. On les occupe beaucoup au transport des riches matières que l'on tire des mines du Potosi.

Leur accroissement est assez prompt et leur vie n'est pas bien longue ; ils sont en état de produire à trois ans, en pleine vigueur jusqu'à douze, et ils commencent ensuite à dépérir, en sorte qu'à quinze ils sont entièrement usés. Leur naturel paraît être modelé sur celui des Américains ; ils sont doux et flegmatiques, et font tout avec poids et mesure : lorsqu'ils voyagent et qu'ils veulent s'arrêter pour quelques instants, ils plient les genoux avec la plus grande précaution, et baissent le corps en proportion afin d'empêcher leur charge de tomber ou de se déranger, et dès qu'ils entendent le coup de sifflet de leur conducteur, ils se relèvent avec les mêmes précautions et se remettent en marche. Ils broutent chemin faisant et partout où ils trouvent de l'herbe, mais jamais ils ne mangent la nuit, quand même ils auraient jeûné pendant le jour; ils emploient ce temps à ruminer; ils dorment appuyés sur la poitrine, les pieds repliés sous le ventre, et ruminent aussi dans cette situation. Lorsqu'on les excède de travail et qu'ils succombent une fois sous le faix, il n'y a nul moyen de les faire relever; on les frappe inutilement, ils s'obstinent à demeurer au lieu même où ils sont tombés, et si l'on continue de les maltraiter, ils se désespèrent et se tuent, en battant la terre à droite et à gauche avec leur tête. Ils ne se défendent ni des pieds ni des dents, et n'ont pour ainsi dire, d'autres armes que celles de l'indignation; ils crachent à la face de ceux qui les insultent, et l'on prétend que cette salive qu'ils lancent dans la colère est âcre et mordicante au point de faire lever des ampoules sur la peau.

Les lamas sont hauts d'environ quatre pieds, et leur corps, y compris le cou et la tête, en a cinq ou six de longueur. Ils ne produisent ordinairement qu'un petit et très-rarement deux. La mère n'a aussi que deux mamelles, et le petit la suit au moment qu'il est né. La chair des jeunes est très-bonne à manger, celle des vieux est sèche et trop dure; en général, celle des lamas domestiques est bien meilleure que celle des sauvages, et leur laine est aussi plus douce. Leur peau est assez ferme; les Indiens en faisaient leur chaussure, et les Espagnols l'emploient pour faire des harnais.

Ces animaux, si utiles et même si nécessaires dans le

pays qu'ils habitent, ne coûtent ni entretien ni nourriture ; comme ils ont le pied fourchu, il n'est pas nécessaire de les ferrer ; la laine épaisse dont ils sont couverts dispense de les bâter ; ils n'ont besoin ni de grain, ni d'avoine, ni de foin ; l'herbe verte qu'ils broutent eux-mêmes leur suffit, et ils n'en prennent qu'en petite quantité ; ils sont encore plus sobres sur la boisson : ils s'abreuvent de leur salive, qui, dans cet animal, est plus abondante que dans aucun autre.

Les pacos ou vigognes sont aux lamas une espèce succursale ; ils sont plus petits et moins propres au service, mais plus utiles par leur dépouille ; les pacos que l'on appelle aussi *alpaques*, et qui sont les vigognes domestiques, sont souvent toutes noires et quelquefois d'un brun mêlé de fauve. Les vigognes ou pacos sauvages sont de couleur rose sèche, et cette couleur naturelle est si fixe qu'elle ne s'altère point sous la main de l'ouvrier : on fait de très-beaux gants, de très-bons bas avec cette laine de vigogne; l'on en fait d'excellentes couvertures et des tapis d'un très-grand prix. Cet animal a beaucoup de choses communes avec le lama, il est du même pays, et comme lui il en est exclusivement, car on ne le trouve nulle part ailleurs que sur les Cordillères ; il a aussi le même naturel et à peu près les mêmes mœurs, le même tempérament.

Les vigognes ressemblent aussi, par la figure, aux lamas, mais elles sont plus petites, leurs jambes sont plus courtes et leur mufle plus ramassé ; elles n'ont point de cornes ; elles habitent et paissent dans les endroits les plus élevés des montagnes : la neige et la glace semblent plutôt les récréer que les incommoder ; elles vont en troupes et courent très-légèrement ; elles sont timides, et dès qu'elles aperçoivent quelqu'un, elles s'enfuient en chassant leurs petits devant elles. La manière dont on les prend prouve leur extrême timidité, ou leur imbécillité. Plusieurs hommes s'assemblent pour les faire fuir et les engager dans quelques passages étroits où l'on a tendu des cordes à trois ou quatre pieds de haut, le long desquelles on laisse pendre des morceaux de linge ou du drap; les vigognes qui arrivent à ces passages sont tellement intimidées par le mouvement de ces lambeaux agités par le vent, qu'elles n'osent passer au delà, et qu'elles s'attroupent et demeurent en foule, en sorte qu'il est facile de les tuer en grand nombre; mais s'il se trouve dans la troupe quelques huanacus, comme ils sont plus haut de corps et moins timides que les vigognes, ils sautent par-dessus les cordes, et dès qu'ils ont donné l'exemple, les vigognes sautent de même et échappent aux chasseurs.

LE MUSC.

ouR achever l'histoire des chèvres, des gazelles, des chevrotains et des autres animaux de ce genre, qui tous se trouvent dans l'ancien continent, il ne nous manque que celle de l'animal aussi célèbre que peu connu duquel on tire le vrai musc. Tous les naturalistes modernes et la plupart des voyageurs de l'Asie en ont fait mention, les uns sous le nom de *cerf*, de *chevreuil* ou de *chèvre du musc;* les autres l'ont considéré comme un grand chevrotain ; il est de la grandeur d'un petit chevreuil ou d'une gazelle, mais sa tête est sans cornes et sans bois.

Le musc se forme dans une poche ou tumeur qui est près du nombril de l'animal, et il paraît qu'il n'y a que le mâle qui produise le bon musc.

A l'égard de la matière même du musc, son essence est peut-être aussi peu connue que la nature de l'animal qui le produit ; tous les voyageurs conviennent que cette drogue est toujours altérée et mêlée avec du sang ou d'autres drogues par ceux qui la vendent ; les Chinois en augmentent non-seulement le volume par ce mélange, mais ils cherchent encore à en augmenter le poids en y incorporant du plomb bien trituré ; le musc le plus pur et le plus recherché par les Chinois mêmes est celui que l'animal laisse couler sur des pierres ou des troncs d'arbres contre lesquels il se frotte lorsque cette matière devient irritante pour lui-même.

LE CERF.

Voici l'un de ces animaux innocents, doux et tranquilles, qui ne semblent être faits que pour embellir, animer la solitude des forêts, et occuper loin de nous les retraites paisibles de ces jardins de la nature. Sa forme élégante et légère, sa taille aussi svelte que bien prise, ses membres flexibles et nerveux, sa tête parée plutôt qu'armée d'un bois vivant, et qui, comme la cime des arbres, tous les ans se renouvelle, sa grandeur, sa légèreté, sa force, le distinguent assez des autres habitants des bois ; et comme il est le plus noble d'entre eux, il ne sert aussi qu'aux plaisirs des plus nobles des hommes ; il a dans tous les temps occupé le loisir des héros : l'exercice de la chasse doit succéder aux travaux de la guerre, il doit même les précéder.

Dès que les cerfs ont mis bas, ils se séparent les uns des autres, et il n'y a plus que les jeunes qui demeurent ensemble ; ils ne se tiennent pas dans les forts, mais ils gagnent les beaux pays, les buissons, les taillis clairs, où ils demeurent tout l'été pour y refaire leur tête ; et dans cette saison ils marchent la tête basse, crainte de la froisser contre les branches, car elle est sensible tant qu'elle n'a pas pris son entier accroissement. La tête des plus vieux cerfs n'est encore qu'à moitié refaite vers le milieu du mois de mai, et n'est tout à fait allongée et endurcie que vers la fin de juillet : celle des plus jeunes cerfs, tombant plus tard, repousse et se refait aussi plus tard ; mais dès qu'elle est entièrement allongée et qu'elle a pris de la solidité, les cerfs la frottent contre les arbres pour la dépouiller de la peau dont elle est revêtue.

La tête des cerfs va tous les ans en augmentant en grosseur et en hauteur, depuis la seconde année de leur vie jusqu'à la huitième ; elle se soutient toujours belle et à peu près la même pendant toute la vigueur de l'âge ; mais, lorsqu'ils deviennent vieux, leur tête décline aussi.

Il en est de même de la grandeur et de la taille de ces animaux ; elle est fort différente selon les lieux qu'ils habitent : les cerfs de plaines, de vallées ou de collines abondantes en grains, ont le corps beaucoup plus grand et les jambes plus hautes que les cerfs des montagnes sèches, arides ou pierreuses ; ceux-ci ont le corps bas, court et trapu ; ils ne peuvent courir aussi vite, mais ils vont plus longtemps que les premiers ; ils sont plus méchants, leur tête est ordinairement basse et noire, à peu près comme un arbre rabougri, dont l'écorce est rembrunie, au lieu que la tête des cerfs de plaines est haute et d'une couleur claire et rougeâtre comme le bois et l'écorce des arbres qui croissent en bon terrain. Le cerf de Corse paraît être le plus petit de tous les cerfs de montagne ; il n'a guère que la moitié de la hauteur des cerfs ordinaires ; c'est, pour ainsi dire, un basset parmi les cerfs.

Le cerf paraît avoir l'œil bon, l'odorat exquis et l'oreille excellente. Lorsqu'il veut écouter, il lève la tête, dresse les oreilles, et alors il entend de fort loin ; lorsqu'il sort dans un petit taillis ou dans quelque autre endroit à demi découvert, il s'arrête pour regarder de tous côtés, et cherche ensuite le dessous du vent pour sentir s'il n'y a pas quelqu'un qui puisse l'inquiéter. Il est d'un naturel assez simple, et cependant il est curieux et rusé : lorsqu'on le siffle ou qu'on l'appelle de loin, il s'arrête tout court et regarde fixement et avec une espèce d'admiration les voitures, le bétail, les hommes ; et, s'ils n'ont ni armes, ni chiens, il continue à marcher d'assurance et passe son chemin fièrement et sans fuir : il paraît aussi écouter avec autant de tranquillité que de plaisir le chalumeau ou le flageolet des bergers, et les veneurs se servent quelquefois de cet artifice pour le rassurer. En général, il craint beaucoup moins l'homme que les chiens, et ne prend de la défiance et de la ruse qu'à mesure et qu'autant qu'il aura été inquiété. Il mange lentement, il choisit sa nourriture ; et, lorsqu'il a viandé, il cherche à se reposer pour ruminer à loisir. Il a la voix d'autant plus forte, plus grosse et plus tremblante qu'il est plus âgé ; la biche a la voix plus faible et plus courte. Il ne boit guère en hiver, et encore moins au printemps ; l'herbe tendre et chargée de rosée lui suffit ; mais dans les chaleurs et les sécheresses de l'été il va boire aux ruisseaux, aux mares, aux fontaines. Il nage parfaitement bien : on en a vu traverser de très-grandes rivières ; on prétend même qu'attirés par les biches, les cerfs se jettent à la mer et passent d'une île à une autre à des distances de plusieurs lieues ; ils sautent encore plus légèrement qu'ils ne nagent, car, lorsqu'ils sont poursuivis, ils franchissent aisément une haie et même un palis d'une toise de hauteur. Leur nourriture est différente suivant les différentes saisons. La chair du faon est bonne à manger, celle de la biche et du daguet n'est pas absolument mauvaise, mais celle des cerfs a toujours un goût désagréable et fort. Ce que cet animal fournit de plus utile, c'est son bois et sa peau ; on la prépare, et elle fait un cuir souple et très-durable ; le bois s'emploie par les couteliers, les fourbisseurs, etc. ; et l'on en tire, par la chimie, des esprits alcalis volatils, dont la médecine fait un fréquent usage.

LE DAIM.

'ESPÈCE du daim est plus voisine de celle du cerf qu'aucune espèce ne l'est d'une autre ; cependant ces animaux, qui se ressemblent à tant d'égards, ne vont point ensemble, se fuient, ne se mêlent jamais, et ne forment par conséquent aucune race intermédiaire : il est même rare de trouver des daims dans les pays qui sont peuplés de beaucoup de cerfs, à moins qu'on ne les y ait apportés ; ils paraissent être d'une nature moins robuste et moins agreste que celle du cerf, ils sont aussi beaucoup moins communs dans les forêts ; on les élève dans les parcs où ils sont, pour ainsi dire, à demi domestiques. L'Angleterre est le pays de l'Europe où il y en a le plus, et l'on y fait grand cas de cette venaison ; les chiens la préfèrent aussi à la chair de tous les autres animaux, et, lorsqu'ils ont une fois mangé du daim, ils ont beaucoup de peine à garder le change sur le cerf ou sur le chevreuil. Il y a des daims aux environs de Paris et dans quelques provinces de France ; il y en a en Espagne et en Allemagne ; il y en a aussi en Amérique, qui peut-être y ont été transportés d'Europe : il semble que ce soit un animal des climats tempérés, car il n'y en a point en Russie, et l'on n'en trouve que très-rarement dans les autres pays du Nord.

Comme le daim est un animal moins sauvage, plus délicat, et, pour ainsi dire, plus domestique que le cerf, il est aussi sujet à un plus grand nombre de variétés. Outre les daims communs et les daims blancs, l'on en connaît encore plusieurs autres : les daims d'Espagne, par exemple, qui sont presque aussi grands que des cerfs, mais qui ont le cou moins gros et la couleur plus obscure, avec la queue noirâtre, non blanche par-dessous, et plus longue que celle des daims communs ; d'autres qui ont le front comprimé, aplati entre les yeux, les oreilles et la queue plus longues que le daim commun, et qui sont marqués d'une tache blanche sur les ongles des pieds de derrière ; d'autres qui sont tachés ou rayés de blanc, de noir et de fauve clair ; et d'autres enfin qui sont entièrement noirs : tous ont le bois plus aplati, plus étendu en largeur que celui du cerf. Ils sont portés à demeurer ensemble, et restent presque toujours les uns avec les autres. Dans les parcs, lorsqu'ils se trouvent en grand nombre, ils forment ordinairement deux troupes qui sont bien distinctes, bien séparées, et qui bientôt deviennent ennemies, parce qu'ils veulent également occuper le même endroit du parc : chacune de ces troupes a son chef, qui marche le premier, et c'est le plus fort et le plus âgé ; les autres suivent, et tous se disposent à combattre pour chasser l'autre troupe du bon pays. Ces combats sont singuliers par la disposition qui paraît y régner ; ils s'attaquent avec ordre, se battent avec courage, se soutiennent les uns les autres, et ne se croient pas vaincus par un seul échec, car le combat se renouvelle tous les jours, jusqu'à ce que les plus forts chassent les plus faibles et les relèguent dans le mauvais pays. Ils aiment les terrains élevés et entrecoupés de petites collines : ils ne s'éloignent pas comme le cerf, lorsqu'on les chasse ; ils ne font que tourner, et cherchent seulement à se dérober des chiens par la ruse et par le change ; cependant, lorsqu'ils sont pressés, échauffés et épuisés, ils se jettent à l'eau comme le cerf, mais ils ne se hasardent pas à la traverser dans une aussi grande étendue ; ainsi la chasse du daim et celle du cerf n'ont entre elles aucune différence essentielle. Les connaissances du daim sont, en plus petit, les mêmes que celles du cerf ; les mêmes ruses leur sont communes, seulement elles sont plus répétées par le daim : comme il est moins entreprenant, il a plus souvent besoin de s'accompagner, de revenir sur ses voies, etc., ce qui rend en général la chasse du daim plus sujette aux inconvénients que celle du cerf.

Le daim s'apprivoise très-aisément ; il mange de beaucoup de choses que le cerf refuse : aussi conserve-t-il mieux sa venaison, car il ne paraît pas que l'hiver le plus rude et le plus long le maigrisse et l'altère, il est presque dans le même état pendant toute l'année ; il broute de plus près que le cerf, et c'est ce qui fait que le bois coupé par la dent du daim repousse beaucoup plus difficilement que celui qui ne l'a été que par le cerf; les jeunes mangent plus vite et plus avidement que les vieux; ils ruminent : la daine porte huit mois et quelques jours comme la biche; elle produit de même ordinairement un faon, quelquefois deux, et très-rarement trois; enfin ils ressemblent aux cerfs par presque toutes les habitudes naturelles, et la plus grande différence qu'il y ait entre ces animaux, c'est dans la durée de la vie. Les cerfs vivent trente-cinq ou quarante ans, et les daims ne vivent qu'environ vingt ans : comme ils sont plus petits, il y a apparence que leur accroissement est encore plus prompt que celui du cerf; car dans tous les animaux la durée de la vie est proportionnelle à celle de l'accroissement, à compter depuis la naissance jusqu'au développement presque entier du corps de l'animal.

LE CHEVREUIL.

Le cerf, comme le plus noble des habitants des bois, occupe dans les forêts les lieux ombragés par les cimes élevées des plus hautes futaies : le chevreuil, comme étant d'une espèce inférieure, se contente d'habiter sous des lambris plus bas, et se tient ordinairement dans le feuillage épais des plus jeunes taillis ; mais s'il a moins de noblesse, moins de force, et beaucoup moins de hauteur de taille, il a plus de grâce, plus de vivacité, et même plus de courage que le cerf ; il est plus gai, plus leste, plus éveillé ; sa forme est plus arrondie, plus élégante, et sa figure plus agréable ; ses yeux surtout sont plus beaux, plus brillants, et paraissent animés d'un sentiment plus vif ; ses membres sont plus souples, ses mouvements plus prestes, et il bondit, sans effort, avec autant de force que de légèreté. Sa robe est toujours propre, son poil net et lustré ; il ne se roule jamais dans la fange comme le cerf ; il ne se plaît que dans les pays les plus élevés, les plus secs, où l'air est le plus pur ; il est encore plus rusé, plus adroit à se dérober, plus difficile à suivre ; il a plus de finesse, plus de ressources d'instinct. Car, quoiqu'il ait le désavantage mortel de laisser après lui des impressions plus fortes, et qui donnent aux chiens plus d'ardeur et plus de véhémence d'appétit que l'odeur du cerf, il ne laisse pas de savoir se soustraire à leur poursuite par la rapidité de sa course et par ses détours multipliés ; il n'attend pas, pour employer la ruse, que la force lui manque ; dès qu'il sent, au contraire, que les premiers efforts d'une fuite rapide ont été sans succès, il revient sur ses pas, retourne, revient encore, et lorsqu'il a confondu par ses mouvements opposés la direction de l'aller avec celle du retour, lorsqu'il a mêlé les émanations présentes avec les émanations passées, il se sépare de la terre par un bond, et, se jetant à côté, il se met ventre à terre, et laisse, sans bouger, passer près de lui la troupe entière de ses ennemis ameutés.

Il diffère du cerf et du daim par le naturel, par le tempérament, par les mœurs, et aussi par presque toutes les habitudes de la nature : au lieu de marcher par grandes troupes, il demeure en famille ; le père, la mère et les petits vont ensemble, et on ne les voit jamais s'associer avec des étrangers ; comme la chevrette produit ordinairement deux faons, l'un mâle et l'autre femelle, ces jeunes animaux, élevés, nourris ensemble, prennent une si forte affection l'un pour l'autre qu'ils ne se quittent jamais.

Les faons restent avec leur père et leur mère huit ou neuf mois en tout ; et lorsqu'ils se sont séparés, c'est-à-dire vers la fin de la première année de leur âge, leur première tête commence à paraître sous la forme de deux dagues beaucoup plus petites que celles du cerf ; mais ce qui marque encore une grande différence entre ces animaux, c'est que le cerf ne met bas sa tête qu'au printemps, et ne la refait qu'en été, au lieu que le chevreuil la met bas à la fin de l'automne, et la refait pendant l'hiver.

Lorsque le chevreuil a refait sa tête, il touche au bois, comme le cerf, pour la dépouiller de la peau dont elle est revêtue, et c'est ordinairement dans le mois de mars, avant que les arbres commencent à pousser.

Comme la chevrette ne porte que cinq mois et demi, et que l'accroissement du jeune chevreuil est plus prompt que celui du cerf, la durée de sa vie est plus courte, et je ne crois pas qu'elle s'étende à plus de douze ou quinze ans tout au plus ; ils sont très-délicats sur le choix de la nourriture ; ils ont besoin de mouvement, de beaucoup d'air, de beaucoup d'espace, et c'est ce qui fait qu'ils ne résistent que pendant les premières années de leur jeunesse aux inconvénients de la vie domestique. Il leur faut un parc de cent arpents, pour qu'ils soient à leur aise : on peut les apprivoiser, mais non pas les rendre obéissants, ni même familiers ; ils retiennent toujours quelque chose de leur naturel sauvage ; ils s'épouvantent aisément, et ils se précipitent contre les murailles avec tant de force, que souvent ils se cassent les jambes.

Les jeunes chevreuils ont une petite voix courte et plaintive, *mi.....mi*, par laquelle ils marquent le besoin qu'ils ont de nourriture : ce son est aisé à imiter, et la mère, trompée par l'appeau, arrive jusque sous le fusil du chasseur.

En hiver, les chevreuils se tiennent dans les taillis les plus fourrés, et ils vivent de ronces, de genêt, de bruyère et de chatons de coudrier, de marsaule, etc. Au printemps, ils vont dans les taillis les plus clairs, et broutent les boutons et les feuilles naissantes de presque tous les arbres : cette nourriture chaude fermente dans leur estomac et les enivre de manière qu'il est alors très-aisé de les surprendre ; ils ne savent où ils vont ; ils sortent même assez souvent hors du bois, et quelquefois ils approchent des endroits habités.

La chair de ces animaux est, comme l'on sait, excellente à manger ; cependant il y a beaucoup de choix à faire ; la qualité dépend principalement du pays qu'ils habitent.

L'ÉLAN ET LE RENNE.

QUOIQUE l'élan et le renne soient deux animaux d'espèces différentes, nous avons cru devoir les réunir, parce qu'il n'est guère possible de faire l'histoire de l'un sans emprunter beaucoup de celle de l'autre, la plupart des anciens auteurs, et même des modernes, les ayant confondus ou désignés par des dénominations équivoques qu'on pourrait appliquer à tous deux.

On peut prendre des idées assez justes de la forme de l'élan et de celle du renne, en les comparant tous deux avec le cerf. L'élan est plus grand, plus gros, plus élevé sur ses jambes ; il a le cou plus court, le poil plus long, le bois beaucoup plus large et plus massif que le cerf. Le renne est plus bas, plus trapu ; il a les jambes plus courtes, plus grosses, et les pieds bien plus larges, le poil très-fourni, le bois beaucoup plus long et divisé en un grand nombre de rameaux, terminés par des empaumures ; au lieu que celui de l'élan n'est, pour ainsi dire, que découpé et chevillé sur la tranche. Tous deux ont de longs poils sous le cou, et tous deux ont la queue courte et les oreilles beaucoup plus longues que le cerf ; ils ne vont pas par bonds et par sauts, comme le chevreuil ou le cerf ; leur marche est une espèce de trot, mais si prompt et si aisé, qu'ils font dans le même temps presque autant de chemin qu'eux, sans se fatiguer autant ; car ils peuvent trotter ainsi sans s'arrêter pendant un jour ou deux. Le renne se tient sur les montagnes ; l'élan n'habite que les terres basses et les forêts humides : tous deux se mettent en troupes comme le cerf, et vont de compagnie ; tous deux peuvent s'apprivoiser, mais le renne beaucoup plus que l'élan ; celui-ci, comme le cerf, n'a nulle part perdu sa liberté, au lieu que le renne est devenu domestique chez le dernier des peuples : les Lapons n'ont pas d'autre bétail.

En comparant les avantages que les Lapons tirent du renne apprivoisé avec ceux que nous tirons de nos animaux domestiques, on verra que cet animal en vaut seul deux ou trois ; on s'en sert, comme du cheval, pour tirer des traîneaux, des voitures ; il marche avec bien plus de diligence et de légèreté, fait aisément trente lieues par jour, et court avec autant d'assurance sur la neige gelée que sur une pelouse. La femelle donne du lait plus substantiel et plus nourrissant que celui de la vache ; la chair de cet animal est très-bonne à manger ; son poil fait une excellente fourrure, et la peau passée devient un cuir très-souple et très-durable : ainsi le renne donne seul tout ce que nous tirons du cheval, du bœuf et de la brebis.

Il y a en Laponie des rennes sauvages et des rennes domestiques. Comme les rennes sauvages sont plus robustes et plus forts que les domestiques, on préfère ceux qui sont issus de ce mélange pour les atteler au traîneau : ces rennes sont moins doux que les autres ; car non-seulement ils refusent quelquefois d'obéir à celui qui les guide, mais ils se retournent brusquement contre lui, l'attaquent à coups de pied, en sorte qu'il n'a d'autre ressource que de se couvrir de son traîneau jusqu'à ce que la colère de sa bête soit apaisée. Le renne attelé n'a pour collier qu'un morceau de peau où le poil est resté, d'où descend vers le poitrail un trait qui lui passe sous le ventre, entre les jambes, et va s'attacher à un trou qui est sur le devant du traîneau ; le Lapon n'a pour guides qu'une seule corde, attachée à la racine du bois de l'animal, qu'il jette diversement sur le dos de la bête, tantôt d'un côté et tantôt de l'autre, selon qu'il veut la diriger à droite ou à gauche.

Les rennes ont à l'extérieur beaucoup de choses communes avec les cerfs, et la conformation des parties intérieures est, pour ainsi dire, la même : de cette conformité de nature résultent des habitudes analogues et des effets semblables. Le renne jette son bois tous les ans, comme le cerf, et se charge comme lui de venaison ; les femelles, dans l'une et dans l'autre espèce, portent huit mois et ne produisent qu'un petit ; parmi les femelles, comme parmi les biches, il s'en trouve quelques-unes qui ne produisent pas ; chaque petit suit sa mère pendant deux ou trois ans, et ce n'est qu'à l'âge de quatre ans révolus que ces animaux ont acquis leur plein accroissement ; c'est aussi à cet âge qu'on commence à les dresser et les exercer au travail ; parmi les rennes on choisit les plus vifs et les plus légers pour courir au traîneau, et les plus pesants pour voiturer à pas plus lents les provisions et les bagages. Ils sont, comme les cerfs, sujets aux vers dans la mauvaise saison ; il s'en engendre sur la fin de l'hiver une si grande quantité sous leur peau qu'elle en est alors toute criblée, ces trous de vers se referment en été et aussi ce n'est qu'en automne que l'on tue les rennes pour en avoir la fourrure ou le cuir.

Les troupeaux de cette espèce demandent beaucoup

de soin ; les rennes sont sujets à s'écarter, et reprennent volontiers leur liberté naturelle ; il faut les suivre et les veiller de près : on ne peut les mener paître que dans des lieux découverts, et pour peu que le troupeau soit nombreux, on a besoin de plusieurs personnes pour les garder, pour les contenir, pour les rappeler, pour courir après ceux qui s'éloignent ; ils sont tous marqués, afin qu'on puisse les reconnaître, car il arrive souvent ou qu'ils s'égarent dans les bois, ou qu'ils passent à un autre troupeau ; enfin les Lapons sont continuellement occupés à ces soins : les rennes font toutes leurs richesses, et ils savent en tirer toutes les commodités, ou, pour mieux dire, les nécessités de la vie ; ils se couvrent depuis les pieds jusqu'à la tête de ces fourrures, qui sont impénétrables au froid et à l'eau : c'est leur habit d'hiver ; l'été ils se servent des peaux dont le poil est tombé ; ils mangent la chair du renne, en boivent le lait, et en font des fromages très-gras.

L'élan et le renne sont tous deux du nombre des animaux ruminants. La durée de la vie dans le renne domestique n'est que de quinze à seize ans ; mais il est à présumer que dans le renne sauvage elle est plus longue ; cet animal, étant quatre ans à croître, doit vivre vingt-huit ou trente ans, lorsqu'il est dans son état de nature.

L'élan est un animal beaucoup plus grand et bien plus fort que le cerf et le renne ; il a le poil si rude et le cuir si dur que la balle du mousquet peut à peine y pénétrer ; il a les jambes très-fermes, avec tant de mouvement et de force, surtout dans les pieds de devant, que d'un seul coup il peut tuer un homme, un loup, et même casser un arbre. Cependant on le chasse à peu près comme nous chassons le cerf; on assure que, lorsqu'il est lancé ou poursuivi, il lui arrive souvent de tomber tout à coup, sans avoir été ni tiré ni blessé : de là on a présumé qu'il était sujet à l'épilepsie, et de cette présomption (qui n'est pas bien fondée, puisque la peur seule pourrait produire le même effet) on a tiré cette conséquence absurde que la corne de ses pieds devait guérir de l'épilepsie, et même en préserver, et ce préjugé grossier a été si généralement répandu qu'on voit encore aujourd'hui quantité de gens du peuple porter des bagues, dont le chaton renferme un petit morceau de corne d'élan.

Comme il y a très-peu d'hommes dans les parties septentrionales de l'Amérique, tous les animaux, et en particulier les élans, y sont en plus grand nombre que dans le nord de l'Europe. Les sauvages n'ignorent pas l'art de les chasser et de les prendre ; ils les suivent à la piste, quelquefois pendant plusieurs jours de suite, et, à force de constance et d'adresse, ils en viennent à bout.

LA GIRAFE.

La girafe est un des premiers, des plus beaux, des plus grands animaux, et qui, sans être nuisible, est en même temps l'un des plus inutiles ; la disproportion énorme de ses jambes, dont celles de devant sont une fois plus longues que celles de derrière, fait obstacle à l'exercice de ses forces ; son corps n'a pas d'assiette, sa démarche est vacillante, ses mouvements sont lents et contraints. L'espèce en est peu nombreuse et a toujours été confinée dans les déserts de l'Ethiopie et de quelques autres provinces de l'Afrique.

La girafe peut atteindre avec sa tête à seize ou dix-sept pieds de hauteur, étant dans sa situation naturelle, c'est-à-dire posée sur ses quatre pieds. Elle est d'un naturel très-doux, et par cette qualité aussi bien que par toutes les autres habitudes physiques, et même par la forme du corps, elle approche plus de la figure et de la nature du chameau que de celle d'aucun autre animal, elle est du nombre des ruminants, elle manque comme eux de dents incisives à la mâchoire supérieure.

La girafe est d'une espèce unique et très-différente de toute autre ; mais si on voulait la rapprocher de quelque autre animal, ce serait plutôt du chameau que du cerf ou du bœuf.

Les femelles ont des cornes comme les mâles, mais un

peu plus petites : si la girafe était du genre des cerfs, l'analogie se démentirait encore ici, car de tous les animaux de ce genre, il n'y a que la femelle du renne qui ait un bois, toutes les autres femelles en sont dénuées. La girafe, à cause de l'excessive hauteur de ses jambes, ne peut paître l'herbe qu'avec peine et difficulté ; aussi elle se nourrit principalement et presque uniquement de feuilles et de boutons d'arbres.

LES GAZELLES.

Es gazelles ressemblent beaucoup au chevreuil par la forme du corps, par la légèreté des mouvements, la grandeur et la vivacité des yeux, etc.; mais elles en diffèrent par la nature des cornes : celles du chevreuil sont une espèce de bois solide qui tombe et se renouvelle tous les ans comme celui du cerf; les cornes des gazelles, au contraire, sont creuses et permanentes comme celles de la chèvre. Les gazelles ont, comme le chevreuil, des larmiers ou enfoncements au-devant de chaque œil. Elles lui ressemblent encore par la qualité du poil, par les brosses qu'elles ont sur les jambes; mais ces brosses dans le chevreuil sont sur les jambes de derrière, au lieu que dans les gazelles elles sont sur les jambes de devant : les gazelles paraissent donc être des animaux mi-partis, intermédiaires entre le chevreuil et la chèvre. Dans quelques endroits on prend les gazelles sauvages avec des gazelles apprivoisées, aux cornes desquelles on attache un piége de cordes.

Les antilopes, surtout les grandes, sont beaucoup plus communes en Afrique qu'aux Indes; elles sont plus fortes et plus farouches que les autres gazelles. Les antilopes moyennes sont de la grandeur et de la couleur du daim, on les trouve en grand nombre dans les contrées du Tremecen, du Duguela, du Tell et du Zaara. Elles sont propres et ne se couchent que dans des endroits secs et nets; elles sont aussi très-légères à la course, très-attentives au danger, très-vigilantes; en sorte que dans les lieux découverts elles regardent longtemps de tous côtés, et dès qu'elles aperçoivent un homme, un chien ou quelque autre ennemi, elles fuient de toutes leurs forces. Cependant elles ont, avec cette timidité naturelle, une espèce de courage, car lorsqu'elles sont surprises, elles s'arrêtent tout court, et font face à ceux qui les attaquent.

En général, les gazelles ont les yeux noirs, grands et vifs; elles ont pour la plupart les jambes plus fines et plus déliées que le chevreuil, le poil aussi court, plus doux et plus lustré; leurs jambes de devant sont moins longues que celles de derrière, ce qui leur donne, comme au lièvre, plus de facilité pour courir en montant qu'en descendant; leur légèreté est au moins égale à celle du chevreuil, mais celui-ci bondit et saute plutôt qu'il ne court, au lieu que les gazelles courent uniformément plutôt qu'elles ne bondissent.

LE BUFFLE.

La taille et la grosseur du buffle indiqueraient seules qu'il est originaire des climats les plus chauds. Les plus grands, les plus gros quadrupèdes appartiennent tous à la zone torride dans l'ancien continent, et le buffle, dans l'ordre de grandeur ou plutôt de masse et d'épaisseur, doit être placé après l'éléphant, le rhinocéros et l'hippopotame. Cependant, les buffles vivent et produisent en Italie, en France et dans les autres provinces tempérées. La femelle ne fait qu'un petit et le porte environ douze mois, ce qui prouve encore la différence de cette espèce à celle de la vache, qui ne porte que neuf mois. Il paraît aussi que ces animaux sont plus doux et moins brutaux dans leur pays natal, et que plus le climat est chaud plus ils sont d'un naturel docile.

Il y a une grande quantité de buffles sauvages dans les contrées de l'Afrique et des Indes, qui sont arrosées de rivières et où il se trouve de grandes prairies ; ces buffles sauvages vont en troupeaux et font de grands dégâts dans les terres cultivées, mais ils n'attaquent jamais les hommes et ne courent dessus que quand on vient de les blesser : alors ils sont très-dangereux, car ils vont droit à l'ennemi, le renversent et le tuent en le foulant aux pieds ; cependant ils craignent beaucoup l'aspect du feu, la couleur rouge leur déplaît.

Le buffle, comme tous les autres grands animaux des climats méridionaux, aime beaucoup à se vautrer et même à séjourner dans l'eau ; il nage très-bien et traverse hardiment les fleuves les plus rapides : comme il a les jambes plus hautes que le bœuf, il court aussi plus légèrement sur terre. Les Nègres en Guinée et les Indiens au Malabar, où les buffles sauvages sont en grand nombre, s'exercent souvent à les chasser. Ils ne les poursuivent ni ne les attaquent de face ; ils les attendent, grimpés sur des arbres ou cachés dans l'épaisseur de la forêt, que les buffles ont de la peine à pénétrer à cause de la grosseur de leur corps et de l'embarras de leurs cornes : ces peuples trouvent la chair des buffles bonne, et tirent un grand profit de leurs peaux et de leurs cornes, qui sont plus dures et meilleures que celles du bœuf.

LE MOUFLON ET LES AUTRES BREBIS.

E mouflon paraît être la souche primitive de toutes les brebis ; il existe dans l'état de nature, il subsiste et se multiplie sans le secours de l'homme ; il ressemble plus qu'aucun autre animal sauvage à toutes les brebis domestiques ; il est plus vif, plus fort et plus léger qu'aucune d'entre elles ; il a la tête, le front, les yeux et toute la face du bélier ;

il lui ressemble aussi par la forme des cornes et par l'habitude entière du corps ; enfin il produit avec la brebis domestique, ce qui seul suffirait pour démontrer qu'il est de la même espèce et qu'il en est la souche. La seule disconvenance qu'il y ait entre le mouflon et nos brebis, c'est qu'il est couvert de poil et non de laine ; mais dans les brebis domestiques la laine n'est pas un caractère essentiel, c'est une production du climat tempéré, puisque dans les pays chauds ces mêmes brebis n'ont point de laine et sont toutes couvertes de poil, et dans les pays très-froids leur laine est encore aussi grossière, aussi rude que du poil : dès lors il n'est pas étonnant que la brebis originaire, la brebis primitive et sauvage, qui a dû souffrir le froid et le chaud, vivre et se multiplier sans abri dans les bois, ne soit pas couverte d'une laine qu'elle aurait bientôt perdue dans les broussailles.

LE BOUQUETIN ET LE CHAMOIS.

Le bouquetin mâle diffère du chamois par la longueur, la grosseur et la forme des cornes ; il est aussi beaucoup plus grand de corps, et il est plus vigoureux et plus fort ; cependant le bouquetin femelle a les cornes différentes de celles du mâle, beaucoup plus petites et assez ressemblantes à celles du chamois ; d'ailleurs ces animaux ont tous deux les mêmes habitudes, les mêmes mœurs et la même patrie ; seulement le bouquetin, comme plus agile et plus fort, s'élève jusqu'au sommet des plus hautes montagnes, au lieu que le chamois n'en habite que le second étage ; mais ni l'un ni l'autre ne se trouvent dans les plaines : tous deux se frayent des chemins dans les neiges, tous deux franchissent des précipices en bondissant de rochers en rochers, tous deux sont couverts d'une peau ferme et solide, et vêtus en hiver d'une double fourrure, d'un poil extérieur assez rude et d'un poil intérieur plus fin et plus fourni ; tous deux ont une raie noire sur le dos ; ils ont aussi la queue à peu près de la même grandeur. Les bouquetins, aussi bien que les chamois, lorsqu'on les prend jeunes et qu'on les élève avec les chèvres domestiques, s'apprivoisent aisément, s'accoutument à la domesticité, prennent les mêmes mœurs, vont comme elles en troupeaux, et reviennent de même à l'étable.

DES OISEAUX.

LES OISEAUX DE PROIE.

RAPACES.

LE GRAND AIGLE.

ATHÉNÉE ainsi que Belon ont nommé le grand aigle l'*aigle royal* ou le *roi des oiseaux*; c'est le plus grand de tous les aigles : la femelle a jusqu'à trois pieds et demi de longueur depuis le bout du bec jusqu'à l'extrémité des pieds, et plus de huit pieds et demi de vol ou d'envergure ; le mâle est plus petit. Tous deux ont le bec très-fort et les ongles noirs et pointus ; les yeux sont grands, mais paraissent enfoncés dans une cavité profonde. Cet oiseau est gras, surtout en hiver ; sa graisse est blanche, et sa chair, quoique dure et fibreuse, ne sent pas le sauvage comme celle des autres oiseaux de proie.

On trouve cette espèce en Grèce, en France, en Allemagne dans les montagnes de Silésie, dans les forêts de

Dantzic et dans les monts Carpathiens, dans les Pyrénées et dans les montagnes d'Irlande. On la trouve aussi dans l'Asie Mineure et en Perse, en Arabie, en Mauritanie et dans plusieurs autres provinces de l'Afrique et de l'Asie jusqu'en Tartarie, mais point en Sibérie ni dans le reste du nord de l'Asie.

L'aigle a plusieurs convenances physiques et morales avec le lion : la force, et par conséquent l'empire sur les autres oiseaux, comme le lion sur les quadrupèdes, la magnanimité : il dédaigne également les petits animaux et méprise leurs insultes ; ce n'est qu'après avoir été longtemps provoqué par les cris importuns de la corneille ou de la pie que l'aigle se détermine à les punir de mort ; la tempérance : il ne mange presque jamais son gibier en entier, et il laisse, comme le lion, les débris et les restes aux autres animaux. Quelque affamé qu'il soit, il ne se jette jamais sur les cadavres. Il est encore solitaire comme le lion. Il voit par excellence, mais il n'a que peu d'odorat en comparaison du vautour ; il ne chasse donc qu'à vue ; et lorsqu'il a saisi sa proie il rabat son vol comme pour en éprouver le poids, et la pose à terre avant de l'emporter dans son *aire*; c'est ainsi qu'on appelle son nid. On assure que le même nid sert à l'aigle pendant toute sa vie. La femelle dépose ses œufs dans le milieu de cette aire ; elle n'en pond que deux ou trois qu'elle couve, dit-on, pendant trente jours ; mais dans ces œufs il s'en trouve souvent d'inféconds, et il est rare de trouver trois aiglons dans un nid : ordinairement il n'y en a qu'un ou deux. Dès qu'ils deviennent un peu grands, la mère tue le plus faible ou le plus vorace de ses petits ; et, dès que les petits commencent à être assez forts pour voler et se pourvoir d'eux-mêmes, le père et la mère les chassent au loin sans leur permettre de jamais revenir.

On assure qu'ils vivent plus d'un siècle. Lorsqu'ils ne sont point apprivoisés, ils mordent cruellement les chats, les chiens, les hommes qui veulent les approcher. Ils jettent de temps en temps un cri aigu, sonore, perçant et lamentable, et d'un ton soutenu. L'aigle boit très-rarement et peut-être point du tout lorsqu'il est en liberté, parce que le sang de ses victimes suffit à sa soif.

L'AIGLE COMMUN.

L'AIGLE commun, noir ou brun, est toujours plus petit que le grand aigle; celui-ci pousse fréquemment un cri lamentable, au lieu que l'aigle commun, noir ou brun, ne crie que rarement. Il nourrit tous ses petits dans son nid, les élève et les conduit ensuite dans leur jeunesse, au lieu que le grand aigle les chasse hors du nid et les abandonne à eux-mêmes dès qu'ils sont en état de voler.

L'espèce de l'aigle commun est plus nombreuse et plus répandue que celle du grand aigle : celui-ci ne se trouve que dans les pays chauds et tempérés de l'ancien continent ; l'aigle commun, au contraire, préfère les pays froids, et se trouve également dans les deux continents. On le voit en France, en Savoie, en Suisse, en Allemagne, en Pologne et en Écosse ; on le retrouve en Amérique à la baie d'Hudson.

LE PETIT AIGLE.

La troisième espèce est l'aigle tacheté, appelé *petit aigle*. On l'a appelé aussi *aigle plaintif, aigle criard*, parce qu'il pousse continuellement des plaintes ou des cris lamentables. C'est de tous les aigles celui qui s'apprivoise le plus aisément. Il est plus faible, moins fier et moins courageux que les autres. La grue est sa plus forte proie, car il ne prend ordinairement que des canards, d'autres moindres oiseaux et des rats. L'espèce, quoique peu nombreuse en chaque lieu, est répandue partout, tant en Europe qu'en Asie, en Afrique, où on la trouve jusqu'au cap de Bonne-Espérance, mais elle n'existe pas en Amérique. Si ce petit aigle, qui est beaucoup plus docile et plus aisé à apprivoiser que les deux autres, se fût trouvé également courageux, on n'aurait pas manqué de s'en servir pour la chasse ; mais il est aussi lâche que plaintif et criard. Un épervier bien dressé suffit pour le vaincre et l'abattre.

La femelle qui, dans l'aigle, comme dans toutes les autres espèces d'oiseaux de proie, est plus grande que le mâle, et semble être aussi, dans l'état de liberté, plus hardie, plus courageuse et plus fine, ne paraît pas conserver ces dernières qualités dans l'état de captivité.

Dans l'état de nature, l'aigle ne chasse seul que dans le temps où la femelle ne peut quitter ses œufs ou ses petits ; comme c'est la saison où le gibier commence à devenir abondant par le retour des oiseaux, il pourvoit aisément à sa propre subsistance et à celle de sa femelle ; mais dans tous les autres temps de l'année, le mâle et la femelle paraissent s'entendre pour la chasse ; on les voit presque toujours ensemble ou du moins à peu de distance l'un de l'autre.

LE PYGARGUE.

E pygargue aime de préférence les climats froids ; on le trouve dans toutes les provinces du nord de l'Europe. Le grand pygargue est à peu près de la même grosseur et de la même force, si même il n'est pas plus fort, que l'aigle commun ; il est au moins plus carnassier, plus féroce et moins attaché à ses petits ; car il ne les nourrit pas longtemps ; il les chasse hors du nid avant même qu'ils soient en état de se pourvoir, et l'on prétend que, sans le secours de l'orfraie, qui les prend alors sous sa protection, la plupart périraient : il produit ordinairement deux ou trois petits et fait son nid sur de gros arbres. Comme le grand aigle et le pygargue ne chassen ordinairement que de gros animaux, ils se rassasient souvent sur le lieu, sans pouvoir les emporter ; les pygargues, qui fréquentent de près les lieux habités, ne chassent que pendant quelques heures dans le milieu du jour, et ils se reposent le matin, le soir et la nuit, au lieu que l'aigle commun est plus valeureux, plus diligent et plus infatigable.

LE BALBUZARD.

E balbuzard est l'oiseau qu'on appelle *aigle de mer*. Cet oiseau n'est pas un aigle, quoiqu'il ressemble plus aux aigles qu'aux autres oiseaux de proie. D'abord il est bien plus petit ; il n'a ni le port, ni la figure, ni le vol de l'aigle. Ses habitudes naturelles sont aussi très-différentes, ainsi que ses appétits, car il ne vit guère que de poisson qu'il prend dans l'eau, même à quelques pieds de profondeur.

L'ORFRAIE.

'ORFRAIE a été appelé le *grand aigle de mer*. Il est, en effet, à peu près aussi grand que le grand aigle ; il se tient volontiers près des bords de la mer et assez souvent dans le milieu des terres à portée des lacs, des étangs et des rivières poissonneuses ; il n'enlève que le plus gros poisson, mais cela n'empêche pas qu'il ne prenne aussi du gibier ; et, comme il est très-grand et très-fort, il ravit et emporte aisément les oies et les lièvres, et même les agneaux et les chevreaux. L'orfraie femelle soigne ses petits avec la plus grande affection.

Comme cet oiseau est des plus grands, que par cette raison il produit peu, qu'il ne pond que deux œufs une fois par an, et que souvent il n'élève qu'un petit, l'espèce n'en est nombreuse nulle part, mais elle est assez répandue : on la trouve presque partout en Europe, et il paraît même qu'elle est commune aux deux continents, et que ces oiseaux fréquentent les lacs de l'Amérique septentrionale.

LES VAUTOURS.

'on a donné aux aigles le premier rang parmi les oiseaux de proie, non parce qu'ils sont plus forts et plus grands que les vautours, mais parce qu'ils sont plus généreux, c'est-à-dire moins bassement cruels : les vautours n'ont que l'instinct de la basse gourmandise et de la voracité ; ils ne combattent guère les vivants que quand ils ne peuvent s'assouvir sur les morts. Pour peu qu'ils prévoient de résistance, ils se réunissent en troupes comme de lâches assassins et sont plutôt des voleurs que des guerriers, des oiseaux de carnage que des oiseaux de proie; car dans ce genre il n'y a qu'eux qui se mettent en nombre et plusieurs contre un, il n'y a qu'eux qui s'acharnent sur les cadavres au point de les déchiqueter jusqu'aux os; la corruption, l'infection les attire au lieu de les repousser.

LE CONDOR.

Le condor possède à un plus haut degré que l'aigle toutes les qualités, toutes les puissances que la nature a départies aux espèces les plus parfaites de cette classe d'êtres; il a jusqu'à dix-huit pieds de vol ou d'envergure, le corps, le bec et les serres à proportion aussi grandes et aussi fortes, le courage égal à la force.

Ces animaux gîtent ordinairement sur les montagnes où ils trouvent de quoi se nourrir; ils ne descendent sur le rivage que dans la saison des pluies; sensibles au froid, ils y viennent chercher la chaleur.

Le peu de nourriture qu'ils trouvent sur le bord de la mer, excepté lorsque quelques tempêtes y jettent quelques gros poissons, les oblige à n'y pas faire de longs séjours; ils y viennent ordinairement le soir, y passent toute la nuit et s'en retournent le matin.

On assure que le condor est deux fois plus grand que l'aigle, et qu'il est d'une telle force qu'il ravit et dévore une brebis entière, qu'il n'épargne pas même les cerfs, et qu'il renverse aisément un homme ; heureusement il y a peu de condors, car s'ils étaient en grande quantité, ils détruiraient tout le bétail. Ils ont la vue perçante, le regard assuré et même cruel ; ils ne fréquentent guère les forêts, il leur faut trop d'espace pour remuer leurs grandes ailes ; mais on les trouve sur les bords de la mer et des rivières, dans les savanes ou prairies naturelles.

LE PETIT VAUTOUR.

On compte trois petits vautours, savoir : le vautour brun, le vautour d'Égypte et le vautour à tête blanche. Ce dernier se trouve communément en Arabie, en Egypte, en Grèce, en Allemagne et jusqu'en Norwége.

Des autres espèces de petits vautours indiqués sous les noms de *vautour brun* et de *vautour d'Égypte*, il paraît qu'il faut en retrancher ou plutôt séparer le second, c'est-à-dire le vautour d'Egypte, qui n'est point un vautour, mais un oiseau d'un autre genre. Quant au vautour brun, son existence n'est nullement prouvée; aucun des naturalistes ne l'a vu.

LE MILAN ET LES BUSES.

Les milans et les buses, oiseaux ignobles, immondes et lâches, doivent suivre les vautours, auxquels ils ressemblent par le naturel et les mœurs. Les milans et les buses sont partout beaucoup plus communs, plus incommodes que les vautours; ils fréquentent plus souvent et de plus près les lieux habités; ils font leur nid dans des endroits plus accessibles; ils restent rarement dans les déserts; ils préfèrent les plaines et les collines fertiles aux montagnes stériles. Comme toute proie leur est bonne, que toute nourriture leur convient, et que plus la terre produit de végétaux, plus elle est en même temps peuplée d'insectes, de reptiles, d'oiseaux et de petits animaux, ils établissent ordinairement leur domicile au pied des montagnes, dans les terres les plus vivantes, les plus abondantes en gibier, en volaille, en poisson. Sans être courageux ils ne sont pas timides, ils ont une sorte de stupidité féroce qui leur donne l'air de l'audace tranquille, et semble leur ôter la connaissance du danger. On les approche, on les tue bien plus aisément que les aigles ou les vautours : détenus en captivité, ils sont encore moins susceptibles d'éducation.

Le milan est aisé à distinguer, non-seulement des buses, mais de tous les autres oiseaux de proie, par un seul caractère facile à saisir : il a la queue fourchue ; il a aussi les ailes proportionnellement plus longues que les buses, et le vol bien plus aisé : aussi passe-t-il sa vie dans l'air ; il ne se repose presque jamais, et parcourt chaque jour des espaces immenses. Il semble que le vol soit son état naturel, sa situation favorite; l'on ne peut s'empêcher d'admirer la manière dont il l'exécute : ses ailes longues et étroites paraissent immobiles ; c'est la queue qui semble diriger toutes ses évolutions, et elle agit sans cesse. Il s'élève sans effort, il s'abaisse comme s'il glissait sur un plan incliné ; il semble plutôt nager que voler ; il précipite sa course, il la ralentit, s'arrête et reste comme suspendu ou fixé à la même place pendant des heures entières, sans qu'on puisse s'apercevoir d'aucun mouvement dans ses ailes.

Il n'y a, dans notre climat, qu'une seule espèce de milan qu'on a appelé *milan royal*, parce qu'il servait aux plaisirs des princes, qui lui faisaient donner la chasse et livrer combat par le faucon ou l'épervier.

Les milans ne sont pas des oiseaux de passage, car ils font leur nid dans des creux de rochers. Ils nichent en France et en Angleterre, et ils y restent pendant toute l'année ; la femelle pond deux ou trois œufs qui, comme ceux de tous les oiseaux carnassiers, sont plus ronds que les œufs de poule ; ceux du milan sont blanchâtres, avec des taches d'un jaune sale. Quelques auteurs ont dit aussi qu'il faisait son nid dans les forêts, sur de vieux chênes ou de vieux sapins.

L'espèce paraît être répandue, dans tout l'ancien con

tinent, depuis la Suède jusqu'au Sénégal, mais elle ne se trouve pas dans le nouveau continent.

LA BUSE.

Cet oiseau demeure pendant toute l'année dans nos forêts; il paraît assez stupide, soit dans l'état de domesticité, soit dans celui de liberté; il est assez sédentaire et même paresseux; il reste souvent plusieurs heures de suite perché sur le même arbre. Son nid est construit avec de petites branches, et garni en dedans de laine ou d'autres petits matériaux légers ou mollets : la buse pond deux ou trois œufs qui sont blanchâtres, tachetés de jaune; elle élève et soigne ses petits plus longtemps que les autres oiseaux de proie, qui presque tous les chassent du nid avant qu'ils soient en état de se pourvoir aisément; on assure même que le mâle de la buse nourrit et soigne ses petits lorsqu'on a tué la mère.

Cet oiseau de rapine ne saisit pas sa proie au vol; il reste sur un arbre, un buisson ou une motte de terre, et de là se jette sur tout le petit gibier qui passe à sa portée; il prend les levrauts et les jeunes lapins aussi bien que les perdrix et les cailles; il dévaste les nids de la plupart des oiseaux; il se nourrit aussi de grenouilles, de lézards, de serpents, de sauterelles, etc., lorsque le gibier lui manque.

LE FAUCON.

Le faucon est peut-être l'oiseau dont le courage est le plus franc, le plus grand, relativement à ses forces ; il fond sans détour et perpendiculairement sur sa proie ; on le voit fréquemment attaquer le milan, soit pour exercer son courage, soit pour lui enlever une proie ; mais il lui fait plutôt la honte que la guerre ; il le traite comme un lâche, le chasse, le frappe avec dédain, et ne le met point à mort, parce que le milan se défend mal, et que probablement sa chair répugne au faucon encore plus que sa lâcheté ne lui déplaît.

Comme ces oiseaux cherchent partout les rochers les plus hauts, et que la plupart des îles ne sont que des groupes et des pointes de montagnes, il y en a beaucoup à Rhodes, en Chypre, à Malte et dans les autres îles de la Méditerranée, aussi bien qu'aux Orcades et en Islande.

Il n'y a de différence essentielle entre les faucons de différents pays que par leur grosseur ; ceux qui viennent du Nord sont ordinairement plus grands que ceux des montagnes, des Alpes et des Pyrénées : ceux-ci se prennent, mais dans leurs nids ; les autres se prennent au passage dans tous les pays ; ils passent en octobre et en novembre, et repassent en février et en mars.

LE GERFAUT.

ET oiseau se trouve assez communément en Islande, et il paraît qu'il y a dans son espèce trois races constantes et distinctes, dont la première est le gerfaut d'Islande, la seconde le gerfaut de Norvége, et la troisième le gerfaut blanc. Le naturel du gerfaut est si sanguinaire, que quand on le laisse en liberté avec plusieurs faucons, il les égorge tous les uns après les autres : cependant il semble manger de préférence les souris, les mulots et les petits oiseaux. Il se jette avidemment sur la chair saignante, et refuse assez constamment la viande cuite ; mais en le faisant jeûner, on peut le forcer de s'en nourrir ; il plume les oiseaux fort proprement, et ensuite les dépèce avant de les manger, au lieu qu'il avale les souris tout entières. Son cri est fort rauque, et finit toujours par des sons aigus, d'autant plus désagréables qu'il les répète plus souvent ; il marque aussi une inquiétude mortelle dès qu'on l'approche, et semble s'effaroucher de tout. On transporte les gerfauts d'Islande et de Russie en France, en Italie et jusqu'en Perse et en Turquie, et il ne paraît pas que la chaleur plus grande de ces climats leur ôte rien de leur force et de leur vivacité ; ils attaquent les plus grands oiseaux, et font aisément leur proie de la cigogne, du héron et de la grue ; la femelle est, comme dans les autres oiseaux de proie, beaucoup plus grande et plus forte que le mâle.

L'ÉMERILLON.

Cet oiseau est le plus petit de tous les oiseaux de proie, car il n'a que la grandeur d'une grosse grive ; néanmoins on doit le regarder comme un oiseau noble.

Le mâle et la femelle sont dans l'émerillon de la même grandeur. L'émerillon vole bas quoique vite et très-légèrement ; il fréquente les bois et les buissons pour y saisir les petits oiseaux, et chasse seul sans être accompagné de sa femelle ; elle niche dans les forêts et les montagnes, et produit cinq ou six petits.

L'AUTOUR.

L'autour est un bel oiseau beaucoup plus grand que l'épervier ; il a les jambes plus longues que les autres oiseaux qu'on pourrait lui comparer et prendre pour lui ; le mâle autour est, comme la plupart des oiseaux de proie, beaucoup plus petit que la femelle. Ils ont plusieurs habitudes communes avec l'épervier ; jamais ils ne tombent à plomb sur leur proie ; ils la prennent de côté.

L'autour se trouve dans les montagnes de Franche-Comté, du Dauphiné, du Bugey, et même dans les forêts de la province de Bourgogne et aux environs de Paris; mais il est encore plus commun en Allemagne qu'en France, et l'espèce paraît s'être répandue dans les pays du Nord, jusqu'en Suède, et dans ceux de l'Orient et du Midi, jusqu'en Perse et en Barbarie.

On a remarqué que, quoique le mâle fût beaucoup plus petit que la femelle, il était plus féroce et plus méchant; ils sont tous deux difficiles à priver.

LE BUSARD.

Le busard chasse de préférence les poules d'eau, les plongeons, les canards et autres oiseaux d'eau; il prend les poissons vivants et les enlève dans ses serres : au défaut de gibier ou de poisson, il se nourrit de reptiles, de crapauds, de grenouilles et d'insectes aquatiques. Quoiqu'il soit plus petit que la buse, il lui faut une plus ample pâture, et c'est vraisemblablement parce qu'il est plus vif et qu'il se donne plus de mouvement qu'il a plus d'appétit; il est aussi bien plus vaillant. On a élevé des busards à chasser et prendre des lapins, des perdrix et des cailles. Les hobereaux et les cresserelles le redoutent, évitent sa rencontre, et même fuient lorsqu'il les approche.

L'ÉPERVIER.

L'épervier reste toute l'année dans notre pays : l'espèce en est assez nombreuse. La femelle est beaucoup plus grosse que le mâle; elle fait son nid sur les arbres les plus élevés des forêts ; elle pond ordinairement quatre ou cinq œufs. L'épervier, tant mâle que femelle, est assez docile : on l'apprivoise aisément, et l'on peut le dresser pour la chasse des perdreaux et des cailles; il prend des pigeons séparés de leur compagnie, et fait une prodigieuse destruction des pinsons et des autres petits oiseaux qui se mettent en troupe pendant l'hiver. L'espèce de l'épervier se trouve répandue dans l'ancien continent, depuis la Suède jusqu'au cap de Bonne-Espérance.

LES OISEAUX DE PROIE NOCTURNES

LE DUC OU GRAND DUC.

Le duc est l'aigle de la nuit; on le distingue aisément à sa grosse figure, à son énorme tête, aux larges et profondes cavernes de ses oreilles, aux deux aigrettes qui surmontent sa tête et qui sont élevées de plus de deux pouces et demi; à son cri effrayant *huihou*, *houhou*, *bouhou*, *pouhou*, qu'il fait retentir dans le silence de la nuit, lorsque tous les autres animaux se taisent; et c'est alors qu'il les éveille, les inquiète, les poursuit et les enlève ou les met à mort pour les dépecer et les emporter dans les cavernes qui lui servent de retraite. Aussi n'habite-t-il que les rochers ou les vieilles tours abandonnées; il descend rarement dans les plaines, et ne se perche pas volontiers sur les arbres, mais sur les églises écartées et sur les vieux châteaux.

Comme cet oiseau craint peu le chaud et ne craint pas le froid, on le trouve également dans les deux continents, au nord et au midi.

LE HIBOU

OU MOYEN DUC.

Le hibou, ou moyen duc, a, comme le grand duc, les oreilles fort ouvertes, et surmontées d'une aigrette composée de six plumes tournées en avant; mais ces aigrettes sont plus courtes que celles du grand duc, et n'ont guère plus d'un pouce de longueur; elles paraissent proportionnées à sa taille, car il ne pèse qu'environ dix onces, et n'est pas plus gros qu'une corneille. Son espèce est commune et beaucoup plus nombreuse dans nos climats que celle du grand duc ; le moyen duc y reste toute l'année, et se trouve même plus aisément en hiver qu'en été. Il habite ordinairement dans les anciens bâtiments ruinés, dans les cavernes des rochers, dans le creux des vieux arbres, dans les forêts en montagne, et ne descend guère dans les plaines. Lorsque d'autres oiseaux l'attaquent il se sert très-bien et des griffes et du bec ; il se retourne aussi sur le dos pour se défendre quand il est assailli par un ennemi trop fort.

Le hibou, qui est commun dans nos provinces d'Europe, se trouve aussi en Asie.

Ces oiseaux se donnent rarement la peine de faire un nid, ou se l'épargnent en entier ; ils pondent ordinairement quatre ou cinq œufs, et leurs petits, qui sont blanc en naissant, prennent des couleurs au bout de quinze jours.

On se sert du hibou pour attirer les oiseaux à la pipée, et l'on a remarqué que les gros oiseaux viennent plus volontiers que les petits à la voix du hibou, qui est une espèce de cri plaintif ou de gémissement grave et allongé, *clow, cloud,* qu'il ne cesse de répéter pendant la nuit.

LE SCOPS OU PETIT DUC.

Voici la troisième et dernière espèce du genre des hiboux : elle est aisée à distinguer des deux autres, d'abord par la petitesse même du corps de l'oiseau, qui n'est pas plus gros qu'un merle. Tout son corps est très-joliment varié de gris, de roux, de brun et de noir, et ses jambes sont couvertes jusqu'à l'origine des ongles de plumes d'un gris roussâtre mêlé de taches brunes. Il se réunit en troupe en automne et au printemps pour passer dans d'autres climats; il n'en reste que très-peu ou point du tout en hiver dans nos provinces, et on les voit partir après les hirondelles et arriver à peu près en même temps. Quoiqu'ils habitent de préférence les terrains élevés, ils se rassemblent volontiers dans ceux où les mulots se sont le plus multipliés, et y font un grand bien par la destruction de ces animaux. Quoique le petit duc voyage par troupes nombreuses, il est assez rare partout et difficile à prendre. La couleur de ces oiseaux varie beaucoup suivant l'âge et le climat, et peut-être le sexe : ils sont tous gris dans le premier âge ; il y en a de plus bruns les uns que les autres quand ils sont adultes.

LA HULOTTE.

A hulotte, qu'on peut appeler aussi la *chouette noire*, est la plus grande de toutes les chouettes. Elle a la tête très-grosse et bien arrondie ; elle vole légèrement et sans faire de bruit avec ses ailes, et toujours de côté comme toutes les autres chouettes ; son cri *hoû oû oû oû ou ou ou* ressemble assez au hurlement du loup.

La hulotte se tient pendant l'été dans les bois, toujours dans des arbres creux ; quelquefois elle s'approche en hiver de nos habitations, elle chasse et prend les petits oiseaux, et plus encore les mulots et les campagnols. Lorsque la chasse de la campagne ne lui produit rien, elle vient dans les granges pour y chercher des souris et des rats ; elle retourne au bois de grand matin à l'heure de la rentrée des lièvres, et elle se fourre dans les taillis les plus épais ou sur les arbres les plus feuillés, et y passe tout le jour sans changer de lieu. Dans la mauvaise saison, elle demeure dans les arbres creux pendant le jour et n'en sort qu'à la nuit. Elle pond ses œufs dans des nids étrangers, surtout dans ceux des buses, des cresserelles, des corneilles et des pies; elle fait ordinairement quatre œufs à peu près aussi gros que ceux d'une petite poule.

LE CHAT-HUANT.

On reconnaît le chat-huant d'abord à ses yeux bleuâtres, et ensuite à la beauté et à la variété de son plumage; et enfin à son cri *hohô hohô, hohohoho*, par lequel il semble huer, hôler ou appeler à la voix.

On ne trouve guère les chats-huants ailleurs que dans les bois : ils se tiennent dans dans des arbres creux.

Comme le chat-huant se trouve en Suède et dans les autres terres du Nord, il a pu passer d'un continent à l'autre : aussi le retrouve-t-on en Amérique jusque dans les pays chauds.

LA CHOUETTE OU LA GRANDE CHEVÈCHE.

CETTE espèce, qui est la chouette proprement dite et qu'on peut appeler la *chouette des rochers* ou la *grande chevêche*, est assez commune, mais elle n'approche pas aussi souvent de nos habitations que d'autres espèces ; elle se tient plus volontiers dans les carrières, dans les rochers, dans les bâtiments ruinés et éloignés des lieux habités. Il semble qu'elle préfère les pays de montagnes et qu'elle cherche les précipices escarpés et les endroits solitaires ; cependant on ne la trouve pas dans les bois et elle ne se loge pas dans des arbres creux.

Les laboureurs font grand cas de cet oiseau, en ce qu'il détruit quantité de mulots ; dans le mois d'avril on l'entend crier jour et nuit *gout*, mais d'un ton assez doux, et quand il doit pleuvoir, il change de cri et semble dire *goyon*. La chouette ne fait point de nid, ne pond que trois œufs tout blancs, parfaitement ronds et gros comme ceux d'un pigeon ramier.

Il paraît que la grande chevêche, qui est assez commune en Europe, surtout dans les pays de montagnes, se retrouve en Amérique, dans celles du Chili.

LA CHEVÊCHE OU PETITE CHOUETTE.

La chevêche et le scops ou petit duc sont à peu près de la même grandeur : ce sont les plus petits oiseaux du genre des hiboux et des chouettes; ils ne sont que de la grosseur d'un merle. La chevêche a un cri ordinaire *poupou poupou* qu'elle pousse et répète en volant, et un autre cri qu'elle fait entendre quand elle est posée, qui ressemble beaucoup à la voix d'un jeune homme qui s'écrierait *aîme, hême, êsme* plusieurs fois de suite. Elle se tient rarement dans les bois; son domicile ordinaire est dans les masures écartées des lieux peuplés, dans les carrières, dans les ruines des anciens édifices abandonnés. Elle n'est pas absolument oiseau de nuit, elle voit pendant le jour beaucoup mieux que les autres oiseaux nocturnes, et souvent elle s'exerce à la chasse des hirondelles et des autres petits oiseaux, quoique assez infructueusement, car il est rare qu'elle en prenne; elle réussit mieux avec les souris et les petits mulots qu'elle ne peut avaler entiers et qu'elle déchire avec le bec et les ongles ; elle plume aussi très-proprement les oiseaux avant de les manger. Elle pond cinq œufs, qui sont tachetés de blanc et de jaunâtre, et fait son nid presque à cru dans des trous de rochers ou de vieilles murailles.

LES PASSEREAUX.

LES PIES-GRIÈCHES.

Ces oiseaux, quoique petits, quoique délicats, doivent néanmoins par leur courage, par leur large bec fort et crochu, et par leur appétit pour la chair, être mis au rang des oiseaux de proie, même des plus fiers et des plus sanguinaires. On est toujours étonné de voir l'intrépidité avec laquelle une petite pie-grièche combat contre les pies, les corneilles, les cresserelles, tous oiseaux beaucoup plus grands et plus forts qu'elle; non-seulement elle combat pour se défendre, mais souvent elle attaque, et toujours avec avantage, surtout lorsque le couple se réunit pour éloigner de leurs petits les oiseaux de rapine. Elles n'attendent pas qu'ils approchent, il suffit qu'ils passent à leur portée pour qu'elles aillent au devant ; elles les attaquent à grands cris, leur font des blessures cruelles, et les chassent avec tant de fureur qu'ils fuient souvent sans oser revenir. Et dans ce combat inégal contre d'aussi grands ennemis, il est rare de les voir succomber sous la force, ou se laisser emporter : il arrive seulement qu'elles tombent quelquefois avec l'oiseau contre lequel elles se sont accrochées avec tant d'acharnement, que le combat ne finit que par la chute et la mort de tous deux : aussi les oiseaux de proie les plus braves les respectent-ils ; les milans, les buses, les corbeaux, paraissent les craindre et les fuir plutôt que les chercher. Rien dans la nature ne peint mieux la puissance et les droits du courage que de voir ce petit oiseau, qui n'est guère plus gros qu'une alouette, voler de pair avec les éperviers, les faucons et tous les autres tyrans de l'air, sans les redouter.

LA PIE-GRIÈCHE GRISE.

CETTE pie-grièche grise est très-commune dans nos provinces de France, et paraît être naturelle à notre climat, car elle y passe l'hiver et ne le quitte en aucun temps; elle habite les bois et les montagnes en été, et vient dans les plaines et près des habitations en hiver. Elle fait son nid sur les arbres les plus élevés des bois ou des terres en montagnes : ce nid est composé au dehors de mousse blanche entrelacée d'herbes longues, et au dedans il est bien doublé et tapissé de laine; ordinairement il est appuyé sur une branche à double et triple fourche. La femelle, qui ne diffère pas du mâle par la grosseur, mais seulement par la teinte des couleurs, plus claires que celles du mâle, pond ordinairement cinq ou six et quelquefois sept, ou même huit œufs gros comme ceux d'une grive ; elle nourrit ses petits de chenilles et d'autres insectes dans les premiers jours, et bientôt elle leur fait manger de petits morceaux de viande que leur père leur apporte avec un soin et une diligence admirables. Bien différente des autres oiseaux de proie qui chassent leurs petits avant qu'ils soient en état de se pourvoir d'eux-mêmes, la pie-grièche garde et soigne les siens tout le temps du premier âge, et quand ils sont adultes elles les soigne encore ; la famille ne se sépare pas. On les voit voler ensemble pendant l'automne entier, et encore en hiver, sans qu'ils se réunissent en grandes troupes : chaque famille fait une petite bande à part, ordinairement composée du père, de la mère et de cinq ou six petits, qui tous prennent un intérêt commun à ce qui leur arrive, vivent en paix et chassent de concert ; la famille ne se sépare que pour en former de nouvelles.

Il est aisé de reconnaître de loin les pies-grièches, non-seulement à cause de cette petite troupe qu'elles forment après le temps des nichées, mais encore à leur vol, qui n'est ni direct, ni oblique à la même hauteur, et qui se fait toujours de bas en haut, et de haut en bas, alternativement et précipitamment. On peut aussi les reconnaître, sans les voir, à leur cri aigu, *trouî*, *trouî*, qu'on entend de fort loin, et qu'elles ne cessent de répéter lorsqu'elles sont perchées au sommet des arbres.

Il y a dans cette première espèce, variété pour la grandeur, et variété pour la couleur.

LA PIE-GRIÈCHE ROUSSE.

Cette pie-grièche rousse est un peu plus petite que la grise, et très-aisée à reconnaître par le roux qu'elle a sur la tête, qui est quelquefois rouge et ordinairement d'un roux vif ; on peut aussi remarquer qu'elle a les yeux d'un gris blanchâtre ou jaunâtre, au lieu que la pie-grièche grise les a bruns ; elle a aussi le bec et les jambes plus noires.

Le naturel de cette pie-grièche rousse est à très-peu près le même que celui de la pie-grièche grise ; toutes deux sont aussi hardies, aussi méchantes l'une que l'autre ; mais ce qui prouve que ce sont néanmoins deux espèces différentes, c'est que la première reste au pays toute l'année, au lieu que celle-ci le quitte en automne et ne revient qu'au printemps. La famille qui ne se sépare pas à la sortie du nid, et qui demeure toujours rassemblée, part vers le commencement de septembre, sans se réunir avec d'autres familles et sans faire de longs vols. Ces oiseaux ne vont que d'arbre en arbre et ne volent pas de suite, même dans le temps de leur départ ; ils restent pendant l'été dans nos campagnes et font leur nid sur quelque arbre touffu, au lieu que la pie-grièche grise habite les bois dans cette même saison et ne vient guère dans nos plaines que quand la pie-grièche rousse est partie. On prétend aussi que de toutes les pies-grièches celle-ci est la meilleure, ou, si l'on veut, la seule qui soit bonne à manger.

Le mâle et la femelle sont à très-peu près de la même grosseur ; mais ils diffèrent par les couleurs assez pour paraître des oiseaux de différente espèce. Ils produisent ordinairement cinq ou six œufs. Ces oiseaux font leur nid avec beaucoup d'art et de propreté, à peu près avec les mêmes matériaux qu'emploie la pie-grièche grise.

LES GOBE-MOUCHES, MOUCHEROLLES ET TYRANS.

Au dessous du dernier ordre de la grande classe des oiseaux carnassiers, la nature a établi un petit genre d'oiseaux chasseurs plus innocents et plus utiles. Ce sont tous ces oiseaux qui ne vivent pas de chair, mais qui se nourrissent de mouches, de moucherons et d'autres insectes volants sans toucher ni aux fruits ni aux graines.

On les a nommés gobe-mouches, moucherolles et tyrans : c'est un des genres d'oiseaux les plus nombreux en espèces. Les unes sont plus petites que le rossignol, et les plus grandes approchent de la pie-grièche ou l'égalent. Les terres du Midi, où jamais les insectes ne cessent d'éclore et de voler, sont la véritable patrie de ces oiseaux ; aussi contre deux espèces de gobe-mouches qu'on trouve en Europe, en compte-t-on plus de huit dans l'Afrique et dans les régions chaudes de l'Asie, et près de trente en Amérique.

LES GOBE-MOUCHES.

ES gobe-mouches arrivent en avril et partent en septembre. Ils se tiennent communément dans les forêts, où ils cherchent la solitude et les lieux couverts et fourrés ; on en rencontre aussi quelquefois dans les vergers épais. Ils ont l'air triste, le naturel sauvage, peu animé et même assez stupide. Ils placent leur nid tout à découvert, soit sur les arbres, soit sur les buissons ; aucun oiseau faible ne se cache aussi mal, aucun n'a l'instinct si peu décidé. Il pond trois ou quatre œufs et quelquefois cinq.

Ces oiseaux prennent le plus souvent leur nourriture en volant, et ne se posent que rarement et par instants à terre, sur laquelle ils ne courent pas. Le mâle ne diffère de la femelle qu'en ce qu'il a le front plus varié de brun, et le ventre moins blanc. Ils arrivent en France au printemps, mais les froids qui surviennent quelquefois vers le milieu de cette saison leur sont funestes. Tout degré de froid qui abat les insectes volants dont cet oiseau fait son unique nourriture devient mortel pour lui : aussi abandonne-t-il nos contrées avant les premiers froids de l'automne, et on n'en voit guère plus dès la fin de septembre.

LE GOBE-MOUCHES NOIR A COLLIER

OU GOBE-MOUCHES DE LORRAINE.

Le gobe-mouches noir à collier est la seconde des deux espèces de gobe-mouches d'Europe. Il est un peu moins grand que le précédent, n'ayant guère que cinq pouces de longueur : il n'a d'autres couleurs que du blanc et du noir par plaques et taches bien marquées ; car, suivant les différentes saisons, le mâle paraît porter quatre habits différents.

Cet oiseau arrive en Lorraine vers le milieu d'avril. Il se tient dans les forêts, surtout dans celles de haute futaie; il y niche dans des trous d'arbre, quelquefois assez profonds, et à une distance de terre assez considérable; son nid est composé de petits brins d'herbe et d'un peu de mousse qui couvre le fond du trou où il s'est établi : il pond jusqu'à six œufs. Lorsque les petits sont éclos, le père et la mère ne cessent d'entrer et sortir pour leur porter à manger, et par cette sollicitude ils décèlent eux-mêmes leur nichée, que sans cela il ne serait pas facile de découvrir.

Ils ne se nourrissent que de mouches et autres insectes volants ; on ne les voit pas à terre, et presque toujours ils se tiennent fort élevés, voltigeant d'arbre en arbre. Leur voix n'est pas un chant, mais un accent plaintif très aigu, roulant sur une consonne aigre, *crri, crri*.

Ils paraissent sombres et tristes, mais l'amour de leurs petits leur donne de l'activité et même du courage.

Ce petit oiseau, triste et sauvage, mène pourtant une vie tranquille, sans danger, sans combats, protégée par la solitude : il n'arrive qu'à la fin du printemps, lorsque les insectes dont il fait sa proie ont pris leurs ailes, et part dans l'arrière-saison pour retrouver aux contrées du Midi sa pâture et sa solitude.

Il pénètre assez avant dans le Nord puisqu'on le trouve en Suède ; mais il paraît s'être porté beaucoup plus loin vers le Midi, qui est véritablement son climat natal.

LE LORIOT.

Lorsque le nid du loriot a été très-artistement préparé, la femelle y dépose quatre ou cinq œufs, qu'elle couve avec assiduité l'espace d'environ trois semaines ; et lorsque les petits sont éclos, non-seulement elle leur continue ses soins affectionnés pendant très-longtemps, mais elle les défend contre leurs ennemis, et même contre l'homme, avec plus d'intrépidité qu'on n'en attendrait d'un si petit oiseau. On a vu le père et la mère s'élancer courageusement sur ceux qui leur enlevaient leur couvée, et, ce qui est encore plus rare, on a vu la mère, prise avec le nid, continuer de couver en cage et mourir sur ses œufs.

Dès que les petits sont élevés, la famille se met en marche pour voyager ; c'est ordinairement vers la fin d'août ou le commencement de septembre ; ils ne se réunissent jamais en troupes nombreuses. Ils ne restent pas même assemblés en famille, car on n'en trouve guère plus de deux ou trois ensemble. Quoiqu'ils volent peu légèrement et en battant des ailes, il est probable qu'ils vont passer leur quartier d'hiver en Afrique.

Lorsqu'ils reviennent au printemps, ils font la guerre aux insectes et vivent de scarabées, de chenilles, de vermisseaux, en un mot de ce qu'ils peuvent attraper ; mais leur nourriture de choix, celle dont ils sont le plus avides, sont les cerises, les figues, les baies de sorbier et les pois.

Les loriots ne sont faciles ni à élever ni à apprivoiser.

LA GRIVE.

La grive semble être attirée en France par la maturité des raisins; elle nous arrive, chaque année, au temps des vendanges, et c'est pour cela, sans doute, qu'on lui a donné le nom de *grive de vigne;* elle disparaît aux gelées et se remontre au mois de mars ou d'avril, pour disparaître encore au mois de mai. Chemin faisant, la troupe perd toujours quelques traîneurs, qui ne peuvent suivre, ou qui plus pressés que les autres par les douces influences du printemps, s'arrêtent dans les forêts qui se trouvent sur leur passage pour y faire leur ponte. C'est par cette raison qu'il reste toujours quelques grives dans nos bois, où elles font leur nid sur les pommiers et les poiriers sauvages, et même sur les genévriers et dans les buissons. Quelquefois elles l'attachent contre le tronc d'un gros arbre, à dix ou douze pieds de hauteur, et dans sa construction elles emploient par préférence le bois pourri et vermoulu.

Elles ont coutume de faire deux pontes par an, et quelquefois une troisième, lorsque les premières ne sont pas venues à bien. La première ponte est de cinq ou six œufs, et dans les pontes suivantes le nombre des œufs va toujours en diminuant. La grive chante, dit-on, les trois quarts de l'année : elle a coutume pour chanter de se mettre tout en haut des grands arbres, et elle s'y tient des heures entières; son ramage, composé de plusieurs couplets différents, est agréable et varié, ce qui lui a fait donner en plusieurs pays la dénomination de *grive chanteuse*.

Chaque couvée va séparément sous la conduite du père et de la mère. Comme quelquefois plusieurs couvées se rencontrent dans les bois, on pourrait penser, à les voir ainsi rassemblées, qu'elles vont par troupes nombreuses ; mais leurs réunions sont fortuites, momentanées; bientôt on les voit se diviser en autant de petits pelotons qu'il y avait de familles réunies, et même se disperser absolument lorsque les petits sont assez forts pour aller seuls.

Ces oiseaux se trouvent ou plutôt voyagent en Italie, en France, en Lorraine, en Allemagne, en Angleterre, en Écosse, en Suède, où ils se tiennent dans les bois qui abondent en érables.

Les grives sont des oiseaux tristes, mélancoliques, et, comme c'est l'ordinaire, d'autant plus amoureux de leur liberté. On ne les voit guère se jouer ni même se battre ensemble, encore moins se plier à la domesticité. Mais, s'ils ont un grand amour pour leur liberté, il s'en faut bien qu'ils aient autant de ressources pour la conserver et pour se conserver eux-mêmes : l'inégalité d'un vol oblique et tortueux est presque le seul moyen qu'ils aient pour échapper au plomb du chasseur et à la serre de l'oiseau carnassier : s'ils peuvent gagner un arbre touffu, ils s'y tiennent immobiles de peur, et on ne les fait partir que difficilement.

LE MERLE.

Les merles ne s'éloignent pas seulement du genre des grives par la couleur du plumage, et par la différente livrée du mâle et de la femelle, mais encore par leur cri que tout le monde connaît, et par quelques-unes de leurs habitudes. Ils ne voyagent ni ne vont en troupes comme les grives, et néanmoins, quoique plus sauvages entre eux, ils le sont moins à l'égard de l'homme ; car nous les apprivoisons plus aisément que les grives, et ils ne se tiennent pas si loin des lieux habités. Au reste, ils passent communément pour être très-fins, parce que, ayant la vue perçante, ils découvrent les chasseurs de fort loin et se laissent approcher difficilement ; mais ils sont plus inquiets que rusés, plus peureux que défiants, puisqu'ils se laissent prendre à toutes sortes de piéges, pourvu que la main qui les a tendus sache se rendre invisible.

Lorsqu'ils sont enfermés avec d'autres oiseaux plus faibles, leur inquiétude naturelle se change en pétulance ;

ils poursuivent, ils tourmentent continuellement leurs compagnons d'esclavage.

On peut en élever à part à cause de leur chant ; non pas de leur chant naturel, qui n'est guère supportable qu'en pleine campagne, mais à cause de la facilité qu'ils ont de le perfectionner, de retenir les airs qu'on leur apprend, d'imiter différents bruits, différents sons d'instruments, et même de contrefaire la voix humaine.

Ces oiseaux font leur première ponte sur la fin de l'hiver ; elle est de cinq ou six œufs. Il est rare que cette première ponte réussisse, à cause de l'intempérie de la saison ; mais la seconde va mieux, et n'est que de quatre ou cinq œufs. Le nid des merles est construit à peu près comme celui des grives, excepté qu'il est matelassé en dedans. Ils le font ordinairement dans les buissons ou sur des arbres de hauteur médiocre ; il semble même qu'ils soient portés naturellement à le placer près de terre, et que ce n'est que par l'expérience des inconvénients qu'ils apprennent à le mettre plus haut.

Le nid achevé, la femelle se met à pondre, et ensuite à couver ses œufs ; elle les couve seule, et le mâle ne prend part à cette opération qu'en pourvoyant à la subsistance de la couveuse.

Ces oiseaux ne changent point de contrée pendant l'hiver, mais ils choisissent dans la contrée qu'ils habitent l'asile qui leur convient le mieux pendant cette saison rigoureuse.

Il n'est guère de pays où cet oiseau ne se trouve, au nord et au midi, dans le vieux et dans le nouveau continent.

LES FOURMILIERS.

Es fourmiliers se tiennent en troupes et se nourrissent de petits insectes, et principalement de fourmis. On rencontre presque toujours ces oiseaux à terre, c'est-à-dire sur les grandes fourmilières, qui communément, dans l'intérieur de la Guyane, ont plus de vingt pieds de diamètre ; ces insectes, par leur multitude presque infinie, sont très-nuisibles aux progrès de la culture, et même à la conservation des denrées dans cette partie de l'Amérique méridionale.

L'on distingue plusieurs espèces dans ces oiseaux mangeurs de fourmis ; et, quoique différentes entre elles, on les trouve assez souvent réunies dans le même lieu.

Tous ces oiseaux ont les ailes et la queue fort courtes, ce qui les rend peu propres pour le vol ; elles ne leur servent que pour courir et sauter légèrement sur quelques branches peu élevées : on ne les voit jamais voler en plein air.

Les environs des lieux habités ne leur conviennent pas ; les insectes dont ils font leur principale nourriture, détruits ou éloignés par les soins de l'homme, s'y trouvent avec moins d'abondance : aussi ces oiseaux se tiennent-ils dans les bois épais et éloignés, et jamais dans les savanes ni dans les autres lieux découverts, et encore moins dans ceux qui sont voisins des habitations. Ils construisent avec des herbes sèches, assez grossièrement entrelacées, des nids qu'ils attachent ou suspendent, par les deux côtés, sur des arbrisseaux à deux ou trois pieds au-dessus de terre : les femelles y déposent trois à quatre œufs presque ronds.

La voix des fourmiliers est très-singulière.

La chair de la plupart de ces oiseaux n'est pas bonne à manger ; elle a un goût bilieux et désagréable.

GROS-BECS.

L'ORTOLAN.

'ORTOLAN est un oiseau de passage; il chante pendant la nuit ; lorsqu'il est gras, c'est un morceau très-fin et très-recherché. A la vérité, ces oiseaux ne sont pas toujours gras lorsqu'on les prend, mais on les engraisse facilement.

La délicatesse de leur chair, ou plutôt de leur graisse, a plus contribué à leur célébrité que la beauté de leur ramage : cependant lorsqu'on les tient en cage ils chantent au printemps, la nuit comme le jour. Dans les pays où il y a beaucoup de ces oiseaux, et où par conséquent ils sont bien connus, comme en Lombardie, non-seulement on les engraisse pour la table, mais on les élève aussi pour le chant, car on trouve que leur voix a de la douceur.

Ces oiseaux arrivent ordinairement avec les hirondelles ou peu après, et ils accompagnent les cailles ou les précèdent de fort peu de temps. Ils viennent de la basse Provence et remontent jusqu'en Bourgogne, surtout dans les cantons les plus chauds où il y a des vignes : ils ne touchent cependant pas aux raisins, mais ils mangent les insectes qui courent sur les pampres et sur les tiges de la vigne. Ils font leurs nids sur les ceps et les construisent assez négligemment. La femelle y dépose quatre ou cinq œufs, et fait ordinairement deux pontes par an. Dans d'autres pays, tels que la Lorraine, ils font leurs nids à terre, et par préférence dans les blés.

La jeune famille commence à prendre le chemin des provinces méridionales dès les premiers jours d'août ; les vieux ne partent qu'en septembre et même sur la fin.

Quelques personnes regardent ces oiseaux comme étant originaires d'Italie, d'où ils se sont répandus en Allemagne et ailleurs. Il n'est pas rare de les voir, lorsqu'ils trouvent sur leur route un pays qui leur convient, s'y fixer et l'adopter pour leur patrie.

LE BENGALI.

ES mœurs et les habitudes de toute cette famille d'oiseaux étant à très-peu près les mêmes, il suffira d'indiquer ce que chacun a de particulier. Lorsqu'on a à faire connaître des oiseaux tels que ceux-ci, dont le principal mérite consiste dans les couleurs du plumage et ses variations, il faudrait quitter la plume pour prendre le pinceau.

Le bengali a de chaque côté de la tête une espèce de croissant couleur de pourpre qui accompagne le bas des yeux, et donne du caractère à la physionomie de ce petit oiseau.

La gorge est d'un bleu clair. Cette même couleur domine sur toute la partie inférieure du corps jusqu'au bout de la queue, et même sur ses couvertures supérieures. Tout le dessus du corps, compris les ailes, est d'un beau gris.

Le mâle a un joli ramage ; on n'a point remarqué celui de la femelle.

Dans le bengali brun, le brun est, en effet, la couleur dominante de l'oiseau ; mais il est plus foncé sous le ventre, et mêlé à l'endroit de la poitrine de blanchâtre dans quelques individus, et de rougeâtre dans d'autres. Tous les mâles ont quelques-unes des couvertures supérieures des ailes terminées par un point blanc, ce qui produit une moucheture fort apparente ; mais elle est propre au mâle, car la femelle est d'un brun uniforme et sans taches : tous deux ont le bec rougeâtre et les pieds d'un jaune clair.

Un brun mêlé d'un rouge sombre règne sur toute la partie supérieure du corps du bengali piqueté ; un rouge moins sombre règne sur tout le reste de la partie inférieure du corps et sur les côtés de la tête. Le bec est aussi d'un rouge obscur, et les pieds d'un jaune clair.

La femelle n'est jamais piquetée : elle diffère encore du mâle en ce qu'elle a le cou, la poitrine et le ventre d'un jaune pâle, et la gorge blanche. Le bengali piqueté est d'une grosseur moyenne entre le bengali ordinaire et le bengali brun.

Deux couleurs principales dominent dans le plumage du sénégali, le rouge vineux sur la tête, la gorge, tout le dessous du corps jusqu'aux jambes ; le brun verdâtre sur le bas ventre et sur le dos ; mais à l'endroit du dos il a une légère teinte de rouge. Les ailes sont brunes, la queue noirâtre, les pieds gris, le bec rougeâtre. Cet oiseau est un peu moins gros que le bengali piqueté.

LE BOUVREUIL.

La nature a donné à cet oiseau un beau plumage et une belle voix : mais la voix a besoin des secours de l'art pour acquérir sa perfection. Un bouvreuil qui n'a point eu de leçons n'a que trois cris, tous fort peu agréables. le premier est une espèce de coup de sifflet ; le son de ce sifflet est pur, et quand l'oiseau s'anime, il semble articuler cette syllabe répétée *tui, tui, tui*, et ces sons ont plus de force. Ensuite il fait entendre un ramage plus suivi, mais plus grave. Enfin dans les intervalles il a un petit cri intérieur, sec et coupé, fort aigu, mais en même temps fort doux, et si doux qu'à peine on l'entend. Il exécute ce son fort ressemblant à celui d'un ventriloque, sans aucun mouvement apparent. Tel est le chant du bouvreuil de la nature, c'est-à-dire du bouvreuil sauvage abandonné à lui-même; mais, lorsque l'homme se charge de son éducation, l'oiseau docile, soit mâle, soit femelle, non-seulement imite les sons avec justesse, mais quelquefois les perfectionne et surpasse son maître, sans oublier pour cela son ramage naturel. Il apprend aussi à parler sans beaucoup de peine. Il est très-capable d'attachement personnel, et même d'un attachement très-fort et très-durable.

Les bouvreuils passent la belle saison dans les bois ou sur les montagnes : ils y font leur nid sur les buissons, à cinq ou six pieds de haut, et quelquefois plus bas.

La femelle y pond de quatre à six œufs, et le mâle a grand soin de sa femelle. On dit qu'il tient quelquefois fort longtemps une araignée dans son bec pour la donner à sa compagne. Les petits ne commencent à siffler que lorsqu'ils peuvent manger seuls. Les bouvreuils se nourrissent en été de toutes sortes de graines, de baies d'insectes, et l'hiver de grains de genièvre, des bourgeons du tremble, de l'aune, du chêne, des arbres fruitiers : on les entend pendant cette saison siffler, se répondre et égayer par leur chant, quoique un peu triste, le silence encore plus triste qui règne alors dans la nature.

Ces oiseaux passent auprès de quelques personnes

pour être attentifs et réfléchis ; du moins ils ont l'air pesant, et à juger par la facilité qu'ils ont d'apprendre, on ne peut nier qu'ils ne soient capables d'attention jusqu'à un certain point. Ils vivent cinq à six ans.

LE PINSON.

ET oiseau a beaucoup de force dans le bec ; il sait très-bien s'en servir pour se faire craindre des autres petits oiseaux, comme aussi pour pincer jusqu'au sang les personnes qui le tiennent ou qui veulent le prendre, et c'est pour cela que, suivant plusieurs auteurs, il a reçu le nom de *pinson*.

Les pinsons ne s'en vont pas tous en automne, il y en a toujours un assez bon nombre qui restent l'hiver avec nous ; la plupart s'approchent alors des lieux habités et viennent jusque dans nos basses-cours où ils trouvent une subsistance plus facile. Jamais on ne les entend chanter dans cette saison, à moins qu'il n'y ait de beaux jours ; le reste du temps ils se cachent dans des haies fourrées, sur des arbres toujours verts, quelquefois même dans des trous de rochers où ils meurent lorsque la saison est trop rude ; ceux qui passent en d'autres climats se réunissent assez souvent en troupes innombrables.

Une singularité très-remarquable dans la migration des pinsons, c'est que sont les femelles qui voyagent et que les mâles restent l'hiver dans le pays. Ces oiseaux sont généralement répandus dans toute l'Europe depuis la mer Baltique et la Suède, où ils sont fort communs et où ils nichent, jusqu'au détroit de Gibraltar, et même jusque sur les côtes d'Afrique.

Le pinson est un oiseau très-vif : on le voit toujours en mouvement, et cela joint à la gaieté de son chant, a donné lieu sans doute à la façon de parler proverbiale, *gai comme pinson*. Il commence à chanter de fort bonne heure au printemps et plusieurs jours avant le rossignol ; il finit vers le solstice d'été.

Les pinsons, outre leur ramage ordinaire, ont encore un autre cri peu agréable qui, dit-on, annonce la pluie.

Ces oiseaux font un nid bien rond et solidement tissu il semble qu'ils n'aient pas moins d'adresse que de force dans le bec ; ils posent ce nid sur les arbres ou les arbustes les plus touffus ; ils le font quelquefois jusque dans nos jardins, sur les arbres fruitiers, mais ils le cachent avec tant de soin que souvent on a de la peine à l'apercevoir, quoiqu'on en soit fort près : ils le construisent de mousse blanche et de petites racines en dehors, de laine, de crins, de fils d'araignées et de plumes en dedans. La femelle pond cinq ou six œufs ; le le mâle ne la quitte point tandis qu'elle couve, surtout la nuit ; il se tient toujours fort près du nid, et le jour, s'il s'éloigne un peu, c'est pour aller à la provision.

Le père et la mère nourrissent leurs petits de chenilles et d'insectes ; ils en mangent eux-mêmes ; mais ils vivent plus communément de petites graines ; ils se nourrissent aussi de blé, et même d'avoine dont ils savent fort bien casser les grains pour en tirer la substance farineuse.

LE MOINEAU.

Dans quelque contrée qu'habite le moineau, on ne le trouve jamais dans les lieux déserts ni même dans ceux qui sont éloignés du séjour de l'homme; les moineaux sont, comme les rats, attachés à nos habitations; ils ne se plaisent ni dans les bois ni dans les vastes campagnes : on a même remarqué qu'il y en a plus dans les villes que dans les villages, et qu'on n'en voit point dans les hameaux et dans les fermes qui sont au milieu des forêts. Ils suivent la société pour vivre à ses dépens : comme ils sont paresseux et gourmands, c'est sur les provisions toutes faites, c'est-à-dire sur le bien d'autrui qu'ils prennent leur subsistance; comme ils sont aussi voraces que nombreux, ils ne laissent pas de faire plus de tort que leur espèce ne vaut.

Et ce qui les rendra éternellement incommodes, c'est

non-seulement leur très-nombreuse multiplication, mais encore leur défiance, leur finesse, leurs ruses et leur opiniâtreté à ne pas désemparer des lieux qui leur conviennent. Quoiqu'ils nourrissent leurs petits d'insectes dans le premier âge, et qu'ils en mangent eux-mêmes en assez grande quantité, leur principale nourriture est notre meilleur grain.

Comme ces oiseaux sont robustes, on les élève facilement dans des cages ; ils vivent plusieurs années. Lorsqu'ils sont pris jeunes, ils ont assez de docilité pour obéir à la voix, s'instruire et retenir quelque chose du chant des oiseaux auprès desquels on les met ; naturellement familiers, ils le deviennent encore davantage dans la captivité : cependant ce naturel si familier ne les porte pas à vivre ensemble dans l'état de liberté ; ils sont assez solitaires, et c'est peut-être là l'origine de leur nom.

Ils nichent ordinairement sous les tuiles, dans les chéneaux, dans les trous de muraille ou dans les pots qu'on leur offre, et souvent aussi dans les puits et sur les tablettes des fenêtres dont les vitrages sont défendus par des persiennes à claire-voie : néanmoins il y en a quelques-uns qui font leur nid sur les arbres. Il se trouve des moineaux plus paresseux, mais en même temps plus hardis que les autres, qui ne se donnent pas la peine de construire un nid, et qui chassent du leur les hirondelles ; quelquefois ils battent les pigeons, les font sortir de leur boulin et s'y établissent à leur place.

LE SERIN DES CANARIES.

Si le rossignol est le chantre des bois, le serin est le musicien de la chambre ; le premier tient tout de la nature, le second participe à nos arts. Avec moins de force d'organe, moins d'étendue dans la voix, moins de variété dans les sons, le serin a plus d'oreille, plus de facilité d'imitation, plus de mémoire ; et comme il a l'ouïe plus attentive, plus susceptible de recevoir et de conserver les impressions étrangères, il devient aussi plus social, plus doux, plus familier ; il est capable de connaissance et même d'attachement ; ses caresses sont aimables, ses petits dépits innocents, et sa colère ne blesse ni n'offense. Ses habitudes naturelles le rapprochent encore de nous, il se nourrit de graines comme nos autres oiseaux domestiques ; on l'instruit avec succès ; il apprend à parler et à siffler. Il y a vingt-neuf espèces de serins des Canaries.

Les serins sont bien différents les uns des autres par leurs inclinations ; il y a des mâles d'un tempérament toujours triste, rêveurs, pour ainsi dire, et presque toujours bouffis, chantant rarement, et ne chantant que d'un ton lugubre, qui sont des temps infinis à apprendre, et ne savent jamais que très-imparfaitement ce qu'on leur a montré, et le peu qu'ils savent ils l'oublient aisément. Ces mêmes serins sont toujours d'un naturel si malpropre qu'ils ont toujours les pattes et la queue sales. Il y a d'autres serins qui sont si mauvais qu'ils tuent la femelle qu'on leur donne, et qu'il n'y a d'autre moyen de les dompter qu'en leur en donnant deux ; elles se réuniront pour leur défense commune. Il y en a d'autres d'une inclination si barbare qu'ils cassent et mangent les œufs lorsque la femelle les a pondus, ou si ce père dénaturé les laisse couver, à peine les petits sont-ils éclos qu'il les saisit avec le bec, les traîne dans la cabane et les tue. D'autres, qui sont sauvages, farouches, indépendants, qui ne veulent être ni touchés, ni caressés. Il y en a d'autres enfin qui sont très-paresseux : par exemple, les gris ne font presque jamais de nid. Tous ces caractères sont, comme l'on voit, très-distincts entre eux et très-différents de celui de nos serins favoris, toujours gais, toujours chantants, si familiers, si aimables, si bons maris, si bons pères, et en tout d'un caractère si doux, d'un naturel si heureux, qu'ils sont susceptibles de toutes les bonnes impressions et doués des meilleures inclinations. Ils récréent sans cesse leur femelle par leur chant ; ils la soulagent dans la pénible assiduité de couver ; ils l'invitent à changer de situation, à leur céder la place, et couvent eux-mêmes tous les jours pendant quelques heures; ils nourrissent aussi leurs petits, et enfin ils apprennent tout ce qu'on peut leur montrer. C'est par ceux-ci seuls qu'on doit juger l'espèce.

Dans ces oiseaux captifs la production n'est pas aussi constante, mais paraît néanmoins plus nombreuse qu'elle ne l. serait probablement dans leur état de liberté ; car il y a quelques femelles qui font quatre et même cinq pontes par an, chacune de quatre, cinq, six et quelquefois sept œufs : communément elles font trois pontes. Dans leur pays natal, les serins se tiennent sur les bords des petits ruisseaux ou des ravines humides ; il ne faut donc jamais les laisser manquer d'eau tant pour boire que pour se baigner. Comme ils sont originaires d'un climat très-doux, il faut les mettre à l'abri de la rigueur de l'hiver.

Il est rare que les serins élevés en chambre tombent malades avant la ponte ; si la femelle devient malade pendant la couvée, il faut lui ôter ses œufs et les donner à une autre, car, quand même elle se rétablirait promptement, elle ne les couverait plus. Le premier symptôme de la maladie, surtout dans le mâle, est la tristesse ; dès qu'on ne lui voit pas sa gaieté ordinaire, il faut le mettre seul dans une cage et le placer au soleil dans la chambre où réside sa femelle. S'il devient bouffi, on regardera s'il n'a pas un bouton au dessus de la queue ; lorsque ce bouton est mûr et blanc, l'oiseau le perce souvent lui-même avec le bec, mais si la suppuration tarde trop, on pourra ouvrir le bouton avec une grosse aiguille, et ensuite étuver la plaie avec de la salive sans y mêler de sel, ce qui la rendrait trop cuisante sur la plaie. Si la tristesse et le dégoût continuent après ces petits remèdes, on ne peut guère espérer sauver l'oiseau.

La cause la plus ordinaire des maladies est la trop abondante ou la trop bonne nourriture : lorsqu'on fait nicher ces oiseaux en cage ou en cabane, souvent ils mangent trop ou prennent de préférence les aliments succulents destinés aux petits, et la plupart tombent malades de réplétion ou d'inflammation. En les tenant en chambre, on prévient en grande partie cet inconvénient, parce qu'étant en nombre ils s'empêchent réciproquement de s'excéder. Un mâle qui mange longtemps est sûr d'être battu par les autres mâles ; il en est de même des femelles ; ces débats leur donnent du mouvement, des distractions et de la tempérance par nécessité.

LA LINOTTE.

Il est peu d'oiseaux aussi communs que la linotte, mais il en est peut-être encore moins qui réunissent autant de qualités : ramage agréable, couleurs distinguées, naturel docile et susceptible d'attachement, tout lui a été donné, tout ce qui peut attirer l'attention de l'homme et contribuer à ses plaisirs. La belle couleur rouge dont la nature a décoré la tête et la poitrine de la linotte, et qui, dans l'état de liberté, brille d'un éclat durable, s'efface par degrés et s'éteint bientôt dans nos cages et nos volières.

A l'égard de son chant, nous le dénaturons, nous substituons aux modulations libres et variées que lui inspire le printemps, les phrases contraintes d'un chant apprêté qu'elle ne répète qu'imparfaitement, et où l'on ne retrouve ni les agréments de l'art ni le charme de la nature.

La linotte fait souvent son nid dans les vignes : de là lui est venu le nom de *linotte des vignes.* Quelquefois elle le pose à terre, mais plus fréquemment elle l'attache entre deux perches ou au cep même ; elle le fait aussi sur les genévriers, les groseilliers, les noisetiers et dans les jeunes taillis. Les linottes ne font ordinairement que deux pontes, à moins qu'on ne leur enlève leurs œufs ; dans ce cas elles font jusqu'à quatre pontes.

Lorsque les couvées sont finies et la famille élevée, les linottes vont par troupes nombreuses. Elles continuent de vivre ainsi en société pendant tout l'hiver ; elles volent très-serrées, s'abattent et se lèvent toutes ensemble, se posent sur les mêmes arbres, et vers le commencement du printemps on les entend chanter toutes à la fois : leur asile pour la nuit, ce sont des chênes, des charmes, dont les feuilles, quoique sèches, ne sont point encore tombées. On les a vues sur des tilleuls, des peupliers, dont elles piquaient les boutons ; elles vivent encore de toutes sortes de petites graines, notamment de celle de chardon, etc. : aussi les trouve-t-on indifféremment dans les terres en friche et dans les champs cultivés. Elles marchent en sautillant ; mais leur vol est suivi et ne va point par élans répétés comme celui du moineau.

Le chant de la linotte s'annonce par une espèce de

prélude. On croit communément en France que le ramage de la linotte rouge est meilleur que celui de la linotte grise. Les femelles ne chantent ni n'apprennent à chanter.

Le nom seul de ces oiseaux indique assez la nourriture qui leur convient ; on les a nommés linottes parce qu'ils aiment la graine du lin ou celle de la linaire ; on y ajoute le panis, la navette, le chènevis, le millet, etc. Ils cassent les petites graines dans leur bec et rejettent les enveloppes ; il leur faut très-peu de chènevis, parce qu'il les engraisse trop, et que cette graisse excessive les fait mourir, ou tout au moins les empêche de chanter. Avec beaucoup de propreté, beaucoup de soins, on peut les faire vivre en captivité cinq ou six ans, suivant les uns, et beaucoup plus selon d'autres. Ils reconnaissent les personnes qui les soignent, ils s'y attachent, viennent se poser sur elles par préférence, et les regardent avec l'air de l'affection.

LE CHARDONNERET.

Beauté du plumage, douceur de la voix, finesse de l'instinct, adresse singulière, docilité à l'épreuve, ce charmant petit oiseau réunit tout, et il ne lui manque que d'être rare et de venir d'un pays éloigné pour être estimé ce qu'il vaut.

Les mâles ont un ramage très-agréable et très-connu ; ils commencent à le faire entendre vers les premiers jours du mois de mars, et ils continuent pendant la belle saison ; ils le conservent même l'hiver dans les poêles, où ils trouvent la température du printemps.

Ces oiseaux sont, avec les pinsons, ceux qui savent le mieux construire leur nid, en rendre le tissu plus solide, lui donner une forme plus arrondie et plus élégante. Ils

le posent sur les arbres, et par préférence sur les pruniers et les noyers ; quelquefois ils nichent dans les taillis, d'autres fois dans des buissons épineux. La femelle commence à pondre vers le milieu du printemps ; cette première ponte est de cinq œufs. Lorsqu'ils ne viennent pas à bien, elle fait une seconde ponte, et même une troisième lorsque la seconde ne réussit pas ; mais le nombre des œufs va toujours en diminuant à chaque ponte.

Ces oiseaux ont beaucoup d'attachement pour leurs petits ; il les nourrissent avec des chenilles et d'autres insectes, et si on les prend tous à la fois et qu'on les renferme dans la même cage, ils continueront d'en avoir soin.

La docilité du chardonneret est connue : on lui apprend, sans beaucoup de peine, à exécuter divers mouvements avec précision, à faire le mort, à mettre le feu à un pétard, à tirer de petits seaux qui contiennent son boire et son manger. On a vu des chardonnerets vivre seize à dix-huit ans.

LE TARIN.

E tous les granivores, le chardonneret est celui qui passe pour avoir le plus de rapport au tarin. Celui-ci est plus petit que le chardonneret ; il a le bec un peu plus court à proportion, et son plumage est tout différent : il n'a point de rouge sur la tête, mais du noir.

Le tarin a un chant qui lui est particulier, et qui ne vaut pas celui du chardonneret ; il recherche beaucoup la graine de l'aune, à laquelle le chardonneret ne touche point, et il ne lui dispute guère celle du chardon ; il grimpe le long des branches et se suspend à leur extrémité comme la mésange ; il est oiseau de passage, et dans ses migrations il a le vol fort élevé ; on l'entend encore plutôt qu'on ne l'aperçoit.

Il n'a pas moins de docilité que le chardonneret ; et, quoique moins agissant, il est plus vif à certains égards, et vif par gaieté : toujours éveillé le premier dans la volière, il est le premier à gazouiller et à mettre les autres en train. On l'apprivoise plus facilement qu'aucun autre oiseau pris dans l'âge adulte ; il ne faut pour cela que lui présenter habituellement dans la main une nourriture mieux choisie que celle qu'il a à sa disposition, et bientôt il sera aussi apprivoisé que le serin le plus familier. Quoiqu'il semble choisir avec soin sa nourriture, il ne laisse pas de manger beaucoup ; il boit autant qu'il mange, ou du moins il boit très-souvent, mais il se baigne peu : on a observé qu'il entre rarement dans l'eau, mais qu'il se met sur le bord de la baignoire, et qu'il y plonge seulement le bec et la poitrine sans faire beaucoup de mouvements, excepté peut-être dans les grandes chaleurs.

Le ramage du tarin n'est point désagréable, quoique fort inférieur à celui du chardonneret, qu'il s'approprie, dit-on, assez facilement.

L'ÉTOURNEAU.

Il est peu d'oiseaux aussi généralement connus que celui-ci, surtout dans nos climats tempérés ; car, outre qu'il passe toute l'année dans le canton qui l'a vu naître sans jamais voyager au loin, la facilité qu'on trouve à l'apprivoiser et à lui donner une sorte d'éducation fait qu'on en nourrit beaucoup en cage.

En liberté, c'est surtout le soir que les étourneaux se réunissent en grand nombre, comme pour se mettre en force et se garantir des dangers de la nuit : ils la passent ordinairement tout entière, ainsi rassemblés, dans les roseaux où ils se jettent vers la fin du jour avec grand fracas. Ils jasent beaucoup le soir et le matin avant de se séparer, mais beaucoup moins le reste de la journée, et point du tout pendant la nuit.

Les étourneaux sont tellement nés pour la société qu'ils ne vont pas seulement de compagnie avec ceux de leur espèce, mais avec des espèces différentes. Quelquefois au printemps et en automne, c'est-à-dire avant et après la saison des couvées, on les voit se mêler et vivre avec les corneilles et même avec les pigeons.

Ils ne prennent pas beaucoup de peine pour leur nid, car souvent ils s'emparent de celui du pivert, comme le pivert s'empare quelquefois du leur. Lorsqu'ils veulent le construire eux-mêmes, toute la façon consiste à amasser quelques feuilles sèches, quelques brins d'herbe et de mousse au fond d'un trou d'arbre ou de muraille : c'est sur ce matelas fait sans art que la femelle dépose cinq ou six œufs qu'elle couve l'espace de dix-huit à vingt jours. Quelquefois elle fait sa ponte dans les colombiers, au-dessus des entablements des maisons, et même dans les trous de rochers sur les côtes de la mer.

Les étourneaux vivent de limaces, de vermisseaux, de scarabées ; ils se nourrissent aussi de blé, de sarrasin, de mil, de chènevis, de graine de sureau, d'olives, de cerises, de raisins.

Ils suivent volontiers les bœufs et autre gros bétail, paissant dans les prairies, attirés, dit-on, par les insectes qui voltigent autour d'eux. On les accuse encore de se nourrir de la chair des cadavres exposés sur les fourches patibulaires ; mais ils n'y vont apparemment que parce qu'ils y trouvent des insectes. Ces oiseaux vivent sept ou huit ans, et même plus, dans l'état de domesticité.

Un étourneau peut apprendre à parler indifféremment français, allemand, latin, grec, etc.; et à prononcer de suite des phrases un peu longues : son gosier souple se prête à toutes les inflexions, à tous les accents. Il articule franchement la lettre R, et soutient très-bien son nom de sansonnet ou plutôt de *chansonnet*, par la douceur de son ramage acquis, beaucoup plus agréable que son ramage naturel.

Cet oiseau est fort répandu dans l'ancien continent : on le trouve en Suède, en Allemagne, en France, en Italie, dans l'île de Malte, au cap de Bonne-Espérance.

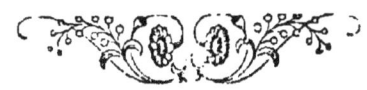

LE CORBEAU.

Cet oiseau a été fameux dans tous les temps ; mais sa réputation est encore plus mauvaise qu'elle n'est étendue. On l'a toujours regardé comme le dernier des oiseaux de proie et comme l'un des plus lâches et des plus dégoûtants. Les voiries infectes, les charognes pourries sont, dit-on, le fond de sa nourriture ; s'il s'assouvit d'une chair vivante, c'est de celle des animaux faibles ou utiles, comme agneaux, levrauts, etc. On prétend même qu'il attaque quelquefois les grands animaux avec avantage, et que, suppléant à la force qui lui manque par la ruse et l'agilité, il se cramponne sur le dos des buffles, les ronge tout vifs et en détail après leur avoir crevé les yeux ; et ce qui rendrait cette férocité plus odieuse, c'est qu'elle serait en lui l'effet, non de la nécessité, mais d'un appétit de préférence pour la chair et le sang, d'autant qu'il peut vivre de tous les fruits, de toutes les graines, de tous les insectes et même des poissons morts, et qu'aucun autre animal ne mérite mieux la dénomination d'omnivore.

Cette violence et cette universalité d'appétit, ou plutôt cette voracité, tantôt l'a fait proscrire comme un animal nuisible et destructeur, et tantôt lui a valu la protection des lois, comme à un animal utile et bienfaisant.

Si aux traits sous lesquels nous venons de représenter le corbeau on ajoute son plumage lugubre, son cri plus lugubre encore, quoique très-faible à proportion de sa grosseur, son port ignoble, son regard farouche, on ne sera pas surpris que, dans presque tous les temps, il ait été regardé comme un objet de dégoût et d'horreur. Partout on le met au nombre des oiseaux sinistres, qui n'ont le pressentiment de l'avenir que pour annoncer des malheurs.

Non-seulement le corbeau a un grand nombre d'inflexions de voix répondant à ses différentes affections intérieures, il a encore le talent d'imiter le cri des autres animaux, et même la parole de l'homme. Il devient familier dans la maison ; il s'apprivoise, quoique vieux, et paraît même capable d'un attachement personnel et durable.

Par une suite de cette souplesse de naturel, il apprend aussi, non pas à dépouiller sa voracité, mais à la régler et à l'employer au service de l'homme. Il semble qu'on lui ait appris quelquefois à défendre son maître et à l'aider contre ses ennemis avec une sorte d'intelligence.

Ajoutons à tout cela que le corbeau paraît avoir une grande sagacité d'odorat pour éventer de loin les cadavres.

Les corbeaux, les vrais corbeaux de montagne, ne sont point oiseaux de passage. Ils semblent particulièrement attachés au rocher qui les a vus naître ; ils y restent toute l'année en nombre à peu près égal, et ils ne l'abandonnent jamais entièrement ; s'ils descendent dans la plaine, c'est pour chercher leur subsistance ; mais ils y descendent plus rarement l'été que l'hiver, parce qu'ils évitent les grandes chaleurs, et c'est la seule influence que la différente température des saisons paraisse avoir sur leurs habitudes. Ils ne passent point la nuit dans les bois, ils savent se choisir dans leurs montagnes une retraite à l'abri du nord, sous des voûtes naturelles, formées par des avances ou des enfoncements de rochers ; c'est là qu'ils se retirent pendant la nuit au nombre de quinze ou vingt. Ils dorment perchés sur les arbrisseaux qui croissent entre les rochers ; ils font leurs nids dans les crevasses de ces mêmes rochers ou dans des trous de murailles, au haut des vieilles tours abandonnées, et quelquefois sur les hautes branches des grands arbres isolés.

La femelle se distingue du mâle en ce qu'elle est d'un noir moins décidé et qu'elle a le bec plus faible. Elle pond vers le mois de mars, jusqu'à cinq ou six œufs. Elle les couve pendant environ vingt jours, et pendant ce temps le mâle a soin de pourvoir à sa nourriture ; il y pourvoit même largement, car les gens de la campagne trouvent quelquefois dans les nids des corbeaux, ou aux environs, des amas assez considérables de grains, de noix et d'autres fruits. Cette habitude de faire ainsi des provisions et de cacher ce qu'ils peuvent attraper ne se borne pas aux comestibles, ni même aux choses qui peuvent leur être utiles ; elle s'étend encore à tout ce qui se trouve à leur bienséance, et il paraît qu'ils préfèrent les pièces de métal et tout ce qui brille aux yeux. On en a vu un à Erford qui eut la patience de porter une à une et de cacher sous une pierre dans un jardin une quantité de petites monnaies, jusqu'à concurrence de cinq ou six florins ; et il n'y a guère de pays qui n'ait son histoire de pareils vols domestiques.

Quand les petits viennent d'éclore, il s'en faut bien qu'ils soient de la couleur du père et de la mère ; ils sont plutôt blancs que noirs. Dans les premiers jours, la mère semble un peu négliger ses petits ; elle ne leur donne à manger que lorsqu'ils commencent à avoir des plumes, et l'on n'a pas manqué de dire qu'elle ne commençait que de ce moment à les reconnaître à leur plumage naissant, et à les traiter véritablement comme siens. La mère, après ces premiers temps, nourrit ses petits avec des aliments convenables.

Le mâle ne se contente pas de pourvoir à la subsistance de la famille, il veille aussi pour sa défense ; et s'il s'aperçoit qu'un milan ou tout autre oiseau de proie s'approche du nid, le péril de ce qu'il aime le rend courageux : il prend son essor, gagne le dessus, et, se rabattant sur l'ennemi, il le frappe violemment de son bec. Si l'oiseau de proie fait des efforts pour reprendre le dessus, le corbeau en fait autant pour conserver son avantage, et ils s'élèvent quelquefois si haut qu'on les perd absolument de vue jusqu'à ce que, excédés de fatigue, l'un ou l'autre, ou tous les deux, se laissent tomber du haut des airs.

Il paraît assez avéré que le corbeau vit quelquefois un siècle et davantage : on en a vu dans plusieurs villes de France qui avaient atteint cet âge, et dans tous les pays et tous les temps il a passé pour un oiseau très-vivace.

LES CHOUCAS.

Ces oiseaux ont avec les corneilles plus de traits de conformité que de traits de dissemblance.

Ils sont plus petits que les corneilles; leur cri est plus aigre, plus perçant, et il a visiblement influé sur la plupart des noms qu'on leur a donnés en différentes langues.

Comme les corneilles, ils vivent d'insectes, de grains, de fruits et même de chair, quoique très-rarement ; mais ils n'ont pas l'habitude de se tenir sur les côtes pour se rassasier de poissons morts et autres cadavres rejetés par la mer.

Ils volent en grandes troupes ; ils forment des espèces de peuplades composées d'une multitude de nids placés les uns près des autres et comme entassés, ou sur un grand arbre, ou dans un clocher, ou dans le comble d'un vieux château abandonné. Le mâle et la femelle restent longtemps attachés l'un à l'autre. La femelle pond cinq ou six œufs, et lorsque ses petits sont éclos, elle les soigne, les nourrit, les élève avec une affection que le mâle s'empresse de partager.

Les choucas sont oiseaux de passage; cependant les tours de Vincennes en sont peuplées en tout temps, ainsi que tous les vieux édifices qui leur offrent la même sûreté et les mêmes commodités; mais on en voit toujours moins l'été que l'hiver.

On les apprivoise facilement, on leur apprend à parler sans peine.

LA PIE.

La pie passe ordinairement la belle saison avec son mâle, et occupée de la ponte et de ses suites. L'hiver elle vole par troupes, et s'approche d'autant plus des lieux habités, qu'elle y trouve plus de ressources pour vivre, et que la rigueur de la saison lui rend ces ressources plus nécessaires. Elle s'accoutume aisément à la vue de l'homme; elle devient bientôt familière dans la maison.

Elle jase à peu près comme la corneille, et apprend aussi à contrefaire la voix des autres animaux et la parole de l'homme. On en cite une qui imitait parfaitement les cris du veau, du chevreau, de la brebis, et même le flageolet du berger; une autre qui répétait en entier une fanfare de trompettes. Margot est le nom qu'on a coutume de lui donner, parce que c'est celui qu'elle prononce le plus volontiers ou le plus facilement.

On prend la pie dans les piéges et de la même manière que la corneille, et l'on a reconnu en elle les mêmes mauvaises habitudes, celles de voler et de faire des provisions. On croit aussi qu'elle annonce la pluie lorsqu'elle jase plus qu'à l'ordinaire.

Elle montre plus d'inquiétude et d'activité que les corneilles, plus de malice et de penchant à une sorte de moquerie. Elle met aussi plus de combinaisons et plus

d'art dans la construction de son nid, soit qu'elle se montre très-tendre pour ses petits, soit qu'elle sache que plusieurs oiseaux de rapine sont fort avides de ses œufs et de ses petits.

Elle pond sept à huit œufs à chaque couvée, et ne fait qu'une seule couvée par an, à moins qu'on ne détruise ou qu'on ne dérange son nid, auquel cas elle en entreprend tout de suite un autre, et le couple y travaille avec tant d'ardeur, qu'il est achevé en moins d'un jour ; après quoi elle fait une seconde ponte de quatre ou cinq œufs ;

et si elle est encore troublée, elle fera un troisième nid semblable aux deux premiers, et une troisième ponte, mais toujours moins abondante.

Les piats, ou les petits de la pie, sont aveugles et à peine ébauchés en naissant : ce n'est qu'avec le temps, et par degrés, que le développement s'achève et que leur forme se décide. La mère, non-seulement les élève avec sollicitude, mais leur continue ses soins longtemps après qu'ils sont élevés.

Quant à la durée de la vie de la pie, on en a nourri une qui a vécu plus de vingt ans, mais qui, à cet âge, était tout à fait aveugle de vieillesse.

Cet oiseau est très-commun en France, en Angleterre, en Allemagne, en Suède et dans toute l'Europe, excepté en Laponie et dans les pays de montagnes, où elle est rare ; d'où l'on peut conclure qu'elle craint le grand froid.

LE GEAI.

Les geais sont fort pétulants de leur nature; ils ont les sensations vives, les mouvements brusques, et dans leurs fréquents accès de colère ils s'emportent et oublient le soin de leur propre conservation au point de se prendre quelquefois la tête entre deux branches, et ils meurent ainsi suspendus en l'air. Leur agitation perpétuelle prend encore un nouveau degré de violence lorsqu'ils se sentent gênés, et c'est la raison pourquoi ils deviennent tout à fait méconnaissables en cage, ne pouvant y conserver la beauté de leurs plumes, qui sont bientôt cassées, usées, déchirées, flétries par un frottement continuel.

Leur cri ordinaire est très-désagréable, et ils le font entendre souvent ; ils ont aussi de la disposition à con-

trefaire celui de plusieurs oiseaux qui ne chantent pas mieux, tels que la cresserelle, le chat-huant, etc. S'ils aperçoivent dans le bois un renard ou quelque autre animal de rapine, ils jettent un certain cri très-perçant, comme pour s'appeler les uns les autres, et on les voit en peu de temps rassemblés en force et se croyant en état d'imposer par le nombre ou du moins par le bruit. Ils ont comme la pie, les choucas, les corneilles et les corbeaux, l'habitude d'enfouir leurs provisions superflues et celle de dérober tout ce qu'ils peuvent emporter ; mais ils ne se souviennent pas toujours de l'endroit où ils ont enterré leur trésor, ou bien, selon l'instinct commun à tous les avares, ils sentent plus la crainte de le diminuer que le désir d'en faire usage.

Les geais nichent dans les bois et loin des lieux habités, préférant les chênes les plus touffus et ceux dont le tronc est entouré de lierre ; mais ils ne construisent pas leurs nids avec autant de précaution que la pie. Ils pondent quatre ou cinq œufs ; d'autres disent cinq ou six.

Les petits subissent leur première mue dès le mois de juillet ; ils suivent leur père et leur mère jusqu'au printemps de l'année suivante, temps où ils les quittent pour se réunir deux à deux et former de nouvelles familles.

Dans l'état de domesticité, auquel ils se façonnent aisément, ils s'accoutument à toutes sortes de nourriture et vivent ainsi huit à dix ans : dans l'état sauvage, ils se nourrissent non-seulement de glands et de noisettes, mais de châtaignes, de pois, de fèves, de sorbes, de groseilles, de cerises, de framboises, etc. Ils dévorent aussi les petits des autres oiseaux, quand ils peuvent les surprendre dans le nid.

On trouve le geai en Suède, en Écosse, en Angleterre, en Allemagne, en Italie, et il n'est étranger à aucune contrée de l'Europe, ni même à aucune des contrées correspondantes de l'Asie.

L'OISEAU DE PARADIS.

Le nom d'*oiseau de Paradis* fait naître encore dans la plupart des têtes l'idée d'un oiseau qui n'a point de pieds, qui vole toujours, même en dormant, ou se suspend tout au plus pour quelques instants aux branches des arbres, par le moyen des longs filets de sa queue ; qui ne vit que de vapeurs et de rosée ; en un mot, qui n'a d'autre existence que le mouvement, d'autre élément que l'air, qui s'y soutient toujours tant qu'il respire, comme les poissons se soutiennent dans l'eau, et qui ne touche la terre qu'après sa mort.

Ce tissu d'erreurs grossières n'est qu'une chaîne de conséquences assez bien tirées de la première erreur, qui suppose que l'oiseau de Paradis n'a point de pieds, quoiqu'il en ait d'assez gros.

Si quelque chose pouvait donner une apparence de probabilité à la fable du vol perpétuel de l'oiseau de Paradis, c'est la grande légèreté, produite par la quantité et l'étendue considérable de ses plumes. On a remarqué que les oiseaux de Paradis cherchent à se mettre à l'abri des grands vents, et choisissent pour leur séjour ordinaire les contrées qui y sont le moins exposées.

Ce bel oiseau n'est pas fort répandu : on ne le trouve guère que dans une partie de l'Asie et dans la Nouvelle-Guinée.

L'attachement exclusif de l'oiseau de Paradis pour les contrées où croissent les épiceries donne lieu de croire qu'il rencontre sur ces arbres aromatiques la nourriture qui lui convient le mieux ; du moins est-il certain qu'il ne vit pas uniquement de la rosée.

L'OISEAU-MOUCHE.

De tous les êtres animés, voici le plus élégant pour la forme et le plus brillant pour les couleurs. Le bijou, le chef-d'œuvre de la nature est le petit oiseau-mouche ; elle l'a comblé de tous les dons qu'elle n'a fait que partager aux autres oiseaux : légèreté, rapidité, prestesse, grâce et riche parure, tout appartient à ce petit favori. L'émeraude, le rubis, la topaze, brillent sur ses habits ; il ne les souille jamais de la poussière de la terre, et, dans sa vie tout aérienne, on le voit à peine toucher le gazon par instants ; il est toujours en l'air, volant de fleurs en fleurs ; il a leur fraîcheur comme il a leur éclat ; il vit de leur nectar, et n'habite que les climats où sans cesse elles se renouvellent.

C'est dans les contrées les plus chaudes du Nouveau-Monde que se trouvent toutes les espèces d'oiseaux-mouches.

Leur bec est une aiguille fine, et leur langue un fil délié ; leurs petits yeux noirs ne paraissent que deux points brillants ; les plumes de leurs ailes sont si délicates qu'elles en semblent transparentes ; à peine aperçoit-on leurs pieds, tant ils sont courts et menus ; ils en font peu d'usage, ils ne se posent que pour passer la nuit, et se laissent, pendant le jour, emporter dans les airs ; leur vol est continu, bourdonnant et rapide. Leur battement est si vif que l'oiseau, s'arrêtant dans les airs, paraît non-seulement immobile, mais tout à fait sans action ; on le voit s'arrêter ainsi quelques instants devant une fleur et partir comme un trait pour aller à une autre ; il les visite toutes, plongeant sa petite langue dans leur sein, les flattant de ses ailes, sans jamais s'y fixer, mais aussi sans les quitter jamais, sans jamais les flétrir ; il ne fait que pomper leur miel, et c'est à cet usage que sa langue paraît uniquement destinée.

Rien n'égale la vivacité de ces petits oiseaux, si ce n'est leur courage ou plutôt leur audace. On les voit poursuivre avec furie des oiseaux vingt fois plus gros qu'eux, s'attacher à leur corps, et, se laissant emporter par leur vol, les becqueter à coups redoublés jusqu'à ce qu'ils aient assouvi leur petite colère. Quelquefois même ils se livrent entre eux de très-vifs combats ; l'impatience paraît être leur âme. Ils n'ont point d'autre voix qu'un petit cri, *screp, screp,* fréquent et répété ; ils le font entendre dans les bois dès l'aurore, jusqu'à ce qu'aux premiers rayons du soleil tous prennent l'essor et se dispersent dans les campagnes.

Ils sont solitaires, et il serait difficile qu'étant sans cesse emportés dans les airs, ils pussent se reconnaître et se joindre. On voit les oiseaux-mouches deux à deux dans le temps des nichées ; le nid qu'ils construisent répond à la délicatesse de leur corps ; il est fait d'un coton fin ou d'une bourre soyeuse recueillie sur des fleurs ; la femelle se charge de l'ouvrage et laisse au mâle le soin d'apporter les matériaux. On la voit empressée à ce travail chéri, à ce doux berceau de sa progéniture. Ce nid n'est pas plus gros que la moitié d'un abricot et fait de même en demi-coupe ; on y trouve deux œufs tout blancs et pas plus gros que des petits pois. Le mâle et la femelle les couvent tour à tour pendant douze jours; les petits éclosent au treizième jour, et ne sont alors pas plus gros que des mouches.

Avec le lustre et le velouté des fleurs, on a voulu encore en trouver le parfum à ces jolis oiseaux. Plusieurs auteurs ont écrit qu'ils sentaient le musc ; c'est une erreur. Ce n'est pas la seule petite merveille que l'imagination ait voulu ajouter à leur histoire : on a dit qu'ils étaient moitié oiseaux et moitié mouches. On a dit qu'ils mouraient avec les fleurs pour renaître avec elles ; qu'ils passaient dans un sommeil et un engourdissement total toute la mauvaise saison, suspendus par le bec à l'écorce d'un arbre ; mais ces fictions ont été rejetées par les naturalistes sensés.

LE COLIBRI.

A nature, en prodiguant tant de beautés à l'oiseau-mouche, n'a pas oublié le colibri; elle l'a produit dans le même climat et formé sur le même modèle : aussi brillant, aussi léger que l'oiseau-mouche, et vivant comme lui sur les fleurs, le colibri est paré de même de tout ce que les plus riches couleurs ont d'éclatant, de moelleux, de suave, et ce que l'on a dit de la beauté de l'oiseau-mouche, de sa vivacité, de son vol bourdonnant et rapide, de sa constance à visiter les fleurs, de sa manière de nicher et de vivre, doit s'appliquer également au colibri. Un même instinct anime ces deux charmants oiseaux, et comme ils se ressemblent presque en tout, souvent on les a confondus sous un même nom; celui de *colibri* est pris de la langue des Caraïbes.

Tous les naturalistes attribuent avec raison aux colibris et aux oiseaux-mouches la même manière de vivre.

Il n'est pas plus facile d'élever les petits du colibri que ceux de l'oiseau-mouche : aussi délicats, ils périssent de même en captivité; on a vu le père et la mère, par audace de tendresse, venir jusque dans les mains du ravisseur porter de la nourriture à leurs petits.

Un auteur, qui ne sépare pas les colibris des oiseaux-mouches, ne donne à tous qu'un même petit cri, et nul des voyageurs n'attribue de chant à ces oiseaux.

Il ne paraît pas que les colibris s'avancent aussi loin dans l'Amérique septentrionale que les oiseaux-mouches. C'est donc à vingt ou vingt et un degrés de température qu'ils se plaisent; c'est là que, dans une suite non interrompue de jouissances et de délices, ils volent de la fleur épanouie à la fleur naissante, et que l'année, composée d'un cercle entier de beaux jours, ne fait pour eux qu'une seule saison constante de plaisirs les plus variés.

LE MARTIN-PÊCHEUR OU L'ALCYON.

Le nom de *martin-pêcheur* vient de *martinet pêcheur*, qui était l'ancienne dénomination française de cet oiseau, dont le vol ressemble à celui de l'hirondelle-martinet, lorsqu'elle file près de terre ou sur les eaux. Son nom ancien, *alcyon*, était bien plus noble, et on aurait dû le lui conserver.

C'est le plus bel oiseau de nos climats, et il n'y en a aucun en Europe qu'on puisse comparer au martin-pêcheur pour la netteté, la richesse et l'éclat des couleurs: elles ont les nuances de l'arc-en-ciel, le brillant de l'émail, le lustre de la soie; tout le milieu du dos, avec le dessus de la queue, est d'un bleu clair et brillant, qui, aux rayons du soleil, a le jeu du saphir et l'œil de la turquoise ; le vert se mêle au bleu sur les ailes, et la plupart des plumes y sont terminées et ponctuées par une teinte d'aigue-marine ; la tête et le dessus du cou sont pointillés de même de taches plus claires sur un fond d'azur.

Il semble que le martin-pêcheur se soit échappé de ces climats où le soleil verse, avec les flots d'une lumière plus pure, tous les trésors des plus riches couleurs.

Cet oiseau, quoique originaire de climats plus chauds, s'est habitué à la température et même au froid du nôtre : on le voit, en hiver, le long des ruisseaux plonger sous la glace, et en sortir en rapportant sa proie.

Son vol est rapide et filé ; il suit ordinairement les contours des ruisseaux en rasant la surface de l'eau; il crie, en volant, *ki, ki, ki, ki,* d'une voix perçante et qui fait retentir les rivages. Il est très-sauvage et part de loin ; il se tient sur une branche avancée au dessus de l'eau pour pêcher ; il y reste immobile, et épie souvent deux heures entières le moment du passage d'un petit poisson. Il fond sur cette proie en se laissant tomber dans l'eau, où il reste plusieurs secondes ; il en sort avec le poisson au bec, qu'il porte ensuite sur la terre, contre laquelle il le bat pour le tuer avant de l'avaler.

Il niche au bord des rivières et des ruisseaux, dans des trous creusés par les rats d'eau ou par les écrevisses. Dès le mois de mars il commence à fréquenter son trou.

L'espèce de notre martin-pêcheur n'est pas nombreuse, quoique ces oiseaux produisent six, sept et jusqu'à neuf petits ; mais le genre de vie auquel ils sont assujettis les fait souvent périr, et ce n'est pas toujours impunément qu'ils bravent la rigueur de nos hivers : on en trouve de morts sur la glace. Le martin-pêcheur ne peut s'apprivoiser, et il reste toujours sauvage.

LES MÉSANGES.

Tous les oiseaux de cette famille sont faibles en apparence, parce qu'ils sont très-petits ; mais ils sont en même temps vifs, agissants et courageux. On les voit sans cesse en mouvement ; sans cesse ils voltigent d'arbre en arbre, ils sautent de branche en branche, ils grimpent sur l'écorce, ils gravissent contre les murailles ; ils s'accrochent, se suspendent de toutes les manières, souvent même la tête en bas, afin de pouvoir fouiller dans toutes les petites fentes et y chercher les vers, les insectes ou leurs

œufs. Ils vivent aussi de graines. Si on leur suspend une noix au bout d'un fil, ils s'accrocheront à cette noix et en suivront les oscillations ou balancements sans lâcher prise, sans cesser de la becqueter.

La plupart des mésanges d'Europe se trouvent dans nos climats en toute saison, mais jamais en aussi grand nombre que sur la fin de l'automne, temps où celles qui se tiennent l'été dans les bois ou sur les montagnes, en sont chassées par le froid, les neiges, et sont forcées de venir chercher leur subsistance dans les plaines cultivées, et à portée des lieux habités.

En général, toutes les mésanges, quoique un peu féroces, aiment la société de leurs semblables, et vont par troupes plus ou moins nombreuses : lorsqu'elles ont été séparées par quelque accident, elles se rappellent mutuellement et sont bientôt réunies ; cependant elles semblent craindre de s'approcher de trop près.

Elles sont plus fécondes qu'aucun autre genre d'oiseaux, et plus qu'en raison de leur petite taille. Elles ont beaucoup d'activité, de force et de courage. Aucun oiseau n'attaque la chouette plus hardiment ; elles s'élancent toujours les premières et cherchent à lui crever les yeux. Lorsqu'elles se sentent prises elles mordent vivement les doigts de l'oiseleur, les frappent à coups de bec redoublés, et rappellent à grands cris les oiseaux de leur espèce.

Elles pondent jusqu'à dix-huit ou vingt œufs ; il semble qu'elles aient compté leurs œufs avant de les pondre ; il semble aussi qu'elles aient une tendresse anticipée pour les petits qui en doivent éclore. Cela paraît aux précautions affectionnées qu'elles prennent dans la construction du nid, et à l'attention prévoyante qu'ont certaines espèces de le suspendre au bout d'une branche ; elles viennent à bout de procurer la subsistance à leur nombreuse famille ; souvent on les voit revenir au nid ayant des chenilles dans le bec. Si d'autres oiseaux attaquent leur progéniture, elles la défendent avec intrépidité, fondent sur l'ennemi, et, à force de courage, font respecter la faiblesse.

Ces oiseaux sont répandus tans tout l'ancien continent, depuis le Danemark et la Suède jusqu'au cap de Bonne-Espérance.

LE ROSSIGNOL.

Ce nom rappelle une de ces belles nuits de printemps, où, le ciel étant serein, l'air calme, toute la nature en silence, et, pour ainsi dire, attentive, on a écouté avec ravissement le ramage de ce chantre des forêts. Il n'est pas un seul oiseau chanteur que le rossignol n'efface par la réunion complète de tous les talents divers, et par la prodigieuse variété de son ramage ; en sorte que la chanson de chacun de ces oiseaux, prise dans toute son étendue, n'est qu'un couplet de celle du rossignol. Le rossignol charme toujours et ne se répète jamais ; il réussit dans tous les genres ; il rend toutes les expressions, il saisit tous les caractères, et de plus il sait en augmenter l'effet par les contrastes.

Une des raisons pour lesquelles le chant du rossignol est plus remarqué et produit plus d'effet, c'est parce que chantant la nuit, qui est le temps le plus favorable, et chantant seul, sa voix a tout son éclat, et n'est offusquée par aucune autre voix.

Il est étonnant qu'un si petit oiseau, qui ne pèse pas une demi-once, ait tant de force dans les organes de la voix. Le chant du mâle et celui de la femelle, qui chante rarement, ne se ressemblent point.

On prétend que le chant du rossignol dure dans toute sa force quinze jours et quinze nuits, sans interruption, dans le temps où les arbres se couvrent de verdure, ce qui doit ne s'entendre que des rossignols sauvages; passé ce temps ils ne chantent plus avec autant d'ardeur ni aussi constamment; ils commencent d'ordinaire au mois d'avril, et ne finissent tout à fait qu'au mois de juin; mais la véritable époque où leur chant diminue beaucoup, c'est celle où leurs petits viennent à éclore, parce qu'ils s'occupent alors du soin de les nourrir. Les rossignols captifs continuent de chanter pendant neuf ou dix mois, et leur chant est non-seulement plus long-temps soutenu, mais encore plus parfait et mieux formé. Il s'en faut bien cependant qu'ils soient insensibles à la perte de leur liberté, surtout dans les commencements; ils se laisseraient mourir de faim les sept ou huit premiers jours, si on ne leur donnait la becquée; et ils se casseraient la tête contre le plafond de leur cage, si on ne leur attachait les ailes; mais, à la longue, la passion de chanter l'emporte.

Tous les rossignols ne chantent pas également bien : il y en a dont le ramage est si médiocre, que les amateurs ne veulent point les garder.

Passé le mois de juin, le rossignol ne chante plus.

Si l'on veut faire chanter le rossignol captif, il faut le bien traiter dans sa prison, il faut en peindre les murs de la couleur de ses bosquets, l'environner, l'ombrager de feuillage, étendre de la mousse sous ses pieds, le garantir du froid, lui donner une nourriture abondante et qui lui plaise ; en un mot, il faut lui faire illusion sur sa captivité, et tâcher de la lui rendre aussi douce que la liberté, s'il était possible.

On ne se douterait pas qu'un chant aussi varié que celui du rossignol est renfermé dans les bornes étroites d'une seule octave.

Cet oiseau est capable à la longue de s'attacher à la personne qui a soin de lui ; lorsqu'une fois la connaissance est faite, il distingue son pas avant de la voir, il la salue d'avance par un cri de joie ; lorsqu'il perd sa bienfaitrice, il meurt quelquefois de regret : s'il survit, il lui faut longtemps pour s'accoutumer à une autre ; il s'attache fortement parce qu'il s'attache difficilement, comme font tous les caractères timides et sauvages ; il est aussi très-solitaire. Les rossignols voyagent seuls, arrivent seuls au mois d'avril et de mai, s'en retournent seuls au mois de septembre.

Chaque couple commence à faire son nid vers la fin d'avril et au commencement de mai ; ils le posent ou sur les branches les plus basses des arbustes, ou sur une touffe d'herbe, et même à terre, au pied de ces arbustes ; c'est ce qui fait que leurs œufs ou leurs petits, et quelquefois la mère, sont la proie des chiens de chasse, des renards, des fouines, des belettes, des couleuvres, etc.

Dans notre climat, la femelle pond ordinairement cinq œufs qu'elle couve seule ; elle ne quitte son poste que pour chercher à manger, et elle ne le quitte que sur le soir, et lorsqu'elle est pressée par la faim : pendant son absence le mâle semble avoir l'œil sur le nid. Au bout de dix-huit ou vingt jours, les petits commencent à éclore; le nombre des mâles est communément plus que double de celui des femelles.

Au mois d'août, les vieux et les jeunes quittent les bois pour se rapprocher des buissons, des haies vives, des terres nouvellement labourées, où ils trouvent plus de vers et d'insectes : peut-être aussi ce mouvement général a-t-il quelque rapport à leur prochain départ. Il n'en reste point en France pendant l'hiver, non plus qu'en Angleterre, en Allemagne, en Italie, en Grèce; et comme on assure qu'il n'y en a point en Afrique, on peut juger qu'ils se retirent en Asie. Ils sont généralement répandus dans toute l'Europe, jusqu'en Suède et en Sibérie, où ils chantent très-agréablement; mais en Europe comme en Asie, il y a des contrées qui ne leur conviennent point, et où ils ne s'arrêtent jamais. Cet oiseau appartient à l'ancien continent.

LA FAUVETTE.

Des hôtes des bois les fauvettes sont les plus nombreuses comme les plus aimables : vives, agiles, légères et sans cesse remuées, tous leurs mouvements ont l'air du sentiment, et tous leurs accents le ton de la joie. Ces jolis oiseaux arrivent au moment où les arbres développent leurs feuilles et commencent à laisser épanouir leurs fleurs ; ils se dispersent dans toute l'étendue de nos campagnes ; les uns viennent habiter nos jardins, d'autres préfèrent les avenues et les bosquets, plusieurs espèces s'enfoncent dans les grands bois, et quelques-unes se cachent au milieu des roseaux. Ainsi les fauvettes remplissent tous les lieux de la terre et les animent par les mouvements et les accents de leur tendre gaieté.

La fauvette proprement dite est de la grandeur du rossignol ; c'est la plus grande de toutes.

Elle habite, avec d'autres espèces de fauvettes plus petites, dans les jardins, les bocages et les champs semés de légumes, comme fèves ou pois. Toutes se posent sur la ramée qui soutient ces légumes ; elles s'y jouent, y placent leur nid, sortent et rentrent sans cesse jusqu'à ce que le temps de la récolte, voisin de celui de leur départ, vienne les chasser de cet asile.

C'est un petit spectacle de les voir s'égayer, s'agacer et se poursuivre ; leurs attaques sont légères, et ces combats innocents se terminent toujours par quelques chansons. Le mâle de la fauvette prodigue à sa femelle mille petits soins pendant qu'elle couve ; il partage sa sollicitude pour les petits qui viennent d'éclore, et ne la quitte pas même après l'éducation de la famille.

Le nid est composé d'herbes sèches, de brins de chanvre et d'un peu de crin en dedans ; il contient ordinairement cinq œufs que la mère abandonne lorsqu'on les a touchés, tant cette approche d'un ennemi lui paraît d'un mauvais augure pour sa future famille. Il n'est pas possible non plus de lui faire adopter des œufs d'un autre oiseau : elle les reconnaît, sait s'en défaire et les rejeter. La fauvette est d'un caractère craintif ; elle fuit devant des oiseaux tout aussi faibles qu'elle, et fuit encore plus vite et avec plus de raison devant la pie-grièche, sa redoutable ennemie ; mais l'instant du péril passé tout est oublié, et, le moment d'après, la fauvette reprend sa gaieté, ses mouvements et son chant. C'est des rameaux les plus touffus qu'elle le fait entendre ; elle s'y tient ordinairement couverte, ne se montre que par instants au bord des buissons, et rentre vite à l'intérieur, surtout pendant la chaleur du jour. Le matin on la voit recueillir la rosée, et après ces courtes pluies qui tombent dans les jours d'été, courir sur les feuilles mouillées et se baigner dans les gouttes qu'elle secoue du feuillage.

Presque toutes les fauvettes partent en même temps, au milieu de l'automne, et à peine en voit-on encore quelques-unes en octobre.

LE BECFIGUE.

Ces oiseaux, dont le véritable climat est celui du Midi, semblent ne venir dans le nôtre que pour attendre la maturité des fruits succulents dont ils portent le nom ; ils arrivent au plus tard au printemps, et ils partent avant les premiers froids d'automne. On les trouve en Angleterre, en Allemagne, en Pologne, et jusqu'en Suède ; ils reviennent dans l'automne en Italie et en Grèce, et probablement vont passer l'hiver dans des contrées encore plus chaudes. Ils semblent changer de mœurs en changeant de climat, car ils arrivent en troupes aux contrées méridionales, et sont au contraire toujours dispersés pendant leur séjour dans nos climats tempérés ; ils y habitent les bois, se nourrissent d'insectes, et vivent dans la solitude. Leurs nids sont si bien cachés qu'on a beaucoup de peine à les découvrir ; le mâle se tient souvent au sommet de quelque grand arbre, d'où il fait entendre un petit gazouillement peu agréable.

LE ROUGE-GORGE.

Ce petit oiseau passe tout l'été dans nos bois, et ne vient à l'entour des habitations qu'à son départ en automne et à son retour au printemps ; mais dans ce dernier passage il ne fait que paraître, et se hâte d'entrer dans les forêts pour y retrouver sa solitude, sous le feuillage qui vient de naître. Il place son nid près de terre sur les racines des jeunes arbres, ou sur des herbes assez fortes pour le soutenir ; on trouve ordinairement dans ce nid cinq et jusqu'à sept œufs.

Le rouge-gorge cherche l'ombrage épais et les endroits humides ; il se nourrit dans le printemps de vermisseaux et d'insectes, qu'il chasse avec adresse et légèreté. Dans l'automne il mange aussi des fruits de ronces, et des raisins à son passage dans les vignes ; il va souvent aux fontaines, soit pour s'y baigner, soit pour boire.

Il n'est pas d'oiseau plus matinal que celui-ci. Le

rouge-gorge est le premier éveillé dans les bois, et se fait entendre dès l'aube du jour; il est aussi le dernier qu'on y entende et qu'on y voie voltiger le soir.

LE ROITELET.

ET oiseau est si petit qu'il passe à travers les mailles des filets ordinaires, qu'il s'échappe facilement de toutes les cages, et que, lorsqu'on le lâche dans une chambre que l'on croit bien fermée, il disparaît au bout d'un certain temps et se fond en quelque sorte sans qu'on en puisse retrouver la trace: il ne faut, pour le laisser passer, qu'une issue presque invisible. Lorsqu'il vient dans nos jardins, il se glisse subtilement dans les charmilles, et comment ne le perdrait-on pas bientôt de vue? la plus petite feuille suffit pour le cacher; comme il est très-vif, il est déjà loin qu'on croit le tenir encore; son cri aigu et perçant est celui de la sauterelle, qu'il ne surpasse pas de beaucoup en grosseur. La femelle pond six ou sept œufs, qui ne sont guère plus gros que des pois, dans un petit nid fait en boule creuse, qu'elle établit le plus souvent dans les forêts, et quelquefois dans les ifs et les charmilles de nos jardins, ou sur des pins à portée de nos maisons.

Les plus petits insectes sont la nourriture ordinaire de ces très-petits oiseaux : l'été ils les attrapent lestement en volant, l'hiver ils les cherchent dans leurs retraites, où ils sont engourdis, demi-morts, et quelquefois morts tout à fait.

Les roitelets se plaisent sur les chênes, les ormes, les pins élevés, les sapins, les genévriers, etc. On les voit en Silésie l'été comme l'hiver, et toujours dans les bois; en Angleterre, dans les bois qui couvrent les montagnes ; en Bavière, en Autriche, ils viennent l'hiver aux environs des villes, où ils trouvent des ressources contre la rigueur de la saison. Ils ont beaucoup d'activité et d'agilité : ils sont dans un mouvement presque continuel, voltigeant sans cesse de branche en branche, grimpant sur les arbres, se tenant indifféremment dans toutes les situations, et souvent les pieds en haut, furetant dans toutes les gerçures de l'écorce, en tirant le petit gibier qui leur convient ou le guettant à la sortie. Pendant les froids, ils se tiennent volontiers sur les arbres toujours verts, dont ils mangent la graine.

Les roitelets sont répandus non-seulement en Europe, depuis la Suède jusqu'en Italie, et probablement jusqu'en Espagne, mais encore en Asie, jusqu'au Bengale, et même en Amérique.

LES BERGERONNETTES OU BERGERETTES.

L'espèce d'affection que les bergeronnettes marquent pour les troupeaux, leur habitude à les suivre dans la prairie, leur manière de voltiger, de se promener au milieu du bétail paissant, de s'y mêler sans crainte jusqu'à se poser quelquefois sur le dos des vaches et des moutons, leur air de familiarité avec le berger qu'elles précèdent, qu'elles accompagnent sans défiance et sans danger, qu'elles avertissent même de l'approche du loup ou de l'oiseau de proie, leur ont fait donner un nom approprié, pour ainsi dire, à cette vie pastorale. Compagne

d'hommes innocents et paisibles, la bergeronnette semble avoir pour notre espèce ce penchant qui rapprocherait de nous la plupart des animaux, s'ils n'étaient repoussés par notre barbarie, et écartés par la crainte de devenir nos victimes. Dans la bergeronnette, l'affection est plus forte que la peur; il n'est point d'oiseau libre dans les champs qui se montre aussi privé.

Les mouches sont sa pâture pendant la belle saison;

mais quand les frimas ont abattu les insectes volants et renfermé les troupeaux dans l'étable, elle se retire sur les ruisseaux et y passe presque toute la mauvaise saison.

Elle fait son nid vers la fin d'avril, communément sur un osier près de terre, à l'abri de la pluie; elle pond et couve ordinairement deux fois par an.

La bergeronnette, si volontiers amie de l'homme, ne se plie point à devenir son esclave ; elle meurt dans la prison de la cage. Elle aime la société et craint l'étroite captivité; mais, laissée libre dans un appartement en hiver, elle y vit, donnant la chasse aux mouches et ramassant les mies de pain qu'on lui jette.

L'ALOUETTE.

orsque l'alouette est libre, elle commence à chanter dès les premiers jours du printemps, et elle continue pendant toute la belle saison; le matin et le soir sont le temps de la journée où elle se fait le plus entendre, et le milieu du jour celui où on l'entend le moins. Elle est du petit nombre des oiseaux qui chantent en volant: plus elle s'élève, plus elle force la voix, et souvent elle la force à un tel point que, quoiqu'elle se soutienne au haut des airs et à perte de vue, on l'entend encore distinctement, soit que ce chant ne soit qu'un simple accent de gaieté, soit que ces petits oiseaux ne chantent ainsi en volant que par une sorte d'émulation et pour se rappeler entre eux. L'alouette chante rarement à terre, où néanmoins elle se tient toujours lorsqu'elle ne vole point; car elle ne se perche jamais sur les arbres.

La femelle fait promptement son nid ; elle le place entre deux mottes de terre, elle le garnit intérieurement d'herbes, de petites racines sèches, et prend beaucoup plus de soin pour le cacher que pour le construire. Chaque femelle pond quatre ou cinq petits œufs ; elle ne les couve que pendant quinze jours au plus, et elle emploie encore moins de temps à conduire et à élever ses petits.

Les petits se tiennent un peu séparés les uns des autres, car la mère ne les rassemble pas toujours sous ses ailes, mais elle voltige souvent au-dessus de la couvée, la suivant de l'œil avec une sollicitude vraiment maternelle, dirigeant tous ses mouvements, pourvoyant à tous ses besoins, veillant à tous ses dangers.

On trouve l'alouette dans presque tous les pays habités des deux continents, et jusqu'au cap de Bonne-Espérance.

LES HIRONDELLES.

L'HIRONDELLE DE CHEMINÉE

OU L'HIRONDELLE DOMESTIQUE.

Elle est, en effet, domestique par instinct ; elle recherche la société de l'homme par choix ; elle la préfère à toute autre société ; elle niche dans nos cheminées et jusque dans l'intérieur de nos maisons, surtout de celles où il y a peu de mouvement et de bruit. Lorsque les maisons sont trop bien closes et que les cheminées sont fermées par le haut, elle change de logement sans changer d'inclination ; elle se réfugie sous les avant-toits et y construit son nid, mais jamais elle ne l'établit volontairement loin de l'homme, et toutes les fois qu'un voyageur égaré aperçoit dans l'air quelqu'un de ces oiseaux, il peut les regarder comme des oiseaux de bon augure et qui lui annoncent infailliblement quelque habitation prochaine.

L'hirondelle de cheminée est la première qui paraisse dans nos climats : c'est ordinairement peu après l'équinoxe du printemps ; elle arrive plus tôt dans les contrées méridionales, et plus tard dans les pays du Nord.

Les mêmes hirondelles reviennent aux mêmes endroits ; elles n'arrivent que pour faire leur ponte et se mettent tout de suite à l'ouvrage ; elles construisent chaque année un nouveau nid et l'établissent au-dessus de celui de l'année précédente, si le local le permet.

Tandis que la femelle couve, le mâle passe la nuit sur le bord du nid ; il dort peu, car on l'entend babiller dès l'aube du jour, et il voltige presque jusqu'à la nuit close ; lorsque les petits sont éclos, le père et la mère leur portent sans cesse à manger et ont grand soin d'entretenir la propreté dans le nid jusqu'à ce que leurs petits, devenus plus forts, sachent s'arranger de manière à leur épargner cette peine. Mais ce qui est plus intéressant, c'est de voir les vieux donner aux jeunes les premières leçons de voler en les animant de la voix, leur présentant d'un peu loin la nourriture, et s'éloignant encore à mesure qu'ils s'avancent pour la recevoir ; les poussant doucement, et non sans quelque inquiétude, hors du nid ; jouant devant eux et avec eux dans l'air, comme pour leur offrir un secours toujours présent, et accompagnant leur action d'un gazouillement si expressif qu'on croirait en entendre le sens. Si l'on joint à cela ce qu'on a dit d'un de ces oiseaux qui, étant allé à la provision et trouvant à son retour la maison où était son nid embrasée, se jeta au travers des flammes pour porter nourriture et secours à ses petits, on jugera avec quelle passion les hirondelles aiment leur progéniture.

On a prétendu que, lorsque leurs petits avaient les yeux crevés, même arrachés, elles les guérissaient et leur rendaient la vue avec une certaine herbe qui a été appelée *chélidoine*, c'est-à-dire herbe aux hirondelles ; mais des expériences nous ont appris qu'il n'est besoin d'aucune herbe pour cela, et que, lorsque les yeux d'un jeune oiseau sont, non pas arrachés tout à fait, mais seulement crevés ou même flétris, ils se rétablissent très-promptement et sans aucun remède.

Les hirondelles vivent d'insectes ailés qu'elles happent en volant ; mais comme ces insectes ont le vol plus ou moins élevé, selon qu'il fait plus ou moins chaud, il arrive que, lorsque le froid ou la pluie les rabat près de terre et les empêche même de faire usage de leurs ailes, nos oiseaux rasent la terre et cherchent ces insectes sur les tiges des plantes, sur l'herbe des prairies et jusque sur le pavé de nos rues ; ils rasent aussi les eaux et s'y plongent quelquefois à demi en poursuivant les insectes aquatiques, et dans les grandes disettes ils vont disputer aux araignées leur proie jusqu'au milieu de leur toile, et finissent par les dévorer elles-mêmes. Quoique les hirondelles de cheminée passent la plus grande partie de leur vie dans l'air, elles se posent assez souvent sur les toits, les cheminées, les barres de fer, et même à terre et sur les arbres. Dans notre climat, elles passent souvent les nuits, vers la fin de l'été, perchées sur des aunes, au bord des rivières; elles choisissent les branches les plus basses qui se trouvent au-dessous des berges et bien à l'abri du vent; on a remarqué que les branches qu'elles adoptent pour y passer ainsi la nuit meurent et se dessèchent.

C'est encore sur un arbre, mais un très-grand arbre qu'elles ont coutume de s'assembler pour le départ. Elles s'en vont de ce pays-ci vers le commencement d'octobre; elles partent ordinairement la nuit comme pour dérober leur marche aux oiseaux de proie, qui ne manquent guère de les harceler dans leur route. On en a vu quelquefois partir en plein jour. Elles dirigent leur route du côté du Midi, en s'aidant d'un vent favorable autant qu'il est possible; et lorsqu'elles n'éprouvent point de contre-temps, elles arrivent en Afrique dans la première huitaine d'octobre.

Quoique en général ces hirondelles soient des oiseaux de passage, on peut bien s'imaginer qu'il en reste quelques-unes pendant l'hiver, surtout dans les pays tempérés. Il y a encore l'hirondelle de fenêtre, l'hirondelle de rivage et l'hirondelle grise de rocher.

LE MARTINET NOIR.

Les martinets sont de tous les oiseaux de passage ceux qui, dans notre pays, arrivent les derniers et s'en vont les premiers ; d'ordinaire ils commencent à paraître sur la fin d'avril ou au commencement de mai, et ils nous quittent avant la fin de juillet.

Ces oiseaux, pendant leur court séjour dans notre pays, n'ont que le temps de faire une seule ponte ; elle est communément de cinq œufs. Lorsque les petits ont percé la coque, bien différents des petits des autres hirondelles, ils sont presque muets et ne demandent rien ; heureusement leur père et leur mère entendent le cri de la nature et leur donnent tout ce qu'il leur faut; ils ne leur portent à manger que deux ou trois fois par jour, mais à chaque fois ils reviennent au nid avec une ample provision.

Vers le milieu de juin, les petits commencent à voler et quittent bientôt le nid, après quoi le père et la mère ne paraissent plus s'occuper d'eux.

Les martinets craignent la chaleur, et c'est par cette raison qu'ils passent le milieu du jour dans leur nid, dans les fentes de murailles ou de rochers. Le caractère de cet oiseau est un mélange assez naturel de défiance et d'étourderie : sa défiance se marque par toutes les précautions qu'il prend pour cacher sa retraite, dans laquelle il entre furtivement, où il reste longtemps, d'où il sort à l'improviste, où il élève ses petits dans le silence ; mais lorsque, ayant pris son essor, il a le sentiment actuel de sa force ou plutôt de sa vitesse, la conscience de sa supériorité sur les autres habitants de l'air, c'est alors qu'il devient étourdi, téméraire ; il ne craint plus rien, parce qu'il se croit en état d'échapper à tous les dangers.

LES HIRONDELLES DE MER.

 Cette petite famille d'oiseaux pêcheurs qui ressemblent à nos hirondelles par leurs longues ailes et leur queue fourchue, et qui par leur vol constant à la surface des eaux, représentent assez bien sur la plaine liquide les allures des hirondelles de terre dans nos campagnes et autour de nos habitations ; les hirondelles de mer, en un mot, non moins agiles et aussi vagabondes, rasent les eaux d'une aile rapide et enlèvent en volant les petits poissons qui sont à la surface de l'eau, comme nos hirondelles y saisissent les insectes. Les pieds des hirondelles de mer sont garnis de petites membranes retirées entre les doigts, et ne leur servent pas pour nager. Les hiron-

20.

delles de mer jettent en volant de grands cris aigus et perçants. Elles arrivent par troupes sur nos côtes de l'Océan au commencement de mai; la plupart y demeurent et n'en quittent pas les bords; d'autres voyagent plus loin et vont chercher les lacs, les grands étangs, en suivant les rivières: partout elles vivent de petite pêche, et même quelques-unes gobent en l'air les insectes volants; le bruit des armes à feu ne les effraye pas : ce signal de danger, loin de les écarter, semble les attirer.

Cette famille des hirondelles de mer est composée de plusieurs espèces, dont la plupart ont franchi les océans et peuplé leurs rivages; on les trouve depuis les mers, les lacs et les rivières du Nord, jusque dans les vastes plages de l'Océan austral.

LES PICS.

De tous les oiseaux que la nature force à vivre de la grande ou de la petite chasse, il n'en est aucun dont elle ait rendu la vie plus laborieuse, plus dure que celle du pic. En effet, assujetti à une tâche pénible, il ne peut trouver sa nourriture qu'en perçant les écorces et la fibre dure des arbres qui la recèlent : occupé sans relâche à ce travail de nécessité, il ne connaît ni délassement ni repos; souvent même il dort et passe la nuit dans l'attitude contrainte de la besogne du jour ; il ne partage pas les doux ébats des autres habitants de l'air ; il n'entre point dans leurs concerts, et n'a que des cris sauvages, dont l'accent plaintif, en troublant le silence des bois, semble exprimer ses efforts et la peine. Ses mouvements sont brusques ; il a l'air inquiet, les traits et la physionomie rudes, le naturel sauvage et farouche ; il fuit toute la société, même celle de son semblable.

Il a reçu de la nature des organes et des instruments appropriés à cette destinée, ou plutôt il tient cette destinée des organes avec lesquels il est né. Quatre doigts épais, nerveux, tournés deux en avant, deux en arrière ; tous armés de gros ongles arqués, implantés sur un pied très-court et puissamment musclé, lui servent à grimper en tous sens autour du tronc des arbres ; son bec tranchant, droit, en forme de coin, et taillé verticalement à sa pointe comme un ciseau, est l'instrument avec lequel il perce l'écorce et entame profondément le bois des arbres. De forts muscles dans un cou raccourci, portent et dirigent les coups réitérés que le pic frappe incessamment pour percer le bois et s'ouvrir un accès jusqu'au cœur des arbres : il y darde une longue langue effilée, arrondie, semblable à un verre de terre, armée d'une pointe dure, osseuse, comme d'un aiguillon. Il niche dans les cavités qu'il a en partie creusées lui-même.

Le genre du pic est très-nombreux en espèces qui varient pour les couleurs et diffèrent par la grandeur : les plus grands pics sont de la taille de la corneille, et les plus petits de celle de la mésange. La nature a placé des pics dans toutes les contrées où elle a produit des arbres, et en plus grande quantité dans les climats plus chauds.

On en connaît douze espèces en Europe et vingt-sept dans les régions chaudes de l'Amérique, de l'Afrique et de l'Asie.

LE PIC VERT.

Le pic vert est le plus connu des pics, et le plus commun dans nos bois ; il arrive au printemps et fait retentir les forêts de cris aigus et durs, *tiacacan, tiacacan*, que l'on entend de loin, et qu'il jette surtout en volant par élans et par bonds. Quoiqu'il ne s'élève qu'à une petite hauteur, il franchit d'assez grands intervalles de terres découvertes pour passer d'une forêt à l'autre.

Le pic vert se tient à terre plus souvent que les autres pics, surtout près des fourmilières ; il attend les fourmis au passage, couchant sa longue langue dans le petit sentier qu'elles ont coutume de tracer et de suivre à la file ; et lorsqu'il sent sa langue couverte de ces insectes, il la retire pour les avaler.

Il grimpe aussi contre les arbres, qu'il attaque et qu'il frappe à coups de bec redoublés ; travaillant avec la plus grande activité, il dépouille souvent les arbres secs de toute leur écorce ; on entend de loin ses coups de bec et l'on peut les compter.

C'est au cœur d'un arbre vermoulu qu'il place son nid, à quinze ou vingt pieds au-dessus de terre, et le plus souvent dans les arbres de bois tendre. Le mâle et la femelle travaillent incessamment et tour à tour à percer la partie vive de l'arbre, jusqu'à ce qu'ils rencontrent le centre carié. Là ils nourrissent leurs petits. La ponte est

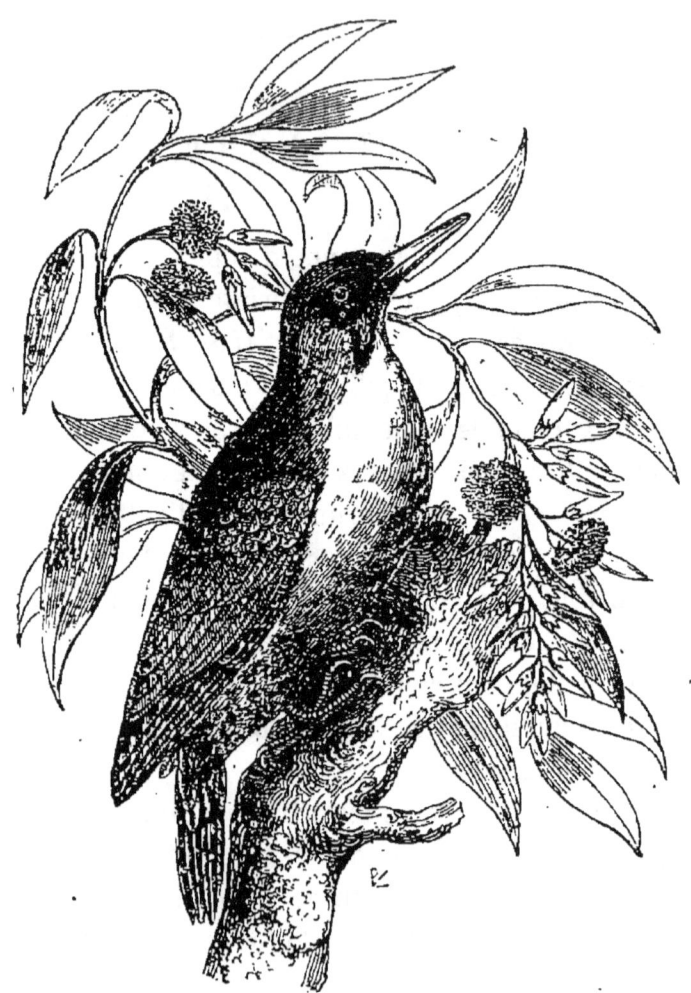

ordinairement de cinq œufs. Les jeunes pics commencent à grimper tout petits et avant de pouvoir voler. Le mâle et la femelle ne se quittent guère, se couchent de bonne heure, avant les autres oiseaux, et restent dans le trou jusqu'au jour.

On appelle le pic vert l'oiseau de la pluie, qu'il annonce par un cri plaintif. Son espèce se trouve dans les deux continents, où, quoique peu nombreuse, elle est fort répandue.

LE COUCOU.

On a fait du coucou le type de l'ingratitude. Que d'absurdités dans tous ces contes!

Bien loin d'être ingrat, le coucou paraît conserver le souvenir des bienfaits et n'y être pas insensible. On prétend qu'en arrivant de son quartier d'hiver il se rend avec empressement aux lieux de sa naissance, et que lorsqu'il y retrouve sa nourrice ou ses frères nourriciers, tous éprouvent une joie réciproque qu'ils expriment chacun à leur manière. Ce sont ces cris, ces jeux, qu'on aura pris pour une guerre que les petits oiseaux faisaient au coucou; il se peut néanmoins qu'on ait vu entre eux de véritables combats : par exemple, lorsqu'un coucou étranger, cédant à son instinct, aura voulu détruire leurs œufs pour placer le sien dans leur nid, et qu'ils l'auront pris sur le fait. C'est cette habitude bien constatée qu'il a de pondre dans le nid d'autrui, qui est la principale singularité de son histoire.

Une autre singularité de son histoire, c'est qu'il ne pond qu'un œuf, du moins qu'un œuf dans chaque nid; car il est possible qu'il en ponde deux.

Ces deux singularités semblent tenir à une troisième et pouvoir s'expliquer par elle : c'est que leur mue est et plus tardive et plus complète que celle de la plupart des oiseaux ; on rencontre quelquefois l'hiver, dans le creux des arbres, un ou deux coucous entièrement nus, nus au point qu'on les prendrait au premier coup d'œil pour de véritables crapauds. Comme les coucous mâles ont l'instinct de manger les œufs des oiseaux, la femelle doit cacher soigneusement le sien ; elle ne doit pas retourner à l'endroit où elle l'a déposé, de peur de l'indiquer à son mâle ; elle doit donc choisir le nid le mieux caché, le plus éloigné des endroits qu'il fréquente ; elle doit même, si elle a des œufs, les distribuer en différents nids ; elle doit les confier à des nourrices étrangères et se reposer sur ces nourrices de tous les soins nécessaires à leur entier développement : c'est aussi ce qu'elle fait, en prenant toutes les précautions qui lui sont inspirées par la tendresse pour sa progéniture, et sachant résister à cette tendresse même pour qu'elle ne se trahisse point par indiscrétion. Considérés sous ce point de vue, les procédés du coucou rentreraient dans la règle générale, et supposeraient l'amour de la mère pour ses petits, et même un amour bien entendu.

Ce qui me semble avoir le plus étonné, c'est la complaisance dénaturée de la nourrice du coucou, laquelle oublie si facilement ses propres œufs pour donner tous ses soins à celui d'un oiseau étranger, et même d'un oiseau destructeur de sa propre famille.

Tous les habitants des bois assurent que, lorsqu'une fois la mère coucou a déposé son œuf dans le nid qu'elle a choisi, elle s'éloigne, semble oublier sa progéniture et la perdre entièrement de vue, et qu'à plus forte raison le mâle ne s'en occupe point du tout ; cependant on a observé, non que le père et la mère donnent des soins à leurs petits, mais qu'ils s'en approchent à une certaine distance en chantant, que de part et d'autre ils semblent s'écouter, se répondre, et se prêter mutuellement attention.

Tout le monde connaît le chant du coucou, du moins son chant le plus ordinaire : il est si bien articulé et répété si souvent, que, dans presque toutes les langues, il a influé sur la dénomination de l'oiseau : ce chant appartient exclusivement au mâle, et c'est au printemps que ce mâle le fait entendre, tantôt perché sur une branche sèche, et tantôt en volant. Les mâles sont beaucoup plus nombreux que les femelles.

Les jeunes coucous ne chantent point la première année, et les vieux cessent de chanter assidûment, vers la fin de juin ; mais ce silence n'annonce point leur départ ; on en trouve même dans les plaines jusqu'à la fin de septembre et encore plus tard : ce sont sans doute les premiers froids et la disette d'insectes qui les déterminent à passer dans des climats plus chauds ; ils vont la plupart en Afrique.

PSITTACÉS.

LE PERROQUET.

ES animaux que l'homme a le plus admirés sont ceux qui lui ont paru participer à sa nature ; le singe par la ressemblance des formes extérieures, et le perroquet, par l'imitation de la parole, lui ont semblé des êtres privilégiés, intermédiaires entre l'homme et la brute.

Les Portugais, qui, les premiers, ont doublé le cap de Bonne-Espérance et reconnu les côtes de l'Afrique, trouvèrent les terres de Guinée et toutes les îles de l'océan Indien peuplées, comme le continent, de diverses espèces de perroquets, toutes inconnues à l'Europe, et en si grand nombre qu'à Calicut, à Bengale et sur les côtes d'Afrique, les Indiens et les Nègres étaient obligés de se tenir dans leurs champs de maïs et de riz vers le temps de la maturité pour en éloigner ces oiseaux qui viennent les dévaster.

Cette grande multitude de perroquets dans toutes les régions qu'ils habitent semble prouver qu'ils réitèrent leurs pontes, puisque chacune est assez peu nombreuse; mais rien n'égale la variété d'espèces d'oiseaux de ce genre qui s'offrirent aux navigateurs sur toutes les plages méridionales du Nouveau-Monde, lorsqu'ils en firent la découverte. Plusieurs îles reçurent le nom d'*îles des Perroquets*. Ce furent les seuls animaux que Colomb trouva dans la première où il aborda, et ces oiseaux servirent d'objets d'échange dans le premier commerce qu'eurent les Européens avec les Américains.

Dans l'ancien continent il y a cinq grandes familles de perroquets, savoir : les kakatoës, les perroquets proprement dits, les loris, les perruches à longue queue et les perruches à queue courte ; et dans le nouveau continent il y a six autres familles, savoir : les aras, les amazones, les criks, les papegais, les perriches à queue longue, et enfin les perriches à queue courte. Chacune de ces onze tribus ou familles est désignée par des caractères distinctifs, ou du moins chacune porte quelque livrée particulière qui les rend reconnaissables.

LE KAKATOES.

Les plus grands perroquets de l'ancien continent sont les kakatoës ; ils en sont tous originaires et paraissent être naturels aux climats de l'Asie méridionale, mais il est sûr qu'il ne s'en trouve point en Amérique : ils paraissent répandus dans les régions des Indes méridionales et dans toutes les îles de l'océan Indien. Leur nom de *kakatoës* vient de la ressemblance de ce mot à leur cri. On les distingue aisément des autres perroquets par leur plumage blanc et par leur bec plus crochu et plus arrondi, et particulièrement par une huppe de longues plumes dont leur tête est ornée, et qu'ils élèvent et abaissent à volonté.

Ces perroquets kakatoës apprennent difficilement à parler, il y a même des espèces qui ne parlent jamais; mais on en est dédommagé par la facilité de leur éducation : on les apprivoise tous aisément. Ils ont dans tous leurs mouvements une douceur et une grâce qui ajoutent encore à leur beauté.

LE JACO OU PERROQUET CENDRÉ.

'EST l'espèce du perroquet proprement dit que l'on apporte le plus communément en Europe aujourd'hui, et qui s'y fait le plus aimer tant par la douceur de ses mœurs, que par son talent et sa docilité, en quoi il égale au moins le perroquet vert, sans avoir ses cris désagréables. Le mot *jaco*, qu'il paraît se plaire à prononcer, est le nom qu'ordinairement on lui donne ; tout son corps est d'un beau gris de perle et d'ardoise, blanchissant au ventre ; une queue d'un rouge de vermillon termine et relève ce plumage lustré, moiré, et comme poudré d'une blancheur qui le rend toujours frais ; l'œil est placé dans une peau blanche, nue et farineuse, qui couvre la joue ; le bec est noir, les pieds sont gris, l'iris de l'œil est couleur d'or; la longueur totale de l'oiseau est d'un pied.

La plupart de ces perroquets nous sont apportés de la Guinée ; ils viennent de l'intérieur des terres de cette partie de l'Afrique ; on les trouve aussi à Congo et sur la côte d'Angole ; on leur apprend fort aisément à parler, et ils semblent imiter de préférence la voix des enfants et recevoir d'eux plus facilement leur éducation à cet égard.

Non-seulement cet oiseau a la facilité d'imiter la voix de l'homme : il semble encore en avoir le désir ; il le manifeste par son attention à écouter, par l'effort qu'il fait pour répéter. Souvent on est étonné de lui entendre répéter des mots ou des sons que l'on n'avait pas pris la peine de lui apprendre, et qu'on ne le soupçonnait pas même d'avoir écoutés ; il semble se faire des tâches et cherche à retenir sa leçon chaque jour ; il en est occupé jusque dans le sommeil. C'est surtout dans ses premières années qu'il montre cette facilité, qu'il a plus de mémoire, et qu'on le trouve plus intelligent et plus docile ; quelquefois cette faculté de mémoire, cultivée de bonne heure, devient étonnante, mais plus âgé le perroquet se montre rebelle et n'apprend que difficilement.

Il est naturel de croire que le perroquet ne s'entend pas parler, mais qu'il croit cependant que quelqu'un lui parle : on l'a souvent entendu se demander à lui-même la patte ; et il ne manque jamais de répondre à sa propre question en tendant effectivement la patte. Les talents des perroquets de cette espèce ne se bornent pas à l'imitation de la parole ; ils apprennent aussi à contrefaire certains gestes, certains mouvements, certaines danses.

Les naturalistes ont tous remarqué la forme particulière du bec, de la langue et de la tête du jaco. Son bec arrondi en dehors, creusé et concave en dedans, offre en quelque manière la capacité d'une bouche dans laquelle la langue se meut librement. Cette langue est ronde et épaisse, plus grosse même dans le perroquet à proportion que dans l'homme.

Le bec est très-fort : le jaco casse aisément les noyaux des fruits rouges ; il ronge le bois, et même il fausse avec son bec et écarte les barreaux de sa cage ; il s'en sert plus que de ses pattes pour se suspendre et s'aider en montant.

Quelquefois on voit ce perroquet devenir, après une mue, jaspé de blanc et de couleur de rose, soit que ce changement ait pour cause quelque maladie, ou les progrès de l'âge. Le perroquet cendré est, comme plusieurs autres espèces de ce genre, sujet à l'épilepsie et à la goutte ; néanmoins il est très-vigoureux et vit longtemps. On assure en avoir vu un à Orléans âgé de plus de soixante ans, et encore vif et gai.

Il est assez rare de voir des perroquets produire dans nos contrées tempérées, cependant on a quelques exemples de perroquets nés en France.

LES ARAS.

E tous les perroquets, l'ara est le plus grand et le plus magnifiquement paré ; le pourpre, l'or et l'azur brillent sur son plumage ; il a l'œil assuré, la contenance ferme, la démarche grave et même l'air désagréablement dédaigneux, comme s'il sentait son prix et connaissait trop sa beauté. Néanmoins son naturel paisible le rend aisément familier et même susceptible de quelque attachement ; on peut le rendre domestique sans en faire un esclave, il n'abuse pas de la liberté qu'on lui donne ; la douce habitude le rappelle auprès de ceux qui le nourrissent, et il revient assez constamment au domicile qu'on lui fait adopter.

Tous les aras sont naturels aux climats du Nouveau-Monde situés entre les deux tropiques, mais aucun ne se trouve ni en Afrique ni dans les Grandes-Indes. On les rencontre jusque dans les îles désertes, et partout ils font le plus bel ornement de ces sombres forêts qui couvrent la terre abandonnée à la seule nature.

Nous connaissons quatre espèces d'aras, savoir : le rouge, le bleu, le vert et le noir.

Les caractères qui distinguent les aras des autres perroquets du Nouveau-Monde sont la grandeur et la grosseur du corps, la longueur de la queue, la peau nue et d'un blanc sale, qui couvre les deux côtés de la tête. C'est même cette peau nue, au milieu de laquelle sont situés les yeux, qui donne à ces oiseaux une physionomie désagréable. Leur voix l'est aussi, et n'est qu'un cri qui semble articuler, *ara*, d'un ton rauque, grasseyant, et si fort qu'il offense l'oreille.

GALLINACÉS.

LE PIGEON.

Il faut des tours, des bâtiments élevés, faits exprès, bien enduits en dehors et garnis en dedans de nombreuses cellules, pour attirer, retenir et loger les pigeons : ils ne sont réellement ni domestiques comme les chiens et les chevaux, ni prisonniers comme les poules ;

ce sont plutôt des captifs volontaires, des hôtes fugitifs, qui ne se tiennent dans le logement qu'on leur offre qu'autant qu'ils s'y plaisent, autant qu'ils y trouvent la nourriture abondante, le gîte agréable et toutes les commodités, toutes les aisances nécessaires à la vie. Pour peu que quelque chose leur manque ou leur déplaise, ils quittent et se dispersent pour aller ailleurs : il y en a même qui préfèrent constamment les trous poudreux des murailles aux boulins les plus propres de nos colombiers ; d'autres qui se gîtent dans des fentes et des creux d'arbres ; d'autres qui semblent fuir nos habitations et que rien ne peut y attirer, tandis qu'on en voit, au contraire, qui n'osent les quitter et qu'il faut nourrir autour de leur volière qu'ils n'abandonnent jamais. Ces habitudes opposées, ces différences de mœurs sembleraient indiquer qu'on comprend sous le nom de *pigeons* un grand nombre d'espèces diverses dont chacune aurait son naturel propre et différent de celui des autres ; car on compte, indépendamment d'un grand nombre de variétés, cinq espèces de pigeons, sans y comprendre ni les ramiers, ni les tourterelles.

Ces cinq espèces de pigeons sont : 1° le pigeon domestique ; 2° le pigeon romain, sous l'espèce duquel on comprend seize variétés ; 3° le pigeon biset ; 4° le pigeon de roche avec une variété ; 5° le pigeon sauvage.

Tous ces pigeons ont de certaines qualités qui leur sont communes : l'amour de la société, l'attachement à leurs semblables, la douceur de mœurs, la propreté, le soin de soi-même, les mouvements doux ; nulle humeur, nul dégoût, nulle querelle ; toutes les fonctions pénibles également réparties ; le mâle aimant assez pour partager les soins maternels et même s'en charger, couvant régulièrement à son tour et les œufs et les petits pour en épargner la peine à sa compagne, pour mettre entre elle et lui cette égalité dont dépend le bonheur de toute union durable : quels modèles pour l'homme, s'il pouvait ou savait les imiter !

LE RAMIER.

Comme cet oiseau est beaucoup plus gros que le biset, et que tous deux tiennent de très près au pigeon domestique, on pourrait croire que les petites races de nos pigeons de volière sont issues des bisets, et que les plus grandes viennent des ramiers; cependant le biset et le ramier ne se mêlent pas dans les bois.

Les ramiers arrivent en France au printemps, un peu plus tôt que les bisets, et partent en automne un peu plus tard. Il reste des ramiers pendant l'hiver dans la plupart de nos provinces. Comme il y a constance et fidélité dans l'union du mâle et de la femelle, cela suppose que le sentiment d'affection et le soin des petits dure toute l'année.

Ils ont un roucoulement plus fort que celui des pigeons, mais qui ne se fait entendre que dans les jours sereins; car, dès qu'il pleut, ces oiseaux se taisent, et on ne les entend que très-rarement en hiver. Ils se nourrissent de fruits sauvages, de glands, de faînes, de fraises, dont ils sont très-avides, et aussi de fèves et de grains de toute espèce. Ils font un grand dégât dans les blés lorsqu'ils sont versés, et quand ces aliments leur manquent, ils mangent de l'herbe. Ils boivent à la manière des pigeons, c'est-à-dire de suite et sans relever la tête qu'après avoir avalé toute l'eau dont ils ont besoin. Comme leur chair, et surtout celle des jeunes est excellente à manger, on recherche soigneusement leurs nids, et on en détruit ainsi une grande quantité. On en prend beaucoup avec des filets dans les lieux de leur passage.

Il paraît que, quoique le ramier préfère les climats chauds et tempérés, il habite quelquefois dans les pays septentrionaux, et il paraît aussi qu'il a passé d'un continent à l'autre.

LA TOURTERELLE.

La tourterelle aime, peut-être plus qu'aucun autre oiseau, la fraîcheur en été et la chaleur en hiver : elle arrive dans notre climat fort tard au printemps, et le quitte dès la fin du mois d'août. Toutes les tourterelles, sans en excepter une, se réunissent en troupe, arrivent, partent et voyagent ensemble ; elles ne séjournent ici que quatre ou cinq mois : pendant ce court espace de temps elles nichent, pondent et élèvent leurs petits au point de pouvoir les emmener avec elles. Ce sont les bois les plus sombres et les plus frais qu'elles préfèrent pour s'y établir ; elles placent leur nid, qui est presque tout plat, sur les plus hauts arbres, dans les lieux les plus éloignés de nos habitations. En Suède, en Allemagne, en France, en Italie, en Grèce, et peut-être encore dans des pays plus froids et plus chauds, elles ne séjournent que pendant l'été, et quittent également avant l'automne ; elles cherchent les climats très-chauds pour y passer l'hiver. On les trouve presque partout dans l'ancien continent ; on les retrouve dans le nouveau et jusque dans les îles de la mer du Sud : elles sont, comme les pigeons, sujettes à varier, et, quoique naturellement plus sauvages, on peut néanmoins les élever de même, et les faire multiplier dans des volières.

Nous connaissons dans l'espèce de la tourterelle deux races ou variétés constantes : la première est la tourterelle commune : la seconde s'appelle *tourterelle à collier*, parce qu'elle porte sur le cou une sorte de collier noir. Toutes deux se trouvent dans notre climat. La tourterelle à collier est un peu plus grosse que la tourterelle commune, et ne diffère en rien pour le naturel et les mœurs ; on peut même dire qu'en général les pigeons, les ramiers et les tourterelles se ressemblent encore plus par l'instinct et les habitudes naturelles que par la figure : ils mangent et boivent de même sans relever la tête qu'après avoir avalé toute l'eau qui leur est nécessaire ; ils volent de même en troupes ; dans tous, la voix est plutôt un gros murmure ou un gémissement plaintif qu'un chant articulé ; tous ne produisent que deux œufs, quelquefois trois, et tous peuvent produire plusieurs fois l'année dans des pays chauds ou dans des volières.

LE COQ ET LA POULE.

Le coq est un oiseau pesant, dont la démarche est grave et lente, et qui ayant les ailes fort courtes, ne vole que rarement, et quelquefois avec des cris qui expriment l'effort ; il chante indifféremment la nuit et le jour, mais non pas régulièrement à certaines heures, et son chant est fort différent de celui de la poule, quoiqu'il y ait aussi quelques poules qui ont le même cri du coq, c'est-à-dire qui font le même effort du gosier avec un moindre effet ; car leur voix n'est pas si forte et leur cri n'est pas si bien articulé. Il gratte la terre pour chercher sa nourriture :

il avale autant de petits cailloux que de grains, et n'en digère que mieux; il boit en prenant de l'eau dans son bec et levant la tête à chaque fois pour l'avaler; il dort le plus souvent un pied en l'air et en cachant sa tête sous l'aile du même côté.

Il a beaucoup de soin, et même d'inquiétude et de souci pour ses poules; il ne les perd guère de vue, il les

conduit, les défend, les menace, va chercher celles qui s'écartent, les ramène, et ne se livre au plaisir de manger que lorsqu'il les voit toutes manger autour de lui : à juger par les différentes inflexions de sa voix et par les différentes expressions de sa mine, on ne peut guère douter qu'il ne leur parle différents langages. Quand il les perd, il donne des signes de regrets. Il n'en maltraite aucune. S'il se présente un autre coq, il accourt l'œil en feu, les plumes hérissées, se jette sur son rival, et lui livre un combat opiniâtre jusqu'à ce que l'un ou l'autre succombe, ou que le nouveau venu lui cède le champ de bataille; il a une poule favorite qu'il cherche de préférence, et à laquelle il revient presque aussi souvent qu'il va vers les autres.

Les hommes, qui tirent parti de tout pour leur amusement, ont bien su mettre en œuvre cette antipathie invincible que la nature a établie entre un coq et un coq; ils ont cultivé avec tant d'art cette haine innée, que les combats de deux oiseaux de basse-cour sont devenus des spectacles dignes d'intéresser la curiosité des peuples, même des peuples polis.

La poule, qui couve ses œufs avec tant de soin et d'assiduité, ne se refroidit pas lorsque ses poussins sont éclos; son attachement, fortifié par la vue de ces petits êtres qui lui doivent la naissance, s'accroît encore tous les jours par les nouveaux soins qu'exige leur faiblesse. Sans cesse occupée d'eux, elle ne cherche de la nourriture que pour eux; si elle n'en trouve point, elle gratte la terre avec ses ongles pour lui arracher les aliments qu'elle recèle dans son sein, et elle s'en prive en leur faveur. Elle les rappelle lorsqu'ils s'égarent, les met sous ses ailes à l'abri des intempéries et les couve une seconde fois; elle se livre à ces tendres soins avec tant d'ardeur et de souci que sa constitution en est sensiblement altérée, et qu'il est facile de distinguer de toute autre poule une mère qui mène ses petits, soit à ses plumes hérissées et à ses ailes traînantes, soit au son enroué de sa voix et à ses différentes inflexions toutes expressives, et ayant toutes une forte empreinte de sollicitude et d'affection maternelle.

Mais si elle s'oublie elle-même pour conserver ses petits, elle s'expose à tout pour les défendre : paraît-il un épervier dans l'air, cette mère si faible, si timide, et qui, en toute autre circonstance, chercherait son salut dans la fuite, devient intrépide par tendresse ; elle s'élance au devant de la serre redoutable, et, par ses cris redoublés, ses battements d'aile et son audace, elle impose souvent à l'oiseau carnassier, qui, rebuté d'une résistance imprévue, s'éloigne et va chercher une proie plus facile. Elle paraît avoir toutes les qualités du bon cœur, mais, ce qui ne fait pas autant d'honneur au surplus de son instinct, c'est que, si par hasard on lui a donné de couver des œufs de canne ou de tout autre oiseau de rivière, son affection n'est pas moindre pour ces étrangers qu'elle le serait pour ses propres poussins ; elle ne voit pas qu'elle n'est que leur nourrice et non pas leur mère, et lorsqu'ils vont, guidés par la nature, s'ébattre ou se plonger dans la rivière voisine, c'est un spectacle singulier de voir la surprise, les inquiétudes, les transes de cette pauvre nourrice qui se croit encore mère, et qui, pressée du désir de les suivre au milieu des eaux, mais retenue par une répugnance invincible pour cet élément, s'agite incertaine sur le rivage, tremble et se désole, voyant toute sa couvée dans un péril évident, sans oser lui donner de secours.

LA PERDRIX GRISE.

Quoiqu'on ait dit que les perdrix grises sont communes partout, il est certain néanmoins qu'il n'y en a point dans l'île de Crète ; elles ne sont pas même également communes dans toutes les parties de l'Europe ; et il paraît, en général, qu'elles fuient la grande chaleur comme le grand froid, car on n'en voit point en Afrique, ni en Laponie ; et les provinces les plus tempérées de la France et de l'Allemagne sont celles où elles abondent le plus. La perdrix grise est assez répandue en Suède, où elle passe l'hiver sous la neige dans des espèces de clapiers qui ont deux ouvertures.

La perdrix grise diffère beaucoup de la rouge ; quoique l'une et l'autre se tiennent quelquefois dans les mêmes endroits, elles ne se mêlent point ensemble.

Ces oiseaux se plaisent dans les pays à blé et surtout dans ceux où les terres sont bien cultivées, sans doute parce qu'ils y trouvent une nourriture plus abondante soit en grains, soit en insectes. Les perdrix grises aiment la pleine campagne et ne se réfugient dans les taillis et les vignes que lorsqu'elles sont poursuivies par le chasseur ou par l'oiseau de proie ; mais jamais elles ne s'enfoncent dans les forêts, et l'on dit même assez communément qu'elles ne passent jamais la nuit dans les buissons ni dans les vignes : cependant on a trouvé un nid de perdrix dans un buisson, au pied d'une vigne.

Les perdrix grises sont des oiseaux sédentaires, qui non-seulement restent dans le même pays, mais qui s'écartent le moins qu'ils peuvent du canton où ils ont passé leur jeunesse, et qui y reviennent toujours. Elles craignent beaucoup l'oiseau de proie ; lorsqu'elles l'ont aperçu, elles se mettent en tas les unes contre les autres et tiennent ferme, quoique l'oiseau, qui les voit aussi fort bien, les approche de très-près en rasant la terre, pour tâcher d'en faire partir quelqu'une et de la prendre au vol. Au milieu de tant d'ennemis et de dangers, on sent bien qu'il y en a peu qui vivent âge de perdrix : quelques-uns fixent la durée de leur vie à sept années, d'autres à douze ou quinze.

LA PERDRIX ROUGE D'EUROPE.

Cette perdrix tient le milieu pour la grosseur entre la bartavelle et la perdrix grise : elle n'est pas aussi répandue que cette dernière, et tout climat ne lui est pas bon. On la trouve dans la plupart des pays montagneux et tempérés de l'Europe, de l'Asie et de l'Afrique, mais elle est rare dans les Pays-Bas, dans plusieurs parties de l'Allemagne et de la Bohême ; on n'en voit point du tout en Angleterre.

Les perdrix rouges se tiennent sur les montagnes qui produisent beaucoup de bruyères et de broussailles, mais dans les parties moins élevées, et par conséquent moins froides et moins sauvages. Pendant l'hiver, elles se recèlent sous des abris de rochers bien exposés et se répandent peu ; le reste de l'année elles se tiennent dans les broussailles, elles résistent souvent mieux que les grises aux rigueurs de l'hiver, et, bien qu'elles soient plus aisées à prendre dans les différents piéges que les grises, il s'en trouve toujours à peu près le même nombre au printemps dans les endroits qui leur conviennent. Elles vivent de grains, d'herbes, de limaces, de chenilles, d'œufs de fourmis et d'autres insectes ; mais leur chair se sent quelquefois des aliments dont elles vivent.

Elles volent pesamment et avec effort, comme les grises ; lorsqu'elles sont suivies de près et poussées vivement, elles se réfugient dans les bois, se perchent même sur les arbres, et se terrent quelquefois, ce que ne font point les perdrix grises.

Les perdrix rouges diffèrent encore des grises par le naturel et les mœurs; elles sont moins sociables.

Par une suite de leur naturel sauvage, les perdrix rouges, que l'on élève à peu près comme les faisans, sont encore plus difficiles à élever, exigent plus de soins et de précautions pour les accoutumer à la captivité, ou, pour mieux dire, elles ne s'y accoutument jamais, et meurent bientôt d'ennui ou d'une maladie qui en est la suite, si on ne les lâche dans le temps où elles commencent à avoir la tête garnie de plumes.

LA CAILLE.

La femelle diffère du mâle en ce qu'elle est un peu plus grosse ; d'autres la font égale, et d'autres plus petite.

Le mâle et la femelle ont chacun deux cris, l'un plus éclatant et plus fort, l'autre plus faible : le mâle fait *ouan, ouan, ouan, ouan;* il ne donne sa voix sonore que lorsqu'il est éloigné des femelles, et il ne la fait jamais entendre en cage, pour peu qu'il ait une compagne avec lui; la femelle a un cri que tout le monde connaît.

La caille ne produit que lorsqu'elle est en liberté : on a beau fournir à celles qui sont prisonnières dans des cages tous les matériaux qu'elles emploient dans la construction de leurs nids, elles ne nichent jamais et ne prennent aucun soin des œufs qui leur échappent, et qu'elles semblent pondre malgré elles.

Les cailles se nourrissent de blé. de millet, de chènevis, d'herbe verte, d'insectes, de toutes sortes de graines, même de celle d'ellébore.

Il semble que le boire ne leur est pas absolument nécessaire, quoiqu'elles boivent assez fréquemment lorsqu'elles en ont la commodité.

On a cru remarquer qu'elles troublaient l'eau avant de boire. Elles se tiennent dans les champs, les prés, les vignes, mais très-rarement dans les bois, et elles ne se perchent jamais sur les arbres. Quoi qu'il en soit, elles prennent beaucoup plus de graisse que les perdrix par l'habitude où elles sont de passer la plus grande partie

du jour sans mouvement; elles se cachent alors dans l'herbe la plus serrée; et on les voit quelquefois demeurer quatre heures de suite dans la même place, couchées sur le côté et les jambes étendues.

On dit qu'elles ne vivent guère au delà de quatre ou cinq ans; et l'on regarde la brièveté de leur vie comme une suite de leur disposition à s'engraisser; d'autres l'attribuent à leur caractère triste et querelleur; et tel est, en effet, leur caractère; aussi n'a-t-on pas manqué de les faire battre en public pour amuser la multitude.

On juge bien qu'avec l'habitude de changer de climat et de s'aider du vent pour faire ses grandes traversées, la caille doit être un oiseau fort répandu, et, en effet, on le trouve au cap de Bonne-Espérance et dans toute l'Afrique habitable, en Espagne, en Italie, en France, en Suisse, dans les Pays-Bas et en Allemagne, en Angleterre, etc.; il est même très-probable qu'elle a pu passer en Amérique. La caille se trouve donc partout, et partout on la regarde comme un fort bon gibier dont la chair est de bon goût, et aussi saine que peut l'être une chair aussi grasse.

On se sert aussi de la femelle, ou d'un appeau qui imite son cri, pour attirer les mâles dans le piége; on dit même qu'il ne faut que leur présenter un miroir avec un filet au-devant, où ils se prennent, en accourant à leur image, qu'ils prennent pour un autre oiseau de leur espèce. Les variétés de l'espèce sont le chrokiel ou grande caille de Pologne; la caille blanche; la caille des îles Malouines; la fraise ou caille de la Chine; le turnix ou caille de Madagascar, et le réveille-matin ou la caille de Java.

LE PAON.

Si l'empire appartenait à la beauté et non à la force, le paon serait, sans contredit, le roi des oiseaux; il n'en est point sur qui la nature ait versé ses trésors avec plus de profusion: la taille grande, le port imposant, la démarche fière, la figure noble, les proportions du corps élégantes et sveltes, tout ce qui annonce un être de distinction lui a été donné. Une aigrette mobile et légère, peinte des plus riches couleurs, orne sa tête et l'élève sans la charger; son incomparable plumage semble réunir tout ce qui flatte nos yeux dans le coloris tendre et frais des plus belles fleurs, tout ce qui les éblouit dans les reflets pétillants des pierreries, tout ce qui les étonne dans l'éclat majestueux de l'arc-en-ciel. La nature a réuni sur le plumage du paon toutes les

couleurs du ciel et de la terre pour en faire le chef-d'œuvre de sa magnificence.

Mais ces plumes brillantes, qui surpassent en éclat les plus belles fleurs, se flétrissent aussi comme elles, et tombent chaque année; le paon, comme s'il sentait la honte de sa perte, craint de se faire voir dans cet état humiliant, et cherche les retraites les plus sombres pour s'y cacher à tous les yeux, jusqu'à ce qu'un nouveau printemps, lui rendant sa parure accoutumée, le ramène sur la scène pour jouir des hommages dus à sa beauté : car on prétend qu'il en jouit en effet, qu'il est sensible à l'admiration, que le vrai moyen de l'engager à étaler ses belles plumes, c'est de lui donner des regards d'attention et des louanges ; et qu'au contraire, lorsqu'on paraît le regarder froidement et sans beaucoup d'intérêt, il replie tous ses trésors et les cache à qui ne sait point les admirer.

Quoique le paon soit depuis longtemps comme naturalisé en Europe, cependant, il n'en est pas originaire : ce sont les Indes orientales, c'est le climat qui produit le saphir, le rubis, la topaze, qui doit être regardé comme son pays natal.

La paonne ne fait jamais éclore tous ses œufs à la fois ; mais dès qu'elle voit quelques poussins éclos, elle quitte tout pour les conduire.

On a observé que les premiers jours la mère ne revenait jamais coucher avec sa couvée dans le nid ordinaire, ni même deux fois dans un même endroit.

Les paonneaux, jusqu'à ce qu'ils soient un peu forts, portent mal leurs ailes, les ont traînantes, et ne savent pas encore s'en servir : dans ces commencements, la mère les prend tous les soirs sur son dos et les porte l'un après l'autre sur la branche où ils doivent passer la nuit ; le lendemain matin elle saute devant eux du haut de l'arbre en bas, et les accoutume à en faire autant pour la suivre, et à faire usage de leurs ailes.

A mesure que les jeunes paonneaux se fortifient, ils commencent à se battre, surtout dans les pays chauds.

Les paons aiment beaucoup la propreté.

Quoiqu'ils ne puissent pas voler beaucoup, ils aiment à

grimper, ils passent ordinairement la nuit sur les combles des maisons, où ils causent beaucoup de dommage, et sur les arbres les plus élevés : c'est de là qu'ils font souvent entendre leur voix, qu'on s'accorde à trouver désagréable, peut-être parce qu'elle trouble le sommeil, et d'après laquelle on prétend que s'est formé leur nom dans presque toutes les langues.

On assure que la femelle n'a qu'un seul cri, qu'elle ne fait guère entendre qu'au printemps, mais que le mâle en a trois.

Les uns ont dit que leurs cris, souvent répétés, sont un présage de pluie ; d'autres, qu'ils l'annoncent aussi lorsqu'ils grimpent plus haut que de coutume ; d'autres, que ces mêmes cris pronostiquaient la mort à quelque voisin ; d'autres, enfin, que ces oiseaux portaient toujours sous l'aile un morceau de racine de lin comme un amulette naturel pour se préserver des fascinations, tant il est vrai que toute chose dont on a beaucoup parlé a fait dire beaucoup d'inepties !

Outre ces différents cris, le mâle et la femelle produisent encore un certain bruit sourd, un craquement étouffé, une voix intérieure et renfermée qu'ils répètent souvent et quand ils sont inquiets, et quand ils paraissent tranquilles ou même contents.

La durée de la vie du paon est de vingt-cinq ans, et non de cent ans, ainsi qu'on a voulu le dire.

Comme les paons vivent aux Indes dans l'état de sauvages, c'est aussi dans ce pays qu'on a inventé l'art de leur donner la chasse ; on ne peut guère les approcher de jour, quoiqu'ils se répandent dans les champs par troupes assez nombreuses, parce que, dès qu'ils décou-

vrent le chasseur, ils fuient devant lui plus vite que la perdrix, et s'enfoncent dans les broussailles où il n'est guère possible de les suivre ; ce n'est donc que la nuit qu'on parvient à les prendre. On compte parmi les variétés de l'espèce le paon blanc, et le paon panaché.

LE FAISAN.

Le faisan se plaît dans les lieux marécageux ; on en prend quelquefois dans les marais ; ils s'éloignent le plus qu'il est possible de toute habitation humaine, car ce sont des oiseaux très-sauvages, et qu'il est extrêmement difficile d'apprivoiser. On prétend néanmoins qu'on les accoutume à revenir au coup de sifflet, c'est-à-dire qu'ils s'accoutument à venir prendre la nourriture que ce coup de sifflet leur annonce toujours ; mais dès que leur besoin est satisfait, ils reviennent à leur naturel ; ils ne connaissent aucun bien qui puisse entrer en comparaison avec la liberté, ils cherchent continuellement à la recouvrer, et ils n'en manquent jamais l'occasion.

Ils se plaisent encore dans les bois en plaine ; pendant la nuit ils se perchent au haut des arbres, où ils dorment la tête sous l'aile : leur cri, c'est-à-dire le cri du mâle, car la femelle n'en a presque point, est entre celui du paon et celui de la pintade, mais plus près de celui-ci, et par conséquent très-peu agréable.

Leur naturel est si farouche, que non-seulement ils évitent l'homme, mais qu'ils s'évitent les uns les autres

La faisane fait son nid à elle seule : elle choisit pour

cela le recoin le plus obscur de son habitation ; elle y emploie la paille, les feuilles et autres choses semblables, et, quoiqu'elle le fasse fort grossièrement en apparence, elle le préfère, ainsi fait, à tout autre mieux construit, mais qui ne le serait point par elle-même. Elle ne fait qu'une ponte chaque année, du moins dans nos climats ; cette ponte est de douze œufs. Elle pond ordinairement de deux ou trois jours l'un : ses œufs sont beaucoup moins gros que ceux de poule, et la coquille en est plus mince que ceux même de pigeon.

Ces animaux vivent de toutes sortes de grains et d'herbages, de fèves, de carottes, de pomme de terre, d'oignons, de laitues et de panais, surtout de ces deux dernières plantes, dont ils sont très-friands. On dit qu'ils aiment aussi beaucoup le gland, les baies d'aubépine et la graine d'absinthe ; mais le froment est la meilleure nourriture qu'on puisse leur donner, en y joignant des œufs de fourmis.

On dit que le faisan est un oiseau stupide, qui se croit bien en sûreté lorsque sa tête est cachée, comme on l'a dit de tant d'autres, et qui se laisse prendre à tous les piéges.

Un faisandeau bien gras est un morceau exquis, et en même temps une nourriture très-saine : aussi ce mets a-t-il été de tout temps réservé pour la table des riches.

Cet oiseau vit comme les poules communes, environ six à sept ans; et c'est sans aucun fondement qu'on a prétendu connaître son âge par le nombre des bandes transversales de sa queue.

Il y a encore le faisan blanc, le faisan varié et le cocquar.

LE FAISAN DORÉ

OU LE TRICOLOR HUPPÉ DE LA CHINE.

On peut regarder ce faisan comme une variété du faisan ordinaire, qui s'est embelli sous un ciel plus beau : ce sont deux branches d'une même famille qui se sont séparées depuis longtemps, qui même ont formé deux races distinctes, et qui cependant se reconnaissent encore ; car elles s'allient, se mêlent et produisent ensemble.

Le tricolor huppé de la Chine est plus petit que notre faisan : la beauté frappante de cet oiseau lui a valu d'être cultivé et multiplié dans nos faisanderies, où il est assez commun aujourd'hui ; son nom de tricolor huppé indique le rouge, le jaune doré et le bleu qui dominent dans son plumage, et les longues et belles plumes qu'il a sur la tête, et qu'il relève quand il veut en manière de huppe ; il a l'iris, le bec, les pieds et les ongles jaunes, la queue plus longue à proportion que notre faisan, plus émaillée, et, en général, le plumage plus brillant ; au-dessus des plumes de la queue sortent d'autres plumes longues et étroites, de couleur écarlate, dont la tige est jaune ; il n'a point les yeux entourés d'une peau rouge comme le faisan d'Europe.

La femelle du faisan doré est un peu plus petite que le mâle ; elle a la queue moins longue ; les couleurs de son plumage sont fort ordinaires, et encore moins agréables que celles de notre faisane ; mais quelquefois elle devient avec le temps aussi belle que le mâle.

Les œufs de la faisane dorée ressemblent beaucoup à ceux de la pintade, et sont plus petits à proportion que ceux de la poule domestique, et plus rougeâtres que ceux de nos faisans.

LE DINDON.

Il y a des dindons blancs, d'autres variés de noir et de blanc, d'autres de blanc et d'un jaune roussâtre, et d'autres d'un gris uniforme, qui sont les plus rares de tous ; mais le plus grand nombre a le plumage tirant sur le noir. Bien des gens croient que les dindons blancs sont les plus robustes, et c'est par cette raison que dans quelques provinces on les élève de préférence.

La poule d'Inde diffère du coq en ce qu'elle n'a pas d'éperons aux pieds ; elle en diffère encore en ce qu'elle est plus petite, qu'elle a moins de caractère dans la physionomie, moins de ressort à l'intérieur, moins d'action au dehors ; son cri n'est qu'un accent plaintif, elle n'a de mouvement que pour chercher sa nourriture ou pour fuir le danger.

Ce sont les poules de l'année précédente qui, d'ordinaire, sont les meilleures couveuses ; elles se dévouent à cette occupation avec tant d'ardeur et d'assiduité, qu'elles mourraient d'inanition sur leurs œufs, si l'on n'avait le soin de les lever une fois tous les jours pour leur donner à boire et à manger. Cette passion de couver est si forte et si durable, qu'elles font quelquefois deux couvées de suite et sans aucune interruption; mais, dans ce cas, il faut les soutenir par une meilleure nourriture. Le mâle a un instinct bien contraire; car, s'il aperçoit sa femelle couvant, il casse ses œufs, et c'est peut-être la raison pourquoi la femelle se cache alors avec tant de soin.

Le temps est venu où ces œufs doivent éclore, les dindonneaux percent avec leur bec la coquille de l'œuf qui les renferme; mais cette coquille est quelquefois si dure, ou les dindonneaux si faibles, qu'ils périraient si on ne les aidait à la briser.

Dans les premiers temps il faut tenir les jeunes dindons dans un lieu chaud et sec où l'on aura étendu une litière de fumier long, bien battue; et lorsque dans la suite on voudra les faire sortir en plein air, ce ne sera que par degrés et en choisissant les plus beaux jours.

L'instinct des jeunes dindonneaux est d'aimer mieux à prendre leur nourriture dans la main que de toute autre manière : on juge qu'ils ont besoin d'en prendre lorsqu'on les entend *piauler*, et cela arrive fréquemment; il faut leur donner à manger quatre ou cinq fois par jour. Quelquefois ils paraissent engourdis et sans mouvement, lorsqu'ils ont été surpris par une pluie froide, et ils mourraient certainement, si on n'avait le soin de les envelopper de linges chauds, et de leur souffler à plusieurs reprises un air chaud par le bec.

La mère les mène avec la même sollicitude que la poule mène ses poussins; elle les réchauffe sous ses ailes avec la même affection, elle les défend avec le même courage, il semble que sa tendresse pour ses petits rende sa vue plus perçante ; elle découvre l'oiseau de proie d'une distance prodigieuse, et lorsqu'il est encore invisible à tous les autres yeux : dès qu'elle l'a aperçu, elle

jette un cri d'effroi qui répand la consternation dans toute la couvée ; chaque dindonneau se réfugie dans les buissons ou se tapit dans l'herbe, et la mère les y retient en répétant le même cri d'effroi autant de temps que l'ennemi est à portée ; mais le voit-elle prendre son vol d'un autre côté, elle les en avertit aussitôt par un autre cri bien différent du premier, et qui est pour tous le signal de sortir du lieu où ils se sont cachés, et de se rassembler autour d'elle.

Lorsqu'ils sont devenus forts ils quittent leur mère ou ils en sont abandonnés. Plus les dindonneaux étaient faibles et délicats dans le premier âge, plus ils deviennent avec le temps robustes et capables de soutenir toutes les injures du temps : ils aiment à se percher en plein air, et passent ainsi les nuits les plus froides de l'hiver, tantôt se soutenant sur un seul pied, et retirant l'autre dans les plumes de leur ventre comme pour le réchauffer, tantôt au contraire, s'accroupissant sur leur bâton et s'y tenant en équilibre : ils se mettent la tête sous l'aile pour dormir, et pendant leur sommeil ils ont le mouvement de la respiration sensible et très-marqué.

Tout concourt à prouver que l'Amérique est le pays natal des dindons ; et comme ces sortes d'oiseaux sont pesants, qu'ils n'ont pas le vol élevé et qu'ils ne nagent point, ils n'ont pu en aucune manière traverser l'espace qui sépare les deux continents pour aborder en Afrique, en Europe ou en Asie.

LA PINTADE.

La pintade est un oiseau vif, inquiet et turbulent, qui n'aime point à se tenir en place, et qui sait se rendre maître de la basse-cour ; il se fait craindre des dindons même, et quoique beaucoup plus petit, il leur impose par sa pétulance.

La pintade est au nombre des oiseaux pulvérateurs qui cherchent dans la poussière où ils se vautrent un remède contre l'incommodité des insectes ; elle gratte aussi la terre comme nos poules communes, et va par troupes nombreuses : on en voit à l'île de May des volées de deux ou trois cents. Comme elles ont les ailes fort courtes, elles volent pesamment ; mais elles courent très-vite : elles se perchent la nuit pour dormir, et quelquefois la journée, sur les murs de clôture, sur les haies, et même sur les toits des maisons et sur les arbres.

La poule pintade pond et couve à peu près comme la poule commune ; mais il paraît que sa fécondité n'est pas la même en différents climats, ou du moins qu'elle est beaucoup plus grande dans l'état de domesticité, où elle regorge de nourriture, que dans l'état sauvage.

Ses œufs sont plus petits à proportion que ceux de la poule ordinaire, et ils ont aussi la coquille beaucoup plus dure.

Les pintadeaux de basses-cours sont d'un fort bon goût, et nullement inférieurs aux perdreaux ; mais les sauvages ou marrons de Saint-Domingue sont un mets exquis au-dessus du faisan.

Les œufs de pintade sont aussi fort bons à manger.

L'OUTARDE.

L'outarde est un oiseau granivore : elle vit d'herbes, de grains et de toutes sortes de semences; de feuilles de choux, de dent-de-lion, de navets, de myosotis ou oreille de souris, de vesce, d'ache, de foin, et de ces gros vers de terre que pendant l'été on voit fourmiller sur les dunes tous les matins avant le lever du soleil. Dans le fort de l'hiver, et par les temps de neige, elle mange l'écorce des arbres ; en tout temps elle avale de petites pierres, même des pièces de métal, comme l'autruche, et quelquefois en plus grande quantité.

On a trouvé dans l'estomac de ces oiseaux, au temps de la moisson, trois ou quatre grains d'orge, avec une grande quantité de graine de ciguë, ce qui indique un appétit de préférence pour cette graine, et par conséquent le meilleur appât pour attirer l'outarde dans les piéges.

Cet oiseau ne construit point de nid, mais il creuse seulement un trou en grattant la terre, et y déposes ses deux œufs qu'il couve pendant trente jours. Lorsque la mère inquiète se défie des chasseurs, et qu'elle craint qu'on n'en veuille à ses œufs, elle les prend sous ses ailes et les transporte en lieu sûr. Elle s'établit ordinairement dans les blés qui approchent de la maturité pour y faire sa ponte, suivant en cela l'instinct commun à tous les animaux de mettre leurs petits à portée de trouver en naissant une nourriture convenable.

L'outarde se trouve dans la Lybie, aux environs d'Alexandrie, dans la Syrie, dans la Grèce, en Espagne, en France, dans les contrées ouvertes de l'est et du sud de la Grande-Bretagne, dans les Pays-Bas, en Allemagne, en Ukraine et en Pologne, où elle passe quelquefois l'hiver au milieu des neiges.

L'outarde ne se trouve que rarement dans les contrées montagneuses ou bien peuplées comme la Suisse, le Tyrol, l'Italie.

Elle ne vole guère que lorsqu'elle est poursuivie, et elle ne vole jamais bien loin ; d'ailleurs elle évite surtout les eaux, d'où il suit qu'elle n'a pas dû se hasarder à franchir de grandes étendues de mer

STRUTHIONS.

L'AUTRUCHE.

L'autruche passe pour être le plus grand des oiseaux ; mais, par sa grandeur même, elle est privée de la principale prérogative des oiseaux, c'est-à-dire de la puissance de voler. Elle est très-féconde et produit beaucoup ; ses œufs sont très-durs, très-pesants et très-gros. Aussitôt que les jeunes autruches sont écloses, elles sont en état de marcher, et même de courir et de chercher leur nourriture.

Les autruches vivent principalement de matières végétales ; mais elles avalent tout ce qu'elles trouvent, du fer, du cuivre, des pierres, du verre et du bois.

L'autruche est un oiseau particulier à l'Afrique, aux îles voisines de ce continent et à la partie de l'Asie qui confine à l'Afrique ; on n'en trouve pas en Amérique. Elle fuit l'homme, mais l'homme, qui sait le profit qu'il en peut tirer, va la chercher dans les retraites les plus sauvages.

Quoique les autruches courent plus vite que le cheval, c'est cependant avec le cheval qu'on les court et qu'on les prend. On dit que, lorsqu'elles se sentent hors d'état d'échapper aux chasseurs, elles cachent leur tête, comme pour mettre en sûreté la partie qui est à la fois la plus importante et la plus faible.

On s'est encore servi de chiens et de filets pour la chasse à l'autruche, mais il paraît qu'on la fait plus communément à cheval; et cela seul suffit pour expliquer l'antipathie qu'on a cru remarquer entre le cheval et l'autruche.

On a dit que l'autruche était privée du sens de l'ouïe, mais il est probable ou qu'elle n'est sourde qu'en certaines circonstances, ou qu'on a imputé quelquefois à surdité ce qui n'était que l'effet de la stupidité.

Elle fait rarement entendre sa voix, car très-peu de

personnes en ont parlé : les écrivains sacrés comparent son cri à un gémissement ; un auteur dit que ce cri ressemble à la voix d'un enfant enroué, et qui est plus triste encore.

Les autruches, quoique habitantes du désert, ne sont pas aussi sauvages qu'on l'imaginerait : tous les voyageurs s'accordent à dire qu'elles s'apprivoisent facilement, surtout lorsqu'elles sont jeunes. Les habitants de Dara, ceux de Libye, etc., en nourrissent des troupeaux, dont ils tirent sans doute ces plumes de première qualité, qui ne se prennent que sur les autruches vivantes. Elles s'apprivoisent même sans qu'on y mette de soin, et par la seule habitude de voir des hommes et d'en recevoir la nourriture et de bons traitements. Un voyageur, en ayant acheté deux à Serinpate, sur la côte d'Afrique, les trouva tout apprivoisées lorsqu'il arriva au fort Saint-Louis.

On fait plus que les apprivoiser ; on en a dompté quelques-unes au point de les monter comme on monte un cheval.

LE CASOAR.

Le casoar, sans être ni aussi grand ni même aussi gros que l'autruche, paraît plus massif aux yeux, parce qu'avec un corps d'un volume presque égal, il a le cou et les pieds moins longs et beaucoup plus gros à proportion.

Il est remarquable que le casoar,

l'autruche et le touyou, les trois plus gros oiseaux que l'on connaisse, sont tous trois attachés au climat de la zone torride, qu'ils semblent s'être partagée entre eux, et où ils se maintiennent chacun dans leur terrain, sans se mêler ; tous trois véritablement terrestres, incapables de voler, mais courant d'une très-grande vitesse ; tous trois avalant à peu près tout ce qu'on leur jette, grains, herbes, chairs, os, pierres, cailloux, fer, glaçons.

LES OISEAUX AQUATIQUES.

ÉCHASSIERS.

LES PLUVIERS.

Ces oiseaux d'eau paraissent en troupes nombreuses dans nos provinces de France, pendant les pluies d'automne, et c'est de leur arrivée dans la saison des pluies qu'on les a nommés *pluviers ;* ils fréquentent, comme les vanneaux, les fonds humides et les terres limoneuses où ils cherchent des vers et des insectes ; ils vont à l'eau le matin pour se laver le bec et les pieds qu'ils se sont remplis de terre en la fouillant, pour en faire sortir les vers. Quoique les pluviers soient ordinairement fort gras, on leur trouve les intestins si vides, qu'on a imaginé qu'ils pouvaient vivre d'air; d'ailleurs ils paraissent capables de supporter un long jeûne.

Rarement ils se tiennent plus de vingt-quatre heures dans le même lieu ; en volant, ils suivent le vent, et l'ordre de leur marche est assez singulier ; ils forment dans

l'air des zones transversales fort étroites et d'une très-grande longueur. A terre, ils courent beaucoup et très-vite ; ils demeurent attroupés tout le jour, et ne se séparent que pour passer la nuit, pendant laquelle chacun gîte à part ; mais, dès le point du jour, le premier éveillé jette le cri de réclame, *hui, hui, hui,* et dans l'instant

23.

tous les autres se rassemblent à cet appel. C'est le moment qu'on choisit pour en faire la chasse ; on en prend des quantités dans les plaines de Beauce et de Champagne. Quoique fort communs dans la saison, ils ne laissent pas d'être estimés comme un bon gibier. Hôtes passagers plutôt qu'habitants de nos campagnes, ils disparaissent à la chute des neiges, et ne font que repasser au printemps ; ils vont faire leur couvée dans les contrées septentrionales. Cette famille d'oiseaux, qui a beaucoup d'espèces, est commune aux deux continents.

LE GRAND PLUVIER

VULGAIREMENT APPELÉ COURLIS DE TERRE.

ET oiseau est beaucoup plus grand que le pluvier doré, il est même plus gros que la bécasse ; ses jambes épaisses ont un renflement marqué au-dessous du genou ; il n'a, comme le pluvier, que trois doigts fort courts ; ses jambes et ses pieds sont jaunes ; son bec est jaunâtre jusque vers le milieu, et noirâtre jusqu'à son extrémité. Tout le plumage, sur un fond gris blanc et gris roussâtre, est moucheté par pinceaux de brun et de noirâtre, dont les traits sont assez distincts sur le cou et la poitrine, et plus confus sur le dos et sur les ailes.

Le temps de son départ et la saison de son séjour ne

sont pas les mêmes que pour les pluviers ; il part en novembre, pendant les dernières nuits d'automne ; mais avant d'entreprendre le voyage, ces oiseaux se réunissent en troupes de trois ou quatre cents, à la voix d'un seul qui les appelle; et leur départ se fait pendant la nuit. On les revoit de bonne heure au printemps, et dès la fin de mars ils sont de retour en Beauce, en Sologne, en Berry et dans quelques autres provinces de la France. La femelle ne pond que deux ou quelquefois trois œufs sur la terre nue, entre des pierres ou dans un petit creux qu'elle forme sur le sable des landes et des dunes. Le mâle ne la quitte pas ; il l'aide à conduire ses petits, à les promener et à leur apprendre à distinguer leur nourriture. Cette éducation est même longue ; car, quoique les petits marchent et suivent leur père et leur mère peu de temps après qu'ils sont nés, ils ne prennent que tard assez de forces dans l'aile pour pouvoir voler.

LE VANNEAU.

Le vanneau paraît avoir tiré son nom du bruit que font ses ailes en volant, qui est assez semblable au bruit d'un van qu'on agite pour purger le blé. Il donne en partant un ou deux coups de voix, et se fait aussi entendre par reprises dans son vol, même durant la nuit ; il a les ailes très-fortes, et il s'en sert beaucoup, vole longtemps de suite et s'élève très-haut ; posé à terre, il s'élance, bondit et parcourt le terrain par petits vols coupés.

Cet oiseau est fort gai ; il est sans cesse en mouvement, folâtre, et se joue de mille façons en l'air.

Les vanneaux arrivent dans nos prairies en grandes troupes au commencement de mars ou même dès la fin de février, après le dernier dégel, et par le vent du sud. On les voit alors se jeter dans les blés verts, et couvrir le matin les prairies marécageuses pour y chercher les vers qu'ils ont l'adresse de faire sortir de terre. Le soir venu, ces oiseaux courent dans l'herbe et sentent sous leurs pieds les vers qui sortent à la fraîcheur ; ils en font ainsi une ample pâture, et vont ensuite se laver le bec et les pieds dans les petites mares ou dans les ruisseaux.

Ils se laissent difficilement approcher : on peut les joindre de plus près lorsqu'il fait un grand vent, car alors ils ont peine à prendre leur essor.

Ces oiseaux semblent être inconstants, et, en effet, ils ne se tiennent guère plus de vingt-quatre heures dans le même canton ; mais cette inconstance est fondée sur un besoin réel : un canton épuisé de vers en un jour, le lendemain la troupe est forcée de se transporter ailleurs. L'espèce du vanneau est très-répandue en Europe et en Asie.

LA BECASSE.

Ce bon oiseau stupide arrive dans nos bois vers le milieu d'octobre en même temps que les grives. La bécasse descend alors des hautes montagnes où elle habite pendant l'été, et d'où les premiers frimas déterminent son départ et nous l'amènent : c'est des sommets des Pyrénées et des Alpes, où elle passe l'été, qu'elle descend aux premières neiges qui tombent sur ces hauteurs dès le commencement d'octobre, pour venir dans les bois des collines inférieures et jusque dans nos plaines.

Les bécasses arrivent la nuit et quelquefois le jour, par un temps sombre, toujours une à une ou deux ensemble, et jamais en troupes ; elles s'abattent dans les grandes haies, dans les taillis, dans les futaies, et préfèrent les bois où il y a beaucoup de terreau et de feuilles tombées ; elles s'y tiennent retirées et tapies tout le jour; elles quittent ces endroits fourrés à l'entrée de la nuit, pour se répandre dans les clairières, en suivant les sentiers ; elles cherchent les terres molles et les petites mares, où elles vont pour se laver le bec et les pieds qu'elles se sont remplis de terre en cherchant leur nourriture.

La bécasse bat des ailes avec bruit en partant ; son vol, quoique rapide, n'est ni élevé ni longtemps soutenu; elle s'abat avec tant de promptitude, qu'elle semble tomber comme une masse abandonnée à toute sa pesanteur; peu d'instants après sa chute elle court avec vitesse, mais bientôt elle s'arrête, élève sa tête, regarde de tous côtés pour se rassurer avant d'enfoncer son bec dans la terre.

Il paraît que cet oiseau, avec de grands yeux, ne voit bien qu'au crépuscule, et qu'il est offusqué d'une lumière plus forte : c'est ce que semblent prouver ses allures et ses mouvements, qui ne sont jamais si vifs qu'à la nuit tombante et à l'aube du jour.

C'est à la fin de l'hiver, c'est-à-dire au mois de mars, que presque toutes les bécasses quittent nos plaines pour retourner sur leurs montagnes ; au printemps, elles volent sans s'arrêter, pendant la nuit; mais le matin elles se cachent dans les bois pour y passer la journée, et en partent le soir pour continuer leur route ; tout l'été elles se tiennent dans les lieux les plus solitaires et les plus élevés des montagnes où elles nichent.

Elles font leur nid par terre, comme tous les oiseaux qui ne se perchent pas. On trouve dans ce nid quatre ou cinq œufs. Lorsque les petits sont éclos, ils quittent le nid et courent quoique encore couverts de poil follet ; ils commencent même à voler avant d'avoir d'autres plumes que celles des ailes ; ils fuient ainsi voletant et courant quant ils sont découverts ; on a vu la mère et le père prendre sous leur gorge un des petits, le plus faible, sans doute, et l'emporter ainsi à plus de mille pas ; le mâle ne quitte pas la femelle tant que les petits ont besoin de leur secours ; il ne fait entendre sa voix que dans le temps de leur éducation ; car, pendant le reste de l'année, il est muet ainsi que sa femelle. L'espèce de la bécasse est universellement répandue.

LA BÉCASSINE.

La bécassine a, comme la bécasse, le bec très-long et la tête carrée ; le plumage madré de même, excepté que le roux s'y mêle moins, et que le gris blanc et le noir y dominent ; mais la bécassine a des habitudes tout opposées à celles de la bécasse ; elle ne fréquente pas les bois ; elle se tient dans les endroits marécageux des prairies, dans les herbages et les osiers qui bordent les rivières ; elle s'élève si haut en volant, qu'on l'entend encore lorsqu'on l'a perdue de vue ; elle jette, en prenant son essor, un petit cri court et sifflé ; elle n'habite les montagnes en aucune saison.

En France, les bécassines paraissent en automne : on en voit quelquefois trois ou quatre ensemble, mais le plus souvent on les rencontre seules. Il en reste tout l'hiver dans nos contrées autour des fontaines chaudes et des petits marais voisins de ces fontaines ; au printemps elles repassent en grand nombre, et il paraît que cette saison est celle de leur arrivée en plusieurs pays où elles nichent, comme en Allemagne, en Silésie, en Suisse ; on trouve leur nid en juin : il est placé à terre, sous quelque grosse racine d'aulne ou de saule. Les petits quittent le nid en sortant de la coque : ils paraissent laids et informes ; la mère ne les en aime pas moins; elle en a soin jusqu'à ce que leur grand bec, trop mou, soit devenu plus ferme, et ne les quitte que quand ils peuvent aisément se pourvoir d'eux-mêmes.

La bécassine pique continuellement la terre, sans qu'on puisse bien bien dire ce qu'elle mange ; elle est ordinairement fort grasse.

Quoiqu'on ne manque guère de trouver en automne des bécassines dans nos marais, l'espèce n'en est pas aussi nombreuse aujourd'hui qu'elle l'était ci-devant; mais elle est répandue encore plus universellement que celle de la bécasse, car on la rencontre dans toutes les parties du monde.

LA POULE D'EAU.

Les habitudes de la poule d'eau répondent à sa conformation ; elle va à l'eau, sans cependant y nager beaucoup, si ce n'est pour traverser d'un bord à l'autre ; cachée durant la plus grande partie du jour dans les roseaux ou sous les racines des aulnes, des saules et des osiers, ce n'est que sur le soir qu'elle se promène sur l'eau ; elle fréquente moins les marécages et les marais que les rivières et les étangs. Son nid, posé tout au bord de l'eau, est construit d'un assez gros amas de débris de roseaux et de joncs entrelacés ; la mère quitte son nid tous les soirs, et couvre ses œufs auparavant avec des brins de joncs et d'herbes. Dès que les petits sont éclos, ils courent et suivent leur mère qui les mène à l'eau : elle cache si bien sa petite famille, qu'il est très-difficile de la lui enlever, pendant le très-petit temps qu'elle la soigne; car bientôt ces jeunes oiseaux sont devenus assez forts pour se pourvoir par eux-mêmes. Les poules d'eau quittent en octobre les pays froids et les montagnes, et passent l'hiver dans les climats tempérés.

LE COURLIS.

Cet oiseau a le bec très-long, relativement à la grandeur de son corps; ce bec est assez grêle, sillonné de rainures, également courbé dans toute sa longueur et terminé en pointe mousse; il est faible et d'une substance tendre, et ne paraît propre qu'à tirer les vers de la terre molle.

Le courlis se nourrit de vers de terre, d'insectes, de menus coquillages, qu'il ramasse sur les sables et les vases de la mer, ou sur les marais et dans les prairies humides.

Ces oiseaux courent très-vite et volent en troupes; ils sont de passage en France, et s'arrêtent à peine dans nos provinces intérieures; mais ils séjournent dans nos contrées maritimes, comme en Poitou, en Aunis et en Bretagne, le long de la Loire, où ils nichent. On assure qu'en Angleterre ils n'habitent les bords de la mer qu'en hiver, et qu'en été ils vont nicher dans l'intérieur du pays vers les montagnes; on en voit dans l'automne en

Silésie, et ils se portent en été jusqu'à la mer Baltique et au golfe de Bothnie ; on les trouve également en Italie et en Grèce, et il paraît que leurs migrations s'étendent au delà de la mer Méditerranée, car ils passent à Malte deux fois l'année, au printemps et en automne ; du reste, on rencontre des courlis dans presque toutes les parties du monde.

LA GRUE

Les grues portent leur vol très-haut, et se mettent en ordre pour voyager ; elles forment un triangle à peu près isocèle, comme pour fendre l'air plus aisément. Quand le vent se renforce et menace de les rompre, elles se resserrent en cercle, ce qu'elles font aussi quand l'aigle les attaque ; leur passage s'opère le plus souvent dans la nuit.

Le vol de la grue est toujours soutenu, quoique marqué par diverses inflexions ; ses vols différents ont été observés comme des présages des changements du ciel et de la température. Les cris des grues dans le jour indiquent la pluie ; les clameurs plus bruyantes et comme tumultueuses annoncent la tempête. Si le matin ou le soir on les voit s'élever et voler paisiblement en troupe, c'est un indice de sérénité ; au contraire, si elles pressentent l'orage, elles baissent leur vol et s'abattent sur terre.

A terre, les grues rassemblées établissent une garde pendant la nuit, et la circonspection de ces oiseaux a été regardée comme le symbole de la vigilance : la troupe dort la tête cachée sous l'aile, mais le chef veille la tête haute, et si quelque objet le frappe, il en avertit par un cri.

Les premiers froids de l'automne avertissent les grues de la révolution de la saison ; elles partent alors pour changer de ciel. Celles du Danube et de l'Allemagne passent sur l'Italie. Dans nos provinces de France, elles paraissent au mois de septembre et d'octobre, et jusqu'en novembre, lorsque le temps de l'arrière-automne est doux ; mais la plupart ne font que passer rapidement et ne s'arrêtent point : elles reviennent au premier printemps, en mars et avril. C'est dans les terres du Nord, autour des marais, que la plupart des grues vont poser leurs nids ; d'autre côté, on assure que les grues ne nichent que dans les régions de l'Inde, ce qui prouverait qu'elles font deux nichées et dans les deux climats opposés. Les grues ne pondent que deux œufs ; les petits sont à peine élevés qu'arrive le temps du départ, et leurs premières forces sont employées à suivre et accompagner leur père et leur mère dans leurs voyages.

LA CIGOGNE.

La cigogne blanche a le vol puissant et soutenu, comme tous les oiseaux qui ont des ailes très-amples et la queue courte ; elle porte en volant la tête roide en avant et les pattes étendues en arrière comme pour lui servir de gouvernail ; elle s'élève fort haut et fait de très-longs voyages, même dans les saisons orageuses. On voit les cigognes arriver en Allemagne vers le 8 ou le 10 de mai ; elles devancent ce temps dans nos provinces. Leur retour est partout d'un agréable augure, et leur apparition annonce le printemps. Elles reviennent constamment aux mêmes lieux, et si leur ancien nid est détruit, elles le reconstruisent de nouveau. C'est ordinairement sur les combles élevés, sur les créneaux des tours, et quelquefois sur les grands arbres, au bord des eaux ou à la pointe d'un rocher escarpé, qu'elles le posent.

Dans l'attitude du repos, la cigogne se tient sur un pied, le cou replié, la tête en arrière et couchée sur l'épaule ; elle guette les mouvements de quelques reptiles qu'elle fixe d'un œil perçant : les grenouilles, les lézards, les couleuvres et les petits poissons sont la proie qu'elle va cherchant dans les marais, ou sur les bords des eaux et dans les vallées humides.

Elle ne pond pas au delà de quatre œufs, et souvent pas plus de deux. Le mâle les couve dans le temps que la femelle va chercher sa pâture ; les œufs éclosent au bout d'un mois ; le père et la mère redoublent alors d'activité pour porter la nourriture à leurs petits, qui la reçoivent en se dressant et rendant une espèce de sifflement. Au reste, le père et la mère ne s'éloignent jamais du nid tous deux ensemble ; et tandis que l'un est à la chasse, on voit l'autre se tenir aux environs, debout sur une jambe, et l'œil toujours à ses petits.

Lorsqu'elles sont assemblées pour le départ, il se fait alors un grand mouvement dans la troupe : toutes semblent se chercher, se reconnaître et se donner l'avis du départ général, dont le signal, dans nos contrées, est le vent du nord. Elles s'élèvent toutes ensemble, et dans quelques instants se perdent au haut des airs. La cigogne est d'un naturel assez doux ; elle n'est ni défiante ni sauvage, et elle peut s'appriveiser aisément ; elle a presque toujours l'air triste et la contenance morne, quoiqu'elle donne quelquefois des signes de gaieté ; elle est d'une propreté remarquable ; elle vit longtemps.

L'on attribue à cet oiseau des vertus morales dont l'image est toujours respectable : la tempérance, la piété filiale et paternelle.

LE KAMICHI.

Au milieu des sons discordants d'oiseaux criards et de reptiles croassants, s'élève par intervalles une grande voix qui leur impose à tous, et dont les eaux retentissent au loin : c'est la voix du kamichi, grand oiseau noir très-remarquable par la force de son cri et par celle de ses armes ; mais, malgré des armes très-offensives et qui le rendraient formidable au combat, le kamichi n'attaque point les autres oiseaux, et ne fait la guerre qu'aux reptiles ; il a même les mœurs douces et le naturel profondément sensible, car le mâle et la femelle se tiennent toujours ensemble, et à la mort de l'un d'eux, celui qui reste erre sans cesse en gémissant, et se consume près des lieux où il a perdu ce qu'il aime.

Ces affections touchantes forment dans cet oiseau, avec sa vie de proie, un singulier contraste. On a remarqué avec raison que l'espèce du kamichi est seule dans son genre ; sa forme est, en effet, composée de parties disparates, et la nature lui a donné des attributs extraordinaires ; c'est donc sans aucun fondement qu'on en a fait un aigle, puisqu'il n'en a ni le bec, ni la tête, ni les pieds. Le kamichi est un oiseau demi-aquatique ; il construit son nid en forme de four au pied d'un arbre, il marche le cou droit, la tête haute, et il hante les forêts. Cependant plusieurs voyageurs ont assuré qu'on le trouve encore plus souvent dans les savanes.

LE HÉRON COMMUN.

Et oiseau nous offre l'image d'une vie de souffrance, d'anxiété, d'indigence : n'ayant que l'embuscade pour tout moyen d'industrie, le héron passe des heures, des jours entiers à la même place, immobile au point de laisser douter si c'est un être animé. Réduit à attendre que sa proie vienne s'offrir à lui, et n'ayant qu'un instant pour la saisir, il doit subir de longs jeûnes et quelquefois périr d'inanition : car il n'a pas l'instinct, lorsque l'eau est couverte de glace, d'aller chercher à vivre dans des climats plus tempérés ; il supporte la faim et la soif ; il ne résiste et ne vit qu'à force de patience et de sobriété.

Lorsqu'on prend un héron, on peut le garder quinze jours sans lui voir chercher ni prendre aucune nourriture : il rejette même celle qu'on tente de lui faire avaler ; sa mélancolie naturelle, augmentée sans doute par la captivité, l'emporte sur l'instinct de sa conservation ; l'apathique héron semble se consumer sans languir ; il périt sans se plaindre et sans apparence de regret ; mais, s'il est pris jeune, il s'apprivoise, se nourrit et s'engraisse.

Triste et solitaire hors le temps des nichées, il ne paraît connaître aucun plaisir, ni même les moyens d'éviter la peine. Dans les plus mauvais temps il se tient isolé, découvert, posé sur un pieu ou sur une pierre, au bord d'un ruisseau, sur une butte, au milieu d'une prairie inondée ; il reste ainsi exposé à toutes les injures de l'air et à la plus grande rigueur des frimas. Ses longues jambes ne sont que des échasses inutiles à la course ; il reste debout et au repos absolu pendant la plus grande partie du jour, et ce repos lui tient lieu de sommeil, car il prend quelque essor pendant la nuit. On l'entend alors crier en l'air à toute heure et dans toutes les saisons ; sa voix est un son unique, sec, aigre et plaintif ; ce cri se répète de moment en moment, et se prolonge sur un ton plus perçant et très-désagréable lorsque l'oiseau ressent de la douleur.

Le héron ajoute encore aux malheurs de sa chétive vie le mal de la crainte et de la défiance ; il paraît s'inquiéter et s'alarmer de tout.

LE BUTOR.

 Cet oiseau est toujours si caché qu'on ne peut le trouver ni le voir de près. A toutes ces précautions pour se rendre invisible et inabordable, le butor semble ajouter une ruse de défiance : il tient sa tête élevée, et comme il a plus de deux pieds et demi de hauteur, il voit par-dessus les roseaux sans être lui-même aperçu ; il ne change de lieu qu'à l'approche de la nuit dans la saison d'automne, et il passe le reste de sa vie dans une inaction qui lui a fait donner le surnom de *paresseux ;* tout son mouvement se réduit, en effet, à se jeter sur une grenouille ou un petit poisson qui vient se livrer lui-même à ce pêcheur indolent.

Il fait son nid presque sur l'eau, au milieu des roseaux, dans le mois d'avril ; les jeunes naissent presque nus et sont d'une figure hideuse : ils semblent n'être que cou et jambes ; ils ne sortent du nid que plus de vingt jours après leur naissance ; le père et la mère les nourrissent dans les premiers temps de sangsues, de lézards, de grenouilles et de petites anguilles. Les busards, qui dévastent les nids de tous les autres oiseaux de marais, touchent rarement à celui du butor ; le père et la mère y veillent sans cesse et le défendent ; les enfants n'osent en approcher, ils risqueraient de se faire crever les yeux.

LE RALE DE TERRE OU DE GENÊT

VULGAIREMENT ROI DES CAILLES.

Dans les prairies humides, dès que l'herbe est haute et jusqu'au temps de la récolte, il sort des endroits les plus touffus de l'herbage une voix rauque, ou plutôt un cri bref, aigre et sec, *crék crék crék*, assez semblable au bruit que l'on exciterait en passant et appuyant fortement le doigt sur les dents d'un gros peigne ; et lorsqu'on s'avance vers cette voix, elle s'éloigne et on l'entend venir de cinquante pas plus loin : c'est le râle de terre qui jette ce cri, qu'on prendrait pour le croassement d'un reptile. Cet oiseau fuit rarement au vol, mais presque toujours en marchant avec vitesse et passant à travers le plus touffu des herbes, il y laisse une trace remarquable. On commence à l'entendre vers le 10 ou le 12 de mai, dans le même temps que les cailles, qu'il semble accompagner en tout temps, car il arrive et repart avec elles ; cette circonstance, jointe à ce que le râle et les cailles habitent également les prairies, qu'il y vit seul, et qu'il est beaucoup moins commun et un peu plus gros que la caille, a fait imaginer qu'il se mettait à la tête de leurs bandes comme chef ou conducteur de leur voyage, et c'est ce qui lui a fait donner le nom de *roi des cailles ;* mais il diffère de ces oiseaux par les caractères de conformation.

LE RALE D'EAU.

LE râle d'eau court le long des eaux stagnantes aussi vite que le râle de terre dans les champs ; il se tient de même toujours caché dans les grandes herbes et les joncs ; il n'en sort que pour traverser les eaux à la nage et même à la course, car on le voit souvent courir légèrement sur les larges feuilles du nénuphar, qui couvrent les eaux dormantes. Il se fait de petites routes à travers les grandes herbes ; on y tend des lacets, et on le prend d'autant plus aisément, qu'il revient constamment à son gîte, et par le même chemin.

PALMIPÈDES.

LE CYGNE.

Roi paisible des oiseaux aquatiques, il brave les tyrans de l'air ; il attend l'aigle sans le provoquer, sans le craindre ; il repousse ses assauts, en opposant à ses armes la résistance de ses plumes, et les coups précipités d'une aile vigoureuse qui lui sert d'égide, et souvent la victoire couronne ses efforts. Au reste, il n'a que ce fier ennemi, tous les autres oiseaux de guerre le respectent, et il est en paix avec toute la nature.

Les grâces de la figure, la beauté de la forme répondent, dans le cygne, à la douceur du naturel ; il plaît à

tous les yeux, il décore, embellit tous les lieux qu'il fréquente ; on l'aime, on l'applaudit, on l'admire.

Il nage si vite, qu'un homme, marchant rapidement au rivage, a grand'peine à le suivre. Il vit très-longtemps, jusqu'à trois cents ans, a-t-on dit, mais sans doute avec exagération. La mère recueille nuit et jour ses petits sous ses ailes, et le père se présente avec intrépidité pour les défendre avec courage, avec fureur contre tout assaillant. Les petits naissent fort laids et seulement couverts d'un duvet gris ou jaunâtre, comme les oisons ; leurs plumes ne poussent que quelques semaines après, et sont encore de la même couleur ; ce vilain plumage change à la première mue, au mois de septembre ; ils prennent alors beaucoup de plumes blanches, d'autres plus blondes que grises, surtout à la poitrine et sur le dos ; ce plumage chamarré tombe à la seconde mue, et ce n'est qu'à dix-huit mois et même deux ans d'âge que ces oiseaux ont pris leur belle robe d'un blanc pur et sans tache.

Les anciens ne s'étaient pas contentés de faire du cygne un chantre merveilleux : seul entre tous les êtres qui frémissent à l'aspect de leur destruction, il chantait encore au moment de son agonie, et préludait par des sons harmonieux à son dernier soupir. Nulle fiction en histoire naturelle, nulle fable chez les anciens, n'a été plus célébrée, plus répétée, plus accréditée. Les cygnes, sans doute, ne chantent point leur mort ; mais toujours, en parlant du dernier essor et des derniers élans d'un beau génie près de s'éteindre, on rappellera avec sentiment cette expression touchante : *C'est le chant du cygne !*

L'OIE.

L'oie est, dans le peuple de la basse-cour, un habitant de distinction ; sa corpulence, son port droit, sa démarche grave, son plumage net et lustré, et son naturel social qui la rend susceptible d'un fort attachement et d'une longue reconnaissance ; enfin sa vigilance, très-anciennement célébrée, tout concourt à nous présenter l'oie comme l'un des plus intéressants et même des plus utiles de nos oiseaux domestiques ; car indépendamment de la bonne qualité de sa chair et de sa graisse, dont aucun autre oiseau n'est plus abondamment pourvu, l'oie nous fournit cette plume délicate sur laquelle la mollesse se plaît à reposer, et cette autre plume, instrument de nos pensées, et avec laquelle nous écrivons ici son éloge.

La domesticité de l'oie est moins ancienne et moins complète que celle de la poule : celle-ci pond en tout temps, plus en été, moins en hiver ; mais les oies ne produisent rien en hiver, et ce n'est communément qu'au mois de mars qu'elles commencent à pondre.

Mais, si la domesticité de l'oie est plus moderne que

celle de la poule, elle paraît être plus ancienne que celle du canard, dont les traits originaires ont moins changé, en sorte qu'il y a plus de distance apparente entre l'oie sauvage et l'oie privée, qu'entre les canards.

La femelle couve constamment et si assidûment, qu'elle en oublie le boire et le manger, si l'on ne place tout près du nid sa nourriture. Quoique la marche de l'oie paraisse lente, oblique et pesante, on ne laisse pas d'en conduire des troupeaux fort loin à petites journées. Le plus léger bruit les éveille, et toutes ensemble crient ; elles jettent aussi de grands cris lorsqu'on leur présente de la nourriture, au lieu qu'on rend le chien muet en lui offrant cet appât, ce qui a fait dire que les oies étaient les meilleures et les plus sûres gardiennes de la ferme, et la plus vigilante sentinelle que l'on puisse poser dans une ville assiégée. Tout le monde sait qu'au Capitole elles avertirent les Romains de l'assaut que tentaient les Gaulois, et que ce fut le salut de Rome.

On donne assez volontiers le nom de l'oie aux gens sots et niais ; mais, indépendamment des marques de sentiment, des signes d'intelligence qu'on lui reconnaît, le courage avec lequel elle défend sa couvée et se défend elle-même contre l'oiseau de proie, et certains traits d'attachement, de reconnaissance, même très-singuliers, démontrent que ce mépris serait très-mal fondé. Outre l'oie domestique, il y a encore l'oie sauvage, qui ne diffère de la première que parce qu'elle a pu échapper à l'homme et conserver sa liberté.

LE CANARD.

L'ESPÈCE du canard est partagée en deux grandes tribus ou races distinctes dont l'une, depuis longtemps privée, se propage dans nos basses-cours en y formant une des plus utiles et des plus nombreuses familles de nos volailles, et l'autre, sans doute encore plus étendue, nous fuit constamment, se tient sur les eaux, ne fait, pour ainsi dire, que passer et repasser en hiver dans nos contrées, et s'enfonce au printemps dans les régions du Nord pour y nicher sur les terres les plus éloignées de l'empire de l'homme.

C'est vers le 15 d'octobre que paraissent en France les premiers canards ; leurs bandes, d'abord petites et peu fréquentes, sont suivies en novembre par d'autres plus nombreuses.

Ces oiseaux sont très-défiants ; jamais ils ne se posent qu'après avoir fait plusieurs circonvolutions sur le lieu où ils voudraient s'abattre, comme pour l'examiner, le reconnaître et s'assurer s'il ne recèle aucun ennemi ; et lorsque enfin ils s'abaissent, c'est toujours avec précaution. Les allures du canard sauvage sont plus de nuit que de jour ; ils paissent, voyagent, arrivent et partent principalement sur le soir et même la nuit.

Tant que la saison ne devient pas rigoureuse, les insectes aquatiques et les petits poissons, les graines du jonc, la lentille d'eau et quelques autres plantes marécageuses, fournissent abondamment à la pâture des canards ; mais vers la fin de décembre ou au commencement de janvier, ils se portent sur les rivières encore coulantes, et vont ensuite à la rive des bois ramasser les glands. Dans la saison d'été ils couvrent, pour ainsi dire, tous les lacs et toutes les rivières de Sibérie et de Laponie. Quoique la cane sauvage place de préférence sa nichée près des eaux, on ne laisse pas d'en trouver quelques nids dans les bruyères assez éloignées. Il y a ordinairement dans chaque nid dix à quinze et quelquefois jusqu'à dix-huit œufs.

Le mâle ne paraît pas remplacer la femelle dans le soin de la couvée : seulement il se tient à peu de distance, il l'accompagne lorsqu'elle va chercher sa nourriture. Tous les petits naissent dans la même journée, et dès le lendemain la mère descend du nid et les appelle à l'eau ; timides ou frileux, ils hésitent et même quelques-uns se retirent, néammoins le plus hardi s'élance après la mère, et bientôt les autres le suivent. Une fois sortis du nid, ils n'y rentrent plus ; tout le jour ils guettent, à la surface de l'eau et sur les herbes, les moucherons et autres menus insectes qui font leur première nourriture ; on les voit plonger, nager et faire mille évolutions sur l'eau avec autant de vitesse que de facilité.

LES SARCELLES.

La forme que la nature a le plus nuancée, variée, multipliée dans les oiseaux, est celle du canard. Mais il se présente un genre subalterne, presque aussi nombreux que celui des canards; les sarcelles sont de véritables canards bien plus petits que les autres. Il y en a plusieurs espèces; mais aucune n'est aujourd'hui, comme autrefois, destinée à la domesticité.

La figure de la sarcelle commune est celle d'un petit canard, et sa grosseur celle d'une perdrix. Le plumage du mâle, avec des couleurs moins brillantes que celui du canard, n'en est pas moins riche en reflets agréables; le devant du corps présente un beau plastron tissu de noir sur gris; les côtés du cou et les joues, jusque sous les yeux, sont ouvragés de petits traits de blanc sur un fond roux; des plumes longues et taillées en pointe couvrent les épaules et retombent sur l'aile en rubans blancs et noirs; les couvertures qui tapissent les ailes sont ornées d'un petit miroir vert.

La parure de la femelle est bien plus simple; vêtue partout de gris et de gris brun, à peine remarque-t-on quelques ombres d'ondes ou de festons sur sa robe.

A certaines époques, le mâle fait entendre un cri semblable à celui du râle; la femelle ne fait guère son nid dans nos provinces, et presque tous ces oiseaux nous quittent avant le 15 ou 20 d'avril ; ils volent par bandes dans leurs voyages, mais sans garder d'ordre régulier ; ils ne se plongent pas souvent, et trouvent à la surface de l'eau et vers ses bords la nourriture qui leur convient ; les mouches et les graines des plantes aquatiques sont leurs aliments de préférence.

LE PÉLICAN.

Cet oiseau, par la largeur de ses ailes, dont l'envergure est de onze ou douze pieds, se soutient très-aisément et très-longtemps dans l'air.

Les pélicans prennent, pour pêcher, les heures du matin et du soir où le poisson est le plus en mouvement, et choisissent les lieux où il est le plus abondant.

Ce gros oiseau paraît susceptible de quelque éducation et même d'une certaine gaieté, malgré sa pesanteur : il n'a rien de farouche, et s'habitue volontiers avec l'homme. Il y a l'histoire fameuse de ce pélican qui suivait l'empereur Maximilien, volant sur l'armée quand elle était en marche, et s'élevant quelquefois si haut, qu'il ne paraissait plus que comme une hirondelle, quoiqu'il eût quinze pieds d'un bout des ailes à l'autre.

Le pélican vit très-longtemps, et même en captivité il prolonge sa vie beaucoup plus que la plupart des autres oiseaux. Il est très-vorace, très-grand mangeur et engloutit en une seule pêche autant de poisson qu'il en faudrait pour le repas de six hommes ; il avale aisément un poisson de sept ou huit livres. Il se trouve dans les deux continents.

LE CORMORAN.

E cormoran est d'une telle adresse à pêcher et d'une si grande voracité que, quand il se jette sur un étang, il y fait seul plus de dégât qu'une troupe entière d'autres oiseaux pêcheurs. Comme il peut rester longtemps plongé, et qu'il nage sous l'eau avec la rapidité d'un trait, sa proie ne lui échappe guère, et il revient presque toujours sur l'eau avec un poisson en travers de son bec. Pour l'avaler il fait un singulier manége ; il jette en l'air son poisson, et il a l'adresse de le recevoir la tête la première, de façon que les nageoires se couchent au passage du gosier, tandis que la peau membraneuse qui garnit le dessous du bec, prête et s'étend comme il est nécessaire pour admettre et laisser passer le corps entier du poisson, qui est souvent fort gros en comparaison du cou de l'oiseau.

La faim seule donne de l'activité au cormoran, il devient paresseux et lourd dès qu'il est rassasié.

Ce qu'il y a de fort singulier dans la nature du cormoran, c'est qu'il supporte également les chaleurs du Sénégal et les frimas de Sibérie.

LES GOËLANDS ET LES MOUETTES.

Les goëlands et les mouettes sont également voraces et criards; on peut dire que ce sont les vautours de la mer; ils la nettoient des cadavres de toute espèce qui flottent à sa surface ou qui sont rejetés sur les rivages, aussi lâches que gourmands, ils n'attaquent que les animaux faibles, et ne s'acharnent que sur les corps morts. Leur port ignoble, leurs cris importuns, leur bec tranchant et crochu, présentent les images désagréables d'oiseaux sanguinaires et bassement cruels. Le poisson frais ou gâté, la chair sanglante, récente ou corrompue, les écailles, les os même, tout se digère et se consume dans leur estomac; ils avalent l'amorce et l'hameçon.

REPTILES.

LES TORTUES[1].

Les tortues ont reçu en naissant une sorte de domicile durable : elles portent partout avec elles l'abri que la nature leur a donné; et c'est avec toute vérité qu'on a dit qu'elles traînent leur maison, sous laquelle elles sont d'autant plus à couvert, qu'elle ne peut pas être détruite par les efforts de leurs ennemis.

La plupart des tortues retirent quand elles veulent

[1]. Ici commence une série d'animaux dont l'histoire et la description sont extraites des Œuvres de Lacépède.

leur tête, leurs pattes et leur queue sous l'enveloppe dure et osseuse qui les revêt par-dessus et par-dessous, et dont les ouvertures sont assez étroites pour que les serres des oiseaux voraces ou les dents des quadrupèdes carnassiers n'y pénètrent que difficilement. Ce bouclier impénétrable qui les garantit est composé de deux espèces de tables osseuses, plus ou moins arrondies et plus ou moins convexes. L'une est placée au-dessus et l'autre au-dessous du corps. La supérieure s'appelle *carapace*; et l'inférieure se nomme *plastron*. Ces deux couvertures ne se touchent et ne sont attachées ensemble que par les côtés ; elles laissent deux ouvertures, l'une devant, et l'autre derrière : la première donne passage à la tête et aux deux pattes de devant; la seconde aux deux pattes de derrière et à la queue. Lorsque les tortues veulent ou marcher ou nager, elles sont obligées d'étendre leur tête, leur cou et leurs pattes, qui paraissent alors à l'extérieur. Leur tête est garnie de petites écailles comme celle des lézards, des serpents et des poissons, avec lesquels elle donne aux tortues un trait de ressemblance.

Le plastron est presque toujours plus court que la carapace, qui le déborde et le recouvre par devant, et surtout par derrière ; il est aussi moins dur, et souvent presque plat. Ces deux boucliers sont composés de plusieurs pièces osseuses, dont les bords sont comme dentelés, et qui s'engrènent les unes dans les autres d'une manière plus ou moins sensible.

Les tortues présentent, dans certaines espèces, des couleurs assez belles pour être recherchées et servir à des objets de luxe ; et ce qui les rend d'autant plus propres à être employées dans les arts, c'est qu'elles se ramollissent et se fondent à un feu assez doux, de manière à être réunies, moulées, et à prendre toutes sortes de figures.

Nous connaissons vingt-quatre espèces de ces animaux; elles diffèrent toutes les unes des autres par leur grandeur, et aussi par leurs habitudes : les unes vivent presque toujours dans la mer; les autres, au contraire, préfèrent le séjour des eaux douces ou des terrains secs et élevés.

LES LÉZARDS.

E genre des lézards est le plus nombreux de ceux qui forment l'ordre des quadrupèdes ovipares.

On peut distinguer facilement les lézards des autres quadrupèdes ovipares, parce qu'ils ne sont pas couverts d'une carapace comme les tortues, et parce qu'ils ont une queue, tandis que les grenouilles et les crapauds n'en ont point. Leur corps est revêtu d'écailles plus ou moins fortes. Leur grandeur varie depuis la longueur de deux ou trois pouces jusqu'à celle de vingt-six ou même trente pieds. La forme et la proportion de leur queue varient aussi : dans les uns, elle est aplatie ; dans les autres, elle est ronde Dans quelques espèces, sa longueur égale trois fois celle du corps; dans quelques autres, elle est très-courte ; dans toutes, elle s'étend horizontalement, et est presque aussi grosse à son origine que l'extrémité du corps à laquelle elle est attachée.

Les habitudes de ces animaux sont aussi diversifiées que leur conformation extérieure : les uns passent leur vie dans l'eau ou sur les bords déserts des grands fleuves et des marais : d'autres, bien loin de fuir les endroits habités, les choisissent de préférence pour leur demeure ; ceux-ci vivent au milieu des bois, et y courent avec vitesse sur les rameaux les plus élevés.

LE LÉZARD VERT.

'est dans les premiers jours du printemps que le lézard vert brille de tout son éclat, lorsque ayant quitté sa vieille peau, il expose au soleil son corps émaillé des plus vives couleurs. Les rayons qui rejaillissent de dessus ses écailles les dorent par reflets ondoyants : elles étincellent du feu de l'émeraude. C'est principalement dans les climats chauds qu'il se montre avec l'éclat de l'or et des pierreries ; c'est là qu'une lumière plus vive anime ses couleurs et les multiplie.

Plus fort que le lézard gris, le vert se bat contre les serpents : il est rarement vainqueur. L'on a dit qu'il avertissait l'homme de la présence des serpents qui pouvaient lui nuire. Il recherche les vers et les insectes. Il se nourrit aussi d'œufs de petits oiseaux, qu'il va chercher au haut des arbres, où il grimpe avec assez de vitesse.

Quoique plus bas sur ses pattes que le lézard gris, il court cependant avec agilité et part avec assez de promptitude pour donner un premier mouvement de

surprise et d'effroi, lorsqu'il s'élance au milieu des broussailles ou des feuilles sèches. Il saute très-haut ; et comme il est très-fort, il est aussi plus hardi que le lézard gris : il se défend contre les chiens qui l'attaquent.

Ses habitudes sont d'ailleurs assez semblables à celles du lézard gris, et ses œufs sont ordinairement plus gros que ceux de ce dernier.

Ce n'est pas seulement dans les pays chauds des deux

continents qu'on trouve ces lézards; ils habitent aussi des contrées très-tempérées, et même un peu septentrionales, quoiqu'ils y soient moins nombreux et moins grands.

LE LÉZARD GRIS.

E lézard gris paraît être le plus doux, le plus innocent, et l'un des plus utiles des lézards. Ce joli petit animal, si commun en France, n'a pas reçu de la nature un vêtement aussi éclatant que plusieurs autres quadrupèdes ovipares; mais elle lui a donné une parure élégante : sa petite taille est svelte; son mouvement agile; sa course si prompte, qu'il échappe à l'œil aussi rapidement que l'oiseau qui vole. Il aime à recevoir la chaleur du soleil; ayant besoin d'une température douce, il cherche les abris; et, lorsque dans un beau jour de printemps, une lumière pure éclaire vivement un gazon en pente, ou une muraille qui augmente la chaleur en la réfléchissant, on le voit s'étendre sur ce mur ou sur l'herbe nouvelle, avec une espèce de volupté. Il se pénètre avec délices de cette chaleur bienfaisante; il marque son plaisir par de molles ondulations de sa queue déliée; il fait briller ses yeux vifs et animés; il se précipite comme un trait pour saisir une petite proie, ou pour trouver un abri plus commode. Bien loin de s'enfuir à l'approche de l'homme, il paraît le regarder avec complaisance : mais au moindre bruit qui l'effraye, à la chute seule d'une feuille, il se roule, tombe et demeure pendant quelques instants comme étourdi par sa chute.

La couleur grise que présente le dessus de son corps est variée par un grand nombre de taches bleuâtres, et par trois bandes presque noires qui parcourent la longueur du dos ; celle du milieu est plus étroite que les deux autres. Son ventre est peint de vert changeant en bleu ; il n'est aucune de ses écailles dont le reflet ne soit agréable ; et pour ajouter à cette simple mais riante parure, le dessous du cou est garni d'un collier composé d'écailles, ordinairement au nombre de sept, un peu plus grandes que les voisines, et qui réunissent l'éclat et la couleur de l'or.

Il a ordinairement cinq à six pouces de long, et un demi-pouce de large. On ne craint point ce lézard doux et paisible ; on l'observe de près. Il échappe communément avec rapidité, lorsqu'on veut le saisir ; mais lorsqu'on l'a pris, on le manie sans qu'il cherche à mordre ; les enfants en font un jouet, et, par suite de la grande douceur de son caractère, il devient familier avec eux. Les anciens l'ont appelé *l'ami de l'homme* ; il aurait fallu l'appeler *l'ami de l'enfance*.

Sa queue, qui va toujours en diminuant de grosseur, et qui se termine en pointe, est à peu près deux fois aussi longue que le corps. Lorsqu'elle a été brisée par quelque accident, elle repousse quelquefois.

LE CROCODILE.

Cet animal énorme, vivant sur les confins de la terre et des eaux, étend sa puissance sur les habitants des mers et sur ceux que la terre nourrit.

Il surpasse, par la longueur de son corps, et l'aigle et le lion, ces fiers rois de l'air et de la terre.

Il ne le cède en grandeur qu'à un petit nombre des animaux qui habitent les mêmes pays que lui. Il n'a pas l'instinct inné de la férocité. S'il se nourrit de proie, s'il dévore les autres animaux, s'il attaque même quelquefois l'homme, ce n'est pas pour assouvir un appétit cruel, mais uniquement pour satisfaire des besoins d'autant plus impérieux qu'il doit entretenir une masse plus considérable.

La forme générale du crocodile est assez semblable, en grand, à celle des autres lézards. Mais sa tête est allongée, aplatie et fortement ridée, le museau gros et un peu arrondi.

Les dents sont quelquefois au nombre de trente-six dans la mâchoire supérieure, et de trente dans la mâchoire inférieure; mais ce nombre doit souvent varier. Elles sont fortes, un peu creuses, pointues, inégales en longueur, attachées par de grosses racines placées de chaque côté sur un seul rang, et un peu courbées en arrière, principalement celles qui sont vers le bout du museau. Leur disposition est telle, que, quand la gueule est fermée, elles passent les unes entre les autres.

La mâchoire inférieure est la seule mobile dans le crocodile; ainsi que dans les autres quadrupèdes.

On a pensé que le crocodile n'avait pas de langue; il en a une cependant fort large, mais qu'il ne peut ni allonger ni darder à l'extérieur, parce qu'elle est attachée aux deux bords de la mâchoire inférieure par une membrane qui la couvre.

La nature a pourvu à la sûreté des crocodiles en les revêtant d'une armure presque impénétrable. Tout leur corps est couvert d'écailles, excepté le sommet de la tête.

Ces écailles carrées ont une très-grande dureté, et une flexibilité qui les empêche d'être cassantes : le milieu de ces lames présente une sorte de crête dure, qui ajoute à leur solidité, et, le plus souvent, elles sont à l'épreuve de la balle. C'est par les parties plus faibles que les cétacés et les poissons voraces attaquent le crocodile ; c'est par là que le dauphin lui donne la mort, et lorsque le chien de mer, connu sous le nom de *poisson-scie*, lui livre un combat, qu'ils soutiennent tous deux avec furie, le poisson-scie, ne pouvant percer les écailles tuberculeuses qui revêtent le dessus du corps de son ennemi, plonge et le frappe au ventre.

La couleur des crocodiles tire sur le jaune verdâtre, plus au moins nuancé d'un vert faible, par taches et par bandes; ce qui représente assez bien la couleur du bronze un peu rouillé.

La taille des crocodiles varie suivant la température des diverses contrées dans lesquelles on les trouve. La longueur des plus grands ne passe guère vingt-cinq ou vingt-six pieds; dans certaines contrées, leur longueur ordinaire ne s'étend pas au delà de treize ou quatorze pieds.

On n'a point recueilli assez d'observations sur les crocodiles pour savoir précisément quelle est la durée de leur vie ; mais on peut croire qu'elle est très-longue.

Le crocodile fréquente de préférence les rives des grands fleuves, dont les eaux surmontent souvent leurs bords, et qui, couvertes d'une vase limoneuse, offrent en plus grande abondance les testacés, les vers, les grenouilles, les lézards dont il se nourrit. Il se plaît surtout dans l'Amérique méridionale, au milieu des lacs marécageux et des savanes noyées.

Quelque redoutable que paraisse le crocodile, les Nègres des environs du Sénégal osent l'attaquer pendant qu'il est endormi, et tâchent de le surprendre dans des endroits où il n'a pas assez d'eau pour nager ; ils vont à lui audacieusement, le bras gauche enveloppé dans un cuir ; ils l'attaquent à coups de lance ou de zagaie ; ils le percent de plusieurs coups au gosier et dans les yeux ; ils lui ouvrent la gueule, la tiennent sous l'eau et l'empêchent de se fermer, en plaçant leur zagaie entre les mâchoires, jusqu'à ce que le crocodile soit suffoqué par l'eau qu'il avale en trop grande quantité.

Les sauvages de la Floride ont une autre manière de le prendre ; ils se réunissent au nombre de dix ou douze ; ils s'avancent au devant du crocodile qui cherche une proie sur le rivage ; ils portent un arbre qu'ils ont coupé par le pied ; le crocodile va à eux la gueule béante ; mais en enfonçant leur arbre dans cette large gueule, ils ont bientôt renversé et mis à mort le crocodile.

On dit aussi qu'il y a des gens assez hardis pour aller,

en nageant, jusque sous le crocodile, lui percer la peau du ventre, qui est presque le seul endroit où le fer puisse pénétrer.

Mais l'homme n'est pas le seul ennemi que le crocodile ait à craindre ; les tigres en font leur proie ; l'hippopotame le poursuit, et il est pour lui d'autant plus dangereux, qu'il peut le suivre avec acharnement jusqu'au fond de la mer. Les couguars, quoique plus faibles que les tigres, détruisent aussi un grand nombre de crocodiles. Ils attaquent les jeunes caïmans ; ils les attendent en embuscade sur le bord des grands fleuves, les saisissent au moment où ils montrent la tête hors de l'eau, et les dévorent. Mais lorsqu'ils en rencontrent de gros et de forts, ils sont attaqués à leur tour ; en vain ils enfoncent leurs griffes dans les yeux du crocodile ; cet énorme lézard, plus vigoureux qu'eux, les entraîne au fond de l'eau.

LE CAMÉLÉON.

On a dit que le caméléon changeait souvent de forme, qu'il n'avait point de couleur en propre, qu'il prenait celle de tous les objets dont il approchait, qu'il en était par là une sorte de miroir fidèle ; qu'il ne se nourrissait que d'air. Mais le caméléon des poëtes n'a jamais existé pour la nature.

Lorsque cependant nous aurons écarté les qualités fabuleuses attribuées au caméléon, et lorsque nous l'aurons peint tel qu'il est, on devra le regarder encore comme un des animaux les plus intéressants aux yeux des naturalistes, par la singulière conformation de ses diverses parties, par les habitudes remarquables qui en dépendent, et même par des propriétés qui ne sont pas très-différentes de celles qu'on lui a faussement attribuées.

On trouve des caméléons de plusieurs tailles assez différentes les unes des autres.

La peau du caméléon est parsemée de petites éminences comme le chagrin : elles sont très-lisses, plus marquées sur la tête, et environnées de grains presque imperceptibles.

Non-seulement le caméléon a les yeux enveloppés d'une manière qui lui est particulière, mais ils sont mobiles indépendamment l'un de l'autre : quelquefois il les tourne de manière que l'un regarde en arrière, et l'autre en avant; ou bien de l'un il voit les objets placés au-dessus de lui, tandis que de l'autre il aperçoit ceux qui sont situés au-dessous.

Sa langue, dont on a comparé la forme à un ver de terre, est longue et ronde communément de cinq ou six pouces, terminée par une espèce de gros nœud, creuse, et enduite d'une sorte de vernis visqueux qui sert au caméléon à retenir les mouches, les scarabées, les sauterelles, les fourmis et les autres insectes dont il se nourrit, et qui ne peuvent lui échapper, tant il la darde et la retire avec vitesse !

Le caméléon est plus élevé sur ses jambes que le plus grand nombre des lézards; il a moins l'air de ramper lorsqu'il marche. Il habite de préférence sur les arbres, où il a d'autant plus de facilité à grimper et à se tenir, que sa queue est longue et douée d'une assez grande force. C'est toujours avec lenteur qu'il va d'un rameau à un autre, et il est plutôt dans les bois en embuscade sous les feuilles pour retenir les insectes ailés qui peuvent tomber sur sa langue gluante, qu'en mouvement de chasse pour aller les surprendre.

Il est si doux qu'on peut lui mettre le doigt dans la bouche, et l'enfoncer très-avant, sans qu'il cherche à mordre.

Soit qu'il grimpe le long des arbres, soit que, caché sous les feuilles, il y attende paisiblement les insectes dont il se nourrit, soit enfin qu'il marche sur la terre, il paraît toujours assez laid ; mais la faculté qu'il a de présenter, suivant ses différents états, des couleurs plus ou moins variées, a toujours attiré sur lui l'attention.

Ces diverses teintes changent, en effet, avec autant de fréquence que de rapidité ; elles paraissent d'ailleurs dépendre du climat, de l'âge ou du sexe. Il est donc assez difficile d'assigner quelle est la couleur naturelle du caméléon. Il paraît cependant qu'en général ce lézard est d'un gris plus ou moins foncé, ou plus ou moins livide.

Il n'a reçu presque aucune arme pour se défendre : ne marchant que très-lentement, ne pouvant point échapper par la fuite à la poursuite de ses ennemis, il est la proie de presque tous les animaux qui cherchent à le dévorer.

Cet animal peut vivre près d'un an sans manger, et c'est vraisemblablement ce qui a fait dire qu'il ne se nourrissait que d'air.

On trouve le caméléon dans tous les climats chauds, tant de l'ancien que du nouveau continent.

LA GRENOUILLE COMMUNE.

Les grenouilles communes sont en apparence si conformes aux crapauds, qu'on ne peut aisément se représenter les unes sans penser aux autres. S'il n'avait point existé de crapauds, si l'on n'avait jamais eu devant les yeux ce vilain objet de comparaison, qui enlaidit par sa ressemblance autant qu'il salit par son approche, la grenouille nous paraîtrait aussi agréable par sa conformation que distinguée par ses qualités, et intéressante par les phénomènes qu'elle présente dans les diverses époques de sa vie.

Les grenouilles communes varient par la grandeur, suivant les pays qu'elles habitent, la nourriture qu'elles trouvent, la chaleur qu'elles éprouvent, etc. Dans les zones tempérées, la longueur ordinaire de ces animaux

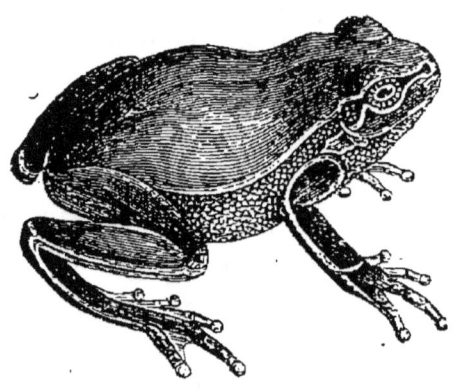

est de deux à trois pouces. La grenouille est un des quadrupèdes ovipares les mieux partagés pour les sens extérieurs. Ses yeux sont, en effet, gros et saillants ; sa peau molle, qui n'est recouverte ni d'écailles ni d'enveloppes osseuses, est sans cesse abreuvée et maintenue dans sa souplesse par une humeur visqueuse qui suinte au travers de ses pores : elle doit donc avoir la vue très-bonne et le toucher très-délicat ; et si ses oreilles sont recouvertes par une membrane, elle n'en a pas moins l'ouïe fine.

Cette supériorité dans la sensibilité des grenouilles les

rend plus difficiles sur la nature de leur nourriture ; elles rejettent tout ce qui pourrait présenter un commencement de décomposition. Si elles se nourrissent de vers, de sangsues, de petits limaçons, de scarabées et d'autres insectes tant ailés que non ailés, elles n'en prennent aucun qu'elles ne l'aient vu remuer, comme si elles voulaient s'assurer qu'il vit encore.

La grenouille commune sort souvent de l'eau, non-seulement pour chercher sa nourriture, mais encore pour s'imprégner des rayons du soleil. On l'entend de très-loin, dès que la belle saison est arrivée et qu'elle est pénétrée de la chaleur du printemps, jeter un cri qu'elle répète pendant assez longtemps, surtout lorsqu'il est nuit.

Le coassement des grenouilles, qui n'est composé que de sons rauques, de tons discordants et peu distincts les uns des autres, serait très-désagréable par lui-même, et quand on n'entendrait qu'une seule grenouille à la fois : mais c'est toujours en grand nombre qu'elles coassent; et c'est toujours de trop près qu'on entend ces sons confus, dont la monotonie fatigante est réunie à une rudesse propre à blesser l'oreille la moins délicate.

Elles sont dévorées par les serpents d'eau, les anguilles, les brochets, les taupes, les putois, les loups, les oiseaux d'eau et de rivage, etc. Comme elles fournissent un aliment utile, et que même certaines parties de leur corps forment un mets très-agréable, on les recherche avec soin. On a plusieurs manières de les pêcher; on les prend avec des filets à la clarté des flambeaux, qui les effrayent et les rendent souvent comme immobiles; ou bien on les pêche à la ligne avec des hameçons qu'on garnit de vers, d'insectes ou simplement d'un morceau d'étoffe rouge ou couleur de chair : car les grenouilles sont goulues; elles saisissent avidement et retiennent avec obstination tout ce qu'on leur présente.

La grenouille commune habite presque tous les pays.

LE CRAPAUD COMMUN.

Depuis longtemps l'opinion a flétri cet animal dégoûtant, dont l'approche révolte tous les sens. L'espèce d'horreur avec laquelle on le découvre est produite même par l'image que le souvenir en retrace : beaucoup de gens ne se le représentent qu'en éprouvant une sorte de frémissement, et les personnes qui ont le tempérament faible et les nerfs délicats, ne peuvent en fixer l'idée sans croire sentir dans leurs veines le froid glacial que l'on a dit accompagner l'attouchement du crapaud ; tout en est vilain, jusqu'à son nom, qui est devenu le signe d'une basse difformité.

Non-seulement le crapaud ne peut point marcher, mais il ne saute qu'à une très-petite hauteur; lorsqu'il se sent pressé, il lance contre ceux qui le poursuivent les sucs fétides dont il est imbu ; il fait jaillir une liqueur limpide qui, dans certaines circonstances, est plus ou moins nuisible. Il transpire de tout son corps une humeur laiteuse, et il découle de sa bouche une bave qui peut infecter les herbes et les fruits sur lesquels il passe, de manière à incommoder ceux qui en mangent sans les laver. Cette bave et cette humeur laiteuse peuvent être un venin plus ou moins actif, ou un corrosif plus ou moins fort, suivant la température, la saison, et la nourriture des crapauds, l'espèce de l'animal sur lequel il agit, et la nature de la par-

tie qu'il attaque. La trace du crapaud peut donc être, dans certaines circonstances, aussi funeste que son aspect est dégoûtant.

Le crapaud habite pour l'ordinaire dans les fossés, surtout dans ceux où une eau fétide croupit depuis longtemps ; on le trouve dans les fumiers, dans les caves, dans les antres profonds, dans les forêts où il peut se dérober aisément à la clarté qui le blesse en choisissant de préférence les endroits ombragés, sombres, solitaires, en s'enfonçant sous les décombres et sous les tas de pierre.

C'est dans ces divers asiles obscurs qu'il se tient renfermé pendant tout le jour, à moins que la pluie ne l'oblige à en sortir.

LES SERPENTS.

Les espèces des serpents sont en grand nombre ; on en compte plus de cent quarante : quelques-unes parviennent à une grandeur très-considérable ; elles ont plus de trente pieds, et souvent même plus de quarante pieds de longueur. Toutes sont couvertes d'écailles ou de tubercules écailleux qu'elles lient les uns avec les autres ; mais ces écailles varient beaucoup par leur forme et par leur grandeur.

Entre les limites assignées par la nature à la longueur des serpents, c'est-à-dire depuis celle de quarante ou même cinquante pieds jusqu'à celle de quelques pouces, on trouve presque tous les degrés intermédiaires occupés par quelque espèce ou quelque variété de ces reptiles : si l'on ajoute à la variété des longueurs des serpents celle des couleurs éclatantes dont ils sont peints, depuis le blanc et le rouge le plus vif jusqu'au violet le plus foncé, et même jusqu'au noir ; si l'on réunit encore à toutes ces différences celles que l'on doit tirer de la position, de la grandeur et de la forme des écailles, ne verra-t-on pas que l'ordre des serpents est un des plus variés de ceux qui peuplent et embellissent la surface du globe?

Toutes les espèces de ces animaux habitent de préférence les contrées chaudes ou tempérées ; on en trouve dans les deux mondes, où ils paraissent à peu près également répandus en raison de la chaleur, de l'humidité et de l'espace libre. Plusieurs de ces espèces sont communes aux deux continents ; mais il paraît qu'en général ce sont les plus grandes qui appartiennent à un plus grand nombre de contrées différentes.

Tous les serpents viennent d'un œuf ; mais, dans certaines espèces de ces reptiles, les œufs éclosent dans le ventre de la mère.

Les femelles ne couvent point leurs œufs ; elles les abandonnent après la ponte.

Lorsque les petits serpents sont éclos, ils traînent seuls leur frêle existence ; ils n'apprennent de leur mère, dont ils sont séparés, ni à distinguer leur proie, ni à trouver un abri ; ils sont réduits à leur seul instinct ; aussi doit-il en périr beaucoup avant qu'ils soient assez développés et qu'ils aient acquis assez d'expérience pour se garantir des dangers. Le sens de l'ouïe doit être très-obtus dans ces animaux. Leur odorat ne doit pas être très-fin, mais leurs yeux sont ordinairement brillants et animés, très-mobiles, très-saillants, placés de manière à recevoir l'image d'un espace étendu. Leur vue doit donc être, et est, en effet, très-perçante. Leur goût peut être assez actif. Leur toucher même doit être assez fort. Plusieurs espèces de serpents vivent tranquillement auprès des habitations de l'homme, entrent familièrement dans ses demeures, s'y établissent même quelquefois et les délivrent d'animaux nuisibles, et particulièrement d'insectes malfaisants; on a vu des serpents réduits à une vraie domesticité, donner à leurs maîtres des signes d'atta-

chement supérieurs à tous ceux qu'on a remarqués dans plusieurs espèces d'oiseaux et même de quadrupèdes.

Il en est des serpents comme de plusieurs autres ordres d'animaux : ceux qui sont très-grands sont rarement plusieurs ensemble. Il leur faut trop de place pour se mouvoir, trop d'espace pour chasser ; doués de plus de force et d'armes plus puissantes, ils doivent s'inspirer mutuellement plus de crainte. Mais ceux qui ne parviennent pas à une longueur très-considérable, et qui n'excèdent pas sept ou huit pieds de long, habitent souvent en très-grand nombre, non-seulement sur le même rivage ou dans la même forêt, suivant qu'ils se nourrissent d'animaux aquatiques ou de ceux des bois, mais dans le même asile souterrain ; c'est dans des cavernes profondes qu'on les rencontre entassés, pour ainsi dire, les uns contre les autres, repliés et entrelacés de telle sorte qu'on croirait voir des serpents à plusieurs têtes.

Les petites espèces éprouvent, pendant l'hiver, un engourdissement plus ou moins profond et plus ou moins long, suivant la rigueur et la durée du froid.

Elles sortent de leur sommeil annuel lorsque les premiers jours chauds du printemps se font ressentir.

On ignore quelle est la longueur de la vie des serpents. On doit croire qu'elle varie suivant les espèces, et qu'elle est d'autant plus considérable qu'elles parviennent à de plus grandes dimensions. Les très-grandes espèces doivent vivre très-longtemps.

Lorsque les très-grands serpents sont encore éloignés de leur courte vieillesse, lorsqu'ils jouissent de toute leur activité et de toutes leurs forces, ils doivent les entretenir par une grande quantité de nourriture substantielle ; aussi ne se contentent-ils pas de brouter l'herbe ou de manger des graines et des fruits, ils dévorent les animaux qu'ils peuvent saisir ; et comme, dans la plupart des serpents, la digestion est très-longue, et que leurs aliments demeurent très-longtemps dans leur corps, les substances animales qu'ils avalent, et qui sont très-susceptibles de putréfaction, s'y décomposent et s'y corrompent au point de répandre l'odeur la plus fétide.

La masse des aliments qu'ils avalent est quelquefois si grosse relativement à l'ouverture de leur gosier, que,

malgré tous leurs efforts, l'écartement de leurs mâchoires et l'extension de leur peau, leur proie ne peut entrer qu'à demi dans leur estomac. Étendus alors dans leur retraite, ils sont obligés d'attendre que la partie qu'ils ont déjà avalée soit digérée, et qu'ils puissent de nouveau écraser, broyer, enduire et préparer les portions trop grosses.

Lorsque leur digestion est achevée, ils reprennent une activité d'autant plus grande que leurs forces ont été plus renouvelées ; et pour peu surtout qu'ils ressentent alors de nouveau l'aiguillon de la faim, ils redeviennent très-dangereux pour les animaux plus faibles qu'eux ou moins bien armés. Ils préludent presque toujours aux combats qu'ils livrent par des sifflements plus ou moins forts.

Si les sifflements des très-grands serpents étaient entendus de loin comme les cris des tigres, des aigles, des vautours, etc., ils serviraient à garantir de l'approche dangereuse de ces énormes reptiles ; mais ils sont bien moins forts que les rugissements des grands quadrupèdes carnassiers et des oiseaux de proie. La masse seule de ces grands serpents les trahit et les empêche de cacher leur poursuite ; on s'aperçoit facilement de leur approche, dans les endroits qui ne sont pas couverts de bois, par le mouvement des hautes herbes qui s'agitent et se courbent sous leur poids.

COULEUVRES ET VIPÈRES.

LA VIPÈRE COMMUNE.

Parmi les espèces de serpents dont le venin est plus ou moins funeste, une des plus anciennement et des mieux connues est la vipère commune. Elle est, en effet, très-multipliée en Europe ; elle habite autour de nous ; elle infeste nos bois et nos demeures ; elle est aussi petite, aussi faible, aussi innocente en apparence, que son venin est dangereux ; elle serait presque ignorée sans le poison funeste qu'elle distille. Sa longueur totale est communément de deux pieds. Sa couleur est d'un gris cendré, et le long de son dos, depuis la tête jusqu'à l'extrémité de la queue, s'étend une sorte de chaîne composée de taches noirâtres de forme irrégulière, et qui, en se réunissant en plusieurs endroits les unes aux autres, représentent fort bien une bande dentelée et située en zigzag.

La tête va en diminuant de largeur du côté du museau, où elle se termine en s'arrondissant.

Le nombre des dents varie suivant les individus ; il est souvent de vingt-huit dans la mâchoire supérieure, et de vingt-quatre dans l'inférieure : mais toutes les vipères ont, de chaque côté de la mâchoire supérieure, une ou deux, quelquefois trois ou quatre dents, longues d'environ trois lignes, blanches, diaphanes, crochues et très-aiguës ; on les a appelées les *dents canines de la vipère*. Ces dents longues et crochues sont très-mobiles et creuses ; elles renferment une double cavité et sont elles-mêmes renfermées, jusqu'aux deux tiers de leur longueur, dans une espèce de gaîne composée de fibres très-fortes et d'un tissu cellulaire. Cette gaîne ou tunique est toujours ouverte vers la pointe de la dent.

Le poison de la vipère est contenu dans une vésicule placée de chaque côté de la tête, au-dessous du muscle de la mâchoire supérieure : le mouvement du muscle pressant cette vésicule en fait sortir le venin, qui arrive par un conduit à la base de la dent, traverse la gaîne qui l'enveloppe, entre dans la cavité de cette dent par le trou situé près de la base, en sort par celui qui est auprès de la pointe, et pénètre dans la blessure. Ce poison est la seule humeur malfaisante que renferme la vipère.

La vipère a les yeux très-vifs et garnis de paupières, et, comme si elle sentait la puissance redoutable du venin qu'elle recèle, son regard paraît hardi ; ses yeux brillent, surtout lorsqu'on l'irrite ; et alors non-seulement elle les anime, mais ouvrant sa gueule elle darde sa langue, qui est communément grise, fendue en deux ; l'animal l'agite avec tant de vitesse, qu'elle étincelle, pour ainsi dire, et que la lumière qu'elle réfléchit la fait paraître comme une sorte de petit phosphore.

Elle peut passer un très-long temps sans manger, et l'on a même écrit qu'elle pouvait vivre un an et plus sans rien prendre. Ce fait est peut-être exagéré ; mais du moins il est sûr qu'elle vit plusieurs mois privée de toute nourriture.

L'on ignore quelle est la durée exacte de la vie des vipères.

LA COULEUVRE VERTE ET JAUNE.

La couleuvre est aussi innocente que la vipère est dangereuse : parée de couleurs plus vives que ce reptile funeste, douée d'une grandeur plus considérable, plus svelte dans ses proportions, plus agile dans ses mouvements, plus douce dans ses habitudes, n'ayant aucun venin à répandre, elle devrait être vue avec autant de plaisir que la vipère avec effroi.

Cependant cet animal, aussi doux qu'agréable à la vue, peut être aisément distingué de tous les autres serpents, et particulièrement des dangereuses vipères, par les belles couleurs dont il est revêtu.

Elle se tient presque toujours cachée, comme si les mauvais traitements qu'elle a si souvent reçus l'avaient rendue timide ; elle cherche à fuir lorsqu'on la découvre. Elle devient docile lorsqu'elle est prise ; elle subit une sorte de domesticité ; elle obéit aux divers mouvements qu'on veut lui faire suivre.

Il y a cependant certains moments, et même certaines saisons de l'année, où la couleuvre verte et jaune, sans être dangereuse, montre ce désir de se défendre ou de sauver ce qui lui est cher, si naturel à tous les animaux.

Dans tous les endroits où le froid est rigoureux, la couleuvre commune s'enfonce, dès la fin de l'automne, dans des trous souterrains ou dans d'autres creux, où elle s'engourdit plus ou moins complétement pendant l'hiver.

Lorsque les beaux jours du printemps paraissent, ce reptile sort de sa torpeur et se dépouille comme les autres serpents.

LA COULEUVRE A COLLIER.

C'est encore dans nos contrées que se trouve en très-grand nombre ce serpent, aussi doux, aussi innocent, aussi familier que la couleuvre verte et jaune. Ses habitudes ne diffèrent pas, à beaucoup d'égards, de celles de cette couleuvre. Il paraît cependant qu'il se plaît davantage dans des lieux humides, ainsi qu'au milieu des eaux ; et c'est ce qui lui a fait donner par plusieurs naturalistes le nom de *serpent d'eau*, de *serpent nageur*, d'*anguille de haie*. Il parvient quelquefois à la longueur de trois ou quatre pieds.

La couleuvre à collier ne renfermant aucun venin, on la manie sans danger ; elle ne fait aucun effort pour mordre ; elle se défend seulement en agitant rapidement sa queue, et elle ne refuse pas plus que la couleuvre commune de jouer avec les enfants. On la nourrit dans les maisons, où elle s'accoutume si bien à ceux qui la soignent, qu'au moindre signe elle s'entortille autour de leurs doigts, de leurs bras, de leur cou, et les presse comme pour leur témoigner une sorte de tendresse et de reconnaissance. La couleuvre à collier se trouve dans presque toutes les contrées de l'Europe, et il paraît qu'elle peut supporter les climats très-froids, puisqu'elle vit en Écosse et en Suède.

On a employé sa chair en médecine.

LA COULEUVRE DES DAMES.

Voici un des plus jolis et des plus doux serpents. Sa petitesse, ses proportions, plus sveltes encore que celles de la plupart des autres espèces, ses mouvements agiles, quoique modérés, ajoutent au plaisir avec lequel on considère le mélange de ses belles teintes. Il ne présente cependant que deux couleurs, un beau noir et un blanc assez pur; mais elles sont si agréablement contrastées ou réunies, et si animées par le luisant des écailles, que cette parure élégante et simple attire l'œil et charme d'autant plus les regards, qu'elle n'éblouit pas comme des couleurs plus riches et plus éclatantes.

Comme plusieurs autres serpents, celui des dames est

très-familier; il ne s'enfuit pas, et même il n'éprouve aucune crainte lorsqu'on l'approche : bien plus, il semble que, très-sensible à la fraîcheur plus ou moins grande qu'il éprouve quelquefois, quoiqu'il habite des climats très-chauds, il recherche des secours qui l'en garantissent, et sa petitesse, son peu de force, l'agrément de ses couleurs, la douceur de ses mouvements, l'innocence de ses habitudes, inspirent aux Indiens un tel intérêt pour ce délicat animal, que le sexe le plus timide, bien loin d'en avoir peur, le prend dans ses mains, le soigne, le caresse.

LE BOA OU DEVIN.

Le devin est parmi les serpents comme l'éléphant ou le lion parmi les quadrupèdes; il surpasse les animaux de son ordre par sa grandeur comme le premier, et par sa force comme le second. Il parvient communément à la longueur de plus de vingt pieds, et il paraît que c'est à cette espèce qu'il faut rapporter les individus de quarante ou cinquante pieds de long qui habitent les déserts brûlants où l'homme ne pénètre qu'avec peine.

Le devin est remarquable par la forme de sa tête, qui annonce, pour ainsi dire, la supériorité de sa force. Le sommet en est élargi, le front élevé et divisé par un sillon longitudinal; les orbites sont saillantes, et les yeux très-gros; le museau est allongé et terminé par une grande écaille blanchâtre, tachetée de jaune, placée presque verticalement, et échancrée par le bas pour laisser passer la langue; l'ouverture de la gueule est très-grande. Les dents sont très-longues ; mais le devin n'a point de crochets mobiles. La queue est très-courte en proportion du corps, qui est ordinairement neuf fois aussi long que cette partie ; mais elle est très-dure et très-forte.

Ce serpent énorme est d'ailleurs aussi distingué par la beauté des écailles qui le couvrent et la vivacité des couleurs dont il est peint, que par sa longueur prodigieuse.

Lorsque l'on considère la taille démesurée de ce serpent, l'on ne doit pas être étonné de sa force prodigieuse. Indépendamment de la roideur de ses muscles, il est aisé de concevoir comment un animal qui a quelquefois trente pieds de long peut, avec facilité, étouffer et écraser de très-gros animaux dans les replis multipliés de son corps, dont tous les points agissent, et dont tous les contours saisissent la proie.

Il habite presque tous les pays où il a trouvé assez de chaleur pour ne rien perdre de son activité, assez de proie pour se nourrir, et assez d'espace pour n'être pas trop souvent tourmenté par ses ennemis ; il vit dans les Indes orientales et dans les grandes îles de l'Asie, ainsi que dans les parties de l'Amérique voisines des deux tropiques.

Mais c'est surtout dans les déserts brûlants de l'Afrique, qu'exerçant une domination moins troublée, il parvient à une longueur plus considérable. On frémit lorsqu'on lit, dans les relations des voyageurs qui ont pénétré dans l'intérieur de cette partie du monde, la manière dont l'énorme serpent devin s'avance au milieu des herbes hautes et des broussailles, ayant quelquefois plus de dix-huit pouces de diamètre, et semblable à une longue poutre qu'on remuerait avec vitesse. On aperçoit de loin, par le mouvement des plantes qui s'inclinent sous son passage, l'espèce de sillon que tracent les diverses ondulations de son corps ; on voit fuir devant lui les troupeaux de gazelles et d'autres animaux dont il fait sa proie ; et le seul parti qui reste à prendre dans ces solitudes immenses, pour se garantir de sa dent meurtrière et de sa force funeste, est de mettre le feu aux herbes déjà à demi brûlées par l'ardeur du soleil. Le fer ne suffit pas contre ce dangereux serpent, lorsqu'il est parvenu à toute sa longueur, et surtout lorsqu'il est irrité par la faim. L'on ne peut éviter la mort qu'en couvrant un pays immense de flammes qui se propagent avec vitesse au milieu de végétaux presque entièrement desséchés, en excitant ainsi un vaste incendie, et en élevant, pour ainsi dire, un rempart de feu contre la poursuite de cet énorme animal.

Il se retire aussi quelquefois dans les cavernes des montagnes, et dans d'autres antres profonds où il a moins à craindre les attaques de ses ennemis, et où il cherche un asile contre les températures froides, les pluies trop abondantes, et les autres accidents de l'atmosphère qui lui sont contraires.

LE SERPENT A SONNETTE OU LE BOIQUIRA.

Ce terrible reptile renferme un poison mortel ; et il n'est peut-être aucune espèce de serpent qui contienne un venin plus actif.

Le boiquira parvient quelquefois à la longueur de six pieds, et sa circonférence est alors de dix-huit pouces.

Sa tête aplatie est couverte, auprès du museau, de six écailles plus grandes que leurs voisines.

Les yeux paraissent étincelants, et luisent même dans les ténèbres, comme ceux de plusieurs autres reptiles, en laissant échapper la lumière dont ils ont été pénétrés pendant le jour; et ils sont garnis d'une membrane clignotante.

La couleur du dos est d'un gris mêlé de jaunâtre, et sur ce fond on voit s'étendre une rangée de taches noires bordées de blanc.

La queue est terminée par un assemblage d'écailles sonores qui s'emboîtent les unes dans les autres, et qui forment la sonnette.

Toutes les parties des sonnettes étant très-sèches, posées les unes au-dessus des autres, et ayant assez de jeu pour se frotter mutuellement lorsqu'elles sont secouées, il n'est pas surprenant qu'elles produisent un bruit assez sensible; ce bruit, qui ressemble à celui du parchemin qu'on froisse, peut être entendu à plus de soixante pieds de distance. Il serait bien à désirer qu'on pût l'entendre de plus loin encore, afin que l'approche du boiquira, étant moins imprévue, fût aussi moins dangereuse. Ce serpent est, en effet, d'autant plus à craindre, que ses mouvements sont souvent très-rapides; en un clin d'œil il se replie en cercle, s'appuie sur sa queue, se précipite comme un ressort qui se débande, tombe sur sa proie, la blesse et se retire pour échapper à la vengeance de son ennemi : aussi les Mexicains le désignent-ils par un nom qui signifie *le vent*.

Ce funeste reptile habite presque toutes les contrées du Nouveau-Monde. Il se nourrit de vers, de grenouilles et même de lièvres : il fait aussi sa proie d'oiseaux et d'écureuils, car il monte avec facilité sur les arbres, et s'y élance avec vivacité de branche en branche, ainsi que sur les pointes de rochers qu'il habite, et ce n'est que dans la plaine qu'il court avec difficulté, et qu'il est plus aisé d'éviter sa poursuite.

Son haleine empestée, qui trouble quelquefois les petits animaux dont il veut se saisir, peut aussi empêcher qu'ils ne lui échappent. Les Indiens racontent qu'on voit souvent le serpent à sonnette entortillé à l'entour d'un arbre, lançant des regards terribles contre un écureuil, qui, après avoir manifesté sa frayeur par ses cris et son agitation, tombe au pied de l'arbre, où il est dévoré.

Lorsque le printemps est arrivé dans les pays habités par les boiquiras, que les neiges sont fondues et que l'air est réchauffé, ils sortent pendant le jour de leurs retraites, pour aller s'exposer aux rayons du soleil. Ils rentrent pendant la nuit dans leurs asiles, et ce n'est que lorsque les gelées ont entièrement cessé qu'ils abandonnent leurs cavernes, se répandent dans les campagnes, et pénètrent quelquefois dans les maisons.

Le boiquira nage avec la plus grande agilité ; il sillonne la surface des eaux avec la vitesse d'une flèche. Malheur à ceux qui naviguent sur de petits bâtiments auprès des plages qu'il fréquente !

POISSONS.

POISSONS CARTILAGINEUX.

LA RAIE BATIS.

C'est toujours au milieu des mers que les raies font leur séjour; mais, suivant les différentes époques de l'année, elles changent d'habitation au milieu des flots de l'Océan.

L'ensemble du corps de la raie batis présente un peu la forme d'un losange. La pointe du museau est placée à l'angle antérieur; les rayons les plus longs de chaque nageoire pectorale occupent les deux angles latéraux, et l'origine de la queue se trouve au sommet de l'angle de derrière.

L'ouverture de la bouche, placée dans la partie inférieure de la tête, et même à une distance assez grande de l'extrémité du museau, est allongée et transversale, et ses bords sont cartilagineux et garnis de plusieurs

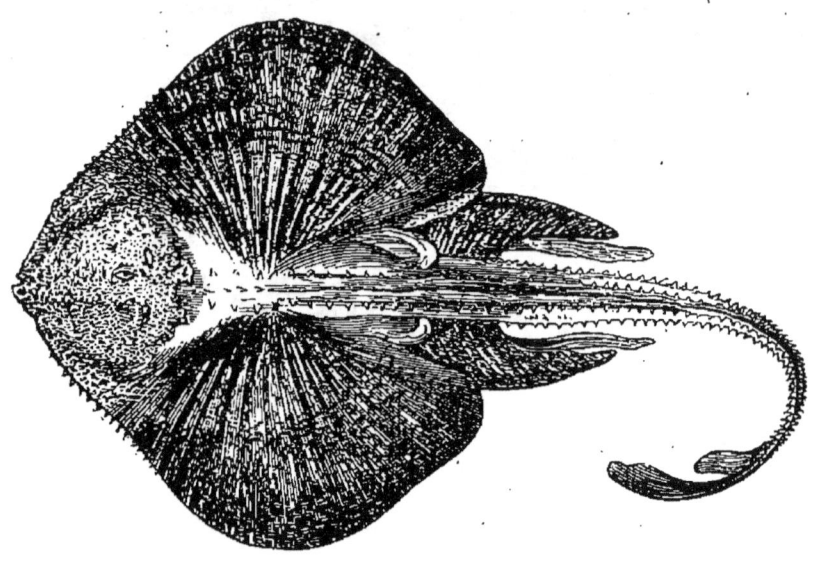

rangs de dents très-aiguës et crochues. La langue est très-courte, large, et sans aspérités.

Les narines, placées au-devant de la bouche, sont situées également sur la partie inférieure de la tête. L'ouverture de cet organe peut être élargie ou rétrécie à la volonté de l'animal, qui d'ailleurs, après avoir diminué le diamètre de cette ouverture, peut la fermer en totalité par une membrane particulière attachée au côté de l'orifice le plus voisin du milieu du museau, et laquelle, s'étendant avec facilité jusqu'au bord opposé, et s'y collant, pour ainsi dire, peut faire l'office d'une sorte de soupape, et empêcher que l'eau chargée des émanations odorantes ne parvienne jusqu'à un organe très-délicat, dans les moments où la batis n'a pas besoin d'être avertie de la présence des objets extérieurs, et dans ceux où son système nerveux serait douloureusement affecté par une action trop vive et trop constante.

Les yeux sont situés sur la partie supérieure de la tête, et à peu près à la même distance du museau que l'ouverture de la bouche.

Elle a deux nageoires ventrales placées à la suite des nageoires pectorales, que deux autres nageoires touchent de plus près, et entourent, pour ainsi dire.

Elle remue avec force et avec vitesse sa queue longue, souple et menue qui peut se fléchir et se contourner en différents sens. Elle l'agite comme une sorte de fouet, non-seulement lorsqu'elle se défend contre ses ennemis, mais encore lorsqu'elle attaque sa proie. Elle s'en sert particulièrement lorsqu'en embuscade dans le fond de la mer, cachée presque entièrement dans le limon, elle voit passer autour d'elle les animaux dont elle cherche à se nourrir; elle emploie alors sa queue, et, la fléchissant avec promptitude, elle atteint sa victime et la frappe souvent à mort.

La peau qui revêt et la tête, et le corps, et la queue, est forte, tenace et enduite d'une humeur gluante qui en entretient la souplesse, et la rend plus propre à résister sans altération aux attaques des ennemis des raies, et aux effets du fluide au milieu duquel vivent les batis.

On pêche un très-grand nombre de batis sur plusieurs côtes, et il est même des rivages où on en prend une si grande quantité, qu'on les y prépare pour les envoyer au loin, comme la morue et d'autres poissons sont préparés à Terre-Neuve ou dans d'autres endroits.

LA TORPILLE.

La torpille possède la puissance remarquable et redoutable de lancer, pour ainsi dire, la foudre ; elle accumule dans son corps et en fait jaillir le fluide électrique avec la rapidité de l'éclair ; elle imprime une commotion soudaine et paralysante au bras le plus robuste qui s'avance pour la saisir, à l'animal le plus terrible qui veut la dévorer ; elle engourdit pour des instants assez longs les poissons les plus agiles dont elle cherche à se nourrir; elle frappe quelquefois ses coups invisibles à une distance assez grande.

Un naturaliste voulut éprouver la vertu d'une torpille que l'on venait de pêcher. « A peine l'avais-je touchée et serrée avec la main, dit-il, que j'éprouvai dans cette partie un picotement qui se communiqua dans le bras et dans toute l'épaule, et qui fut suivi d'un tremblement désagréable et d'une douleur accablante et aiguë dans le coude, en sorte que je fus obligé de retirer aussitôt la main. » Cet engourdissement a été aussi décrit par Réaumur, qui a fait plusieurs observations sur la raie torpille. « Il est très-différent des engourdissements ordinaires, a écrit ce savant naturaliste ; on ressent dans toute l'étendue du bras une espèce d'étonnement qu'il n'est pas possible de bien peindre, mais lequel a quelque rapport avec la sensation douloureuse que l'on éprouve dans le bras lorsqu'on s'est frappé rudement le coude contre quelque corps dur. »

LE REQUIN.

Le requin est le tigre de la mer. Recherchant sans crainte tout ennemi, poursuivant avec plus d'obstination, attaquant avec plus de rage, combattant avec plus d'acharnement que les autres habitants des eaux ; plus dangereux que plusieurs cétacés, qui presque toujours sont moins puissants que lui ; inspirant même plus d'effroi que les baleines, rapide dans sa course, répandu sous tous les climats, ayant envahi, pour ainsi dire toutes les mers ; paraissant souvent au milieu des tempêtes ; aperçu facilement par l'éclat phosphorique dont il brille parmi les ombres des nuits les plus orageuses ; menaçant de sa gueule énorme et dévorante les infortunés navigateurs exposés aux horreurs du naufrage, leur fermant toute voie de salut, leur montrant en quelque sorte leur tombe ouverte, et plaçant sous leurs yeux le signal de la destruction, il n'est pas surprenant qu'il ait reçu le nom qu'il porte, et qui, réveillant tant d'idées lugubres, rappelle surtout la mort, dont il est le ministre. *Requin* est en effet une corruption de *requiem*, qui désigne depuis longtemps, en Europe, la mort et le repos éternel.

Le corps du requin est très-allongé, et la peau qui le recouvre est garnie de petits tubercules très-serrés les uns contre les autres. Comme cette peau tuberculée est très-dure, on l'emploie, dans les arts, à polir différents ouvrages de bois et d'ivoire ; on s'en sert aussi pour couvrir des étuis et d'autres meubles.

La couleur de son dos et de ses côtés est d'un cendré brun, et celle du dessous de son corps d'un blanc sale.

La tête est aplatie, et terminée par un museau un peu arrondi. Au-dessous de cette extrémité, on voit les narines qui, étant le siège d'un odorat très-fin et très-délicat, donnent au requin la facilité de reconnaître de loin sa proie, et de la distinguer au milieu des eaux les plus agitées par les vents, ou des ombres de la nuit la plus noire, ou de l'obscurité des abîmes les plus profonds de l'Océan.

L'ouverture de la bouche est en forme de demi-cercle, et placée transversalement au-dessous de la tête et derrière les narines. Elle est très-grande ; et l'on pourra juger facilement de ses dimensions, en sachant que le contour d'un côté de la mâchoire supérieure, mesuré depuis l'angle des deux mâchoires jusqu'au sommet de la mâchoire d'en haut, égale à peu près le onzième de la longueur totale de l'animal. Le contour de la mâchoire supérieure d'un requin de trente pieds est donc environ de six pieds de longueur.

Lorsque cette gueule est ouverte, on voit au delà des lèvres, qui sont étroites et de la consistance du cuir, des dents plates, triangulaires, dentelées sur leurs bords, et blanches comme de l'ivoire. Chacun des bords de cette partie émaillée, qui sort hors des gencives, a communément près de deux pouces de longueur dans les requins de trente pieds. Le nombre des dents augmente avec l'âge de l'animal. Lorsque le requin est encore très-jeune, il n'en montre qu'un rang, dans lequel on n'aperçoit même quelquefois que de bien faibles dentelures : mais lorsqu'il est devenu adulte, sa gueule est armée, dans le haut comme dans le bas, de six rangs de ces dents fortes, dentelées et si propres à déchirer ses victimes.

Toute la partie antérieure du museau est criblée, pardessus et par-dessous, d'une grande quantité de pores répandus sans ordre, très-visibles, et qui, lorsqu'on comprime fortement le devant de la tête, répandent une espèce de gelée épaisse, cristalline et phosphorique.

Les yeux sont petits et presque ronds ; la cornée est très-dure ; l'iris d'un vert foncé et doré ; et la prunelle, qui est bleue, consiste dans une fente transversale.

Toutes les nageoires sont fermes, roides et cartilagineuses. Les pectorales, triangulaires, et plus grandes que les autres, s'étendent au loin de chaque côté, et n'ajoutent pas peu à la rapidité avec laquelle nage le requin, et dont il doit la plus grande partie à la force et à la mobilité de sa queue.

Lorsque le requin est sorti de son œuf, et qu'il a étendu librement tous ses membres, il n'a encore que quelques pouces de longueur ; et l'on ignore quel nombre d'années doit s'écouler avant qu'il présente celle de plus de trente pieds. Mais à peine a-t-il atteint quelques degrés de cet immense développement, qu'il se montre avec toute sa voracité.

Quelquefois le défaut d'aliments plus substantiels l'oblige de se contenter de sépies, de mollusques, ou d'autres vers marins : mais ce sont les plus grands animaux qu'il recherche avec le plus d'ardeur ; il est surtout très-empressé de courir partout où l'attirent des corps morts de poissons ou de quadrupèdes, et des cadavres humains.

Il y a sur les côtes d'Afrique des nègres assez hardis pour s'avancer en nageant vers un requin, le harceler, prendre le moment où l'animal se retourne, et lui fendre le ventre avec une arme tranchante. Ce n'est que difficilement qu'on lui ôte la vie ; il résiste sans périr à de larges blessures ; et lorsqu'il a expiré, on voit encore pendant longtemps les différentes parties de son corps donner tous les signes d'une grande irritabilité.

La chair du requin est dure, coriace, de mauvais goût, et difficile à digérer. Les Nègres de Guinée, et particulièrement ceux de la Côte d'Or, s'en nourrissent cependant, et ôtent à cet animal presque toute sa dureté en le gardant très-longtemps. Les Islandais font un grand usage de la graisse du requin : ils s'en servent à la place du lard de cochon, ou la font bouillir pour en tirer l'huile.

Les requins sont très-répandus dans toutes les mers.

L'ESTURGEON.

Cet énorme poisson habite non-seulement dans l'Océan, mais encore dans la Méditerranée, dans la mer Rouge, dans le Pont-Euxin, dans la mer Caspienne. Mais au lieu de passer sa vie dans les mers salées, comme les raies, les squales, les lophies, les balistes et les chimères, il recherche les eaux douces comme le pétromyzon lamproie, lorsque le printemps arrive, qu'une chaleur nouvelle se fait sentir jusqu'au milieu des ondes, y ranime le sentiment le plus actif, et que le besoin de pondre et de féconder ses œufs le presse et l'aiguillone. Il s'engage alors dans presque tous les grands fleuves.

Il grandit et engraisse dans les rivières fortes et rapides, suivant qu'il y rencontre la tranquillité, la température et les aliments qui lui conviennent le mieux; et il est de ces fleuves dans lesquels il est parvenu à un poids énorme, et jusqu'à celui de mille livres.

Lorsqu'il est encore dans la mer, ou près de l'embouchure des grandes rivières, il se nourrit de harengs ou de maquereaux et de gades ; et lorsqu'il est engagé dans les fleuves, il attaque les saumons, qui les remontent à peu près dans le même temps que lui, et qui ne peuvent lui opposer qu'une faible résistance. Comme il paraît semblable à un géant au milieu de ces légions nombreuses, on l'a comparé à un chef, et on l'a nommé le *conducteur des saumons*.

Il dépose dans les fleuves une immense quantité d'œufs, et sa chair y présente un degré de délicatesse très-rare, surtout dans les poissons cartilagineux. Aussi cette chair a-t-elle été prise très-souvent pour celle d'un jeune veau, et l'esturgeon a-t-il été de tous les temps très-recherché. Non-seulement on le mange frais, mais, dans tous les pays où l'on en prend en grand nombre, on emploie plusieurs sortes de préparations pour le conserver et pouvoir l'envoyer au loin

POISSONS OSSEUX.

L'ANGUILLE.

Les nageoires pectorales de l'anguille sont assez petites, et ses autres nageoires assez étroites pour qu'on puisse la confondre de loin avec un véritable serpent : elle a de même le corps très-allongé et presque cylindrique. Sa tête est menue, le museau un peu pointu, et la mâchoire inférieure plus avancée que la supérieure.

Les couleurs que l'anguille présente sont toujours agréables, mais elles varient assez fréquemment ; et il paraît que leurs nuances dépendent beaucoup de l'animal, et de la qualité de l'eau au milieu de laquelle il vit.

Les anguilles se nourrissent d'insectes, de vers, d'œufs et de petites espèces de poissons. Elles attaquent quelquefois des animaux un peu plus gros. Dans certaines circonstances, elles se contentent de la chair de presque tous les animaux morts qu'elles rencontrent au milieu des eaux ; mais elles causent souvent de grands ravages dans les rivières. Dans la basse Seine elles détruisent beaucoup d'éperlans, de clupées feintes et de brèmes.

Ce n'est pas cependant sans danger qu'elles recherchent l'aliment qui leur convient le mieux : malgré leur souplesse, leur vivacité, la vitesse de leur fuite, elles ont des ennemis auxquels il leur est très-difficile d'échapper.

Les loutres, plusieurs oiseaux d'eau et les grands oiseaux de rivage, tels que les grues, les hérons et les cigognes, les pêchent avec habileté et les retiennent avec adresse; le brochet, l'esturgeon en font aussi leur proie.

Pendant le jour, la murène anguille, moins occupée de se procurer l'aliment qu'elle désire, se tient presque toujours dans un repos réparateur, et dérobée aux yeux de ses ennemis par un asile qu'elle prépare avec soin. Elle se creuse avec son museau une retraite plus ou moins grande dans la terre molle du fond des lacs et des rivières; et par une attention particulière, cette espèce de terrier a deux ouvertures, de telle sorte que, si elle est attaquée d'un côté, elle peut s'échapper de l'autre.

Lorsqu'il fait très-chaud, l'anguille quitte cependant quelquefois, même vers le milieu du jour, cet asile qu'elle sait se donner. On la voit très-souvent alors s'approcher de la surface de l'eau, se placer au-dessous d'un amas de mousse flottante ou de plantes aquatiques, y demeurer immobile, et paraître se plaire dans cette sorte d'inaction et sous cet abri passager.

Lorsque les maladies ne dérangent pas l'organisation intérieure de l'anguille, lorsque sa vie n'est attaquée que par des blessures, elle la perd assez difficilement; le principe vital paraît disséminé d'une manière assez indépendante dans les diverses parties de cette murène, pour qu'il ne puisse être éteint que lorsqu'on cherche à l'anéantir dans plusieurs points à la fois; et de même que dans plusieurs serpents, et particulièrement dans la vipère, une heure après la séparation du tronc et de la tête, l'une et l'autre de ces portions peuvent donner encore des signes d'une grande irritabilité.

Cette vitalité tenace est une des causes de la longue vie que l'on croit devoir attribuer aux anguilles, ainsi qu'à la plupart des autres poissons.

Tous les climats peuvent convenir à l'anguille.

LA MORUE.

Dans toutes les contrées de l'Europe, et dans presque toutes celles de l'Amérique, il est bien peu de personnes qui ne connaissent le nom de la morue, la bonté de son goût, et les qualités qui distinguent sa chair.

Le corps de la morue est allongé, légèrement comprimé et revêtu d'écailles plus grandes que celles des autres gades.

L'espèce ordinaire est d'un gris cendré, tacheté de jaunâtre sur le dos. La partie inférieure du corps est blanche, et quelquefois rougeâtre, avec des taches de couleur d'or dans les jeunes individus. Les nageoires pectorales sont jaunâtres ; une teinte grise distingue les jugulaires. Toutes les autres nageoires présentent des taches jaunes.

La morue est si goulue, qu'elle avale souvent des morceaux de bois ou d'autres substances qui ne peuvent pas servir à sa nourriture : mais elle jouit de la faculté qu'ont reçue les squales et les oiseaux de proie, elle peut rejeter facilement les corps qui l'incommodent.

L'eau douce ne paraît pas lui convenir ; on ne la voit jamais dans les fleuves ou les rivières ; elle ne s'approche même des rivages que dans le temps du frai ; pendant le reste de l'année, elle se tient dans les profondeurs des mers. Elle habite particulièrement l'océan Septentrional.

Depuis plusieurs siècles, les peuples industrieux et marins de l'Europe ont senti l'importance de la pêche des morues, et s'y sont livrés avec ardeur.

LE MERLAN.

Tout le monde sait que le corps du merlan est allongé, et revêtu d'écailles petites, minces et arrondies ; que ses nageoires dorsales sont au nombre de trois ; qu'il n'a pas de barbillons ; que sa mâchoire supérieure est plus avancée que l'inférieure ; que cette mâchoire d'en haut est armée de plusieurs rangs de dents, dont les antérieures sont les plus longues ; qu'on n'en voit qu'une rangée à la mâchoire d'en bas.

Le merlan habite dans l'océan qui baigne les côtes européennes. Il se nourrit de vers, de mollusques, de crabes, de jeunes poissons. Il s'approche souvent des rivages, et voilà pourquoi on le prend pendant presque toute l'année ; mais il abandonne particulièrement la haute mer, non-seulement lorsqu'il va se débarrasser du poids de ses œufs ou les féconder, mais encore lorsqu'il est attiré vers la terre par une nourriture plus agréable et plus abondante, et lorsqu'il y cherche un asile contre les gros animaux marins qui en font leur proie.

LA LOTE.

La lote a le corps très-allongé et serpentiforme. On voit sur son dos deux nageoires dorsales, mais très-basses et très-longues. Ses écailles sont très-minces, molles, très-petites, et quelquefois séparées les unes des autres ; et la peau à laquelle elles sont attachées est enduite d'une humeur visqueuse très-abondante, comme celle de l'anguille : aussi échappe-t-elle facilement, de même que ce dernier poisson, à la main de ceux qui la serrent avec trop de force et veulent la retenir avec trop peu d'adresse ; elle glisse entre leurs doigts, parce qu'elle est perpétuellement arrosée d'une liqueur gluante, et elle se dérobe encore à ses ennemis, parce que son corps, très-allongé et très-mobile, se contourne avec promptitude en différents sens, et imite parfaitement toutes les positions et tous les mouvements d'un reptile.

La lote est, de plus, d'une couleur assez semblable à celle de plusieurs murènes, ou de quelques murénophis. Elle est variée, dans sa partie supérieure, de jaune et de brun ; et le blanc règne dans sa partie inférieure.

Au lieu d'habiter dans les profondeurs de l'Océan ou près des rivages de la mer, elle passe sa vie dans les lacs, dans les rivières, au milieu de l'eau douce, à de très-grandes distances de l'Océan.

On la trouve dans un très-grand nombre de contrées, non-seulement en Europe, mais encore dans l'Asie et dans les Indes.

La lote croît beaucoup plus vite que plusieurs autres osseux ; elle parvient jusqu'à la longueur d'un mètre.

Sa chair est blanche, agréable au goût, facile à cuire; son foie, qui est très-volumineux, est regardé comme un mets délicat. Ses œufs sont presque toujours difficiles à digérer.

LE THON.

Ces poissons ont besoin d'une assez grande quantité de nourriture, parce qu'ils présentent communément des dimensions considérables. Les observateurs modernes ont mesuré et pesé des thons de trois cent vingt-cinq centimètres, et du poids de cinquante-cinq ou soixante kilogrammes, et cependant ces poissons, ainsi que tous ceux qui n'éclosent pas dans le ventre de leur mère, proviennent d'œufs très-petits : on a comparé la grosseur de ceux du thon à celle des graines de pavot.

Le corps de ce scombre est très-allongé, et semblable à une sorte de fuseau très-étendu. La tête est petite, l'œil gros, l'ouverture de la bouche très-large ; la mâchoire inférieure plus avancée que la supérieure, et garnie, comme cette dernière, de dents aiguës ; la langue courte et lisse. Les couleurs qui le distinguent ne sont pas très-variées, mais agréables et brillantes.

On s'occupe de la pêche de ces animaux sur plusieurs rivages de la France et de l'Espagne, depuis les premiers jours d'avril jusqu'en septembre; et l'on assure que l'arrivée des maquereaux annonce celle des thons, qui les poursuivent pour les dévorer.

LE MAQUEREAU.

La grande vitesse avec laquelle les maquereaux se transportent d'une plage vers une autre n'a pas peu contribué à l'opinion adoptée presque universellement jusqu'à nos jours, au sujet de leurs changements périodiques d'habitation. On a cru que le maquereau était soumis à des migrations régulières, et que les individus de cette espèce qui passaient l'hiver dans un asile plus ou moins sûr auprès des glaces polaires, voyageaient pendant le printemps ou l'été jusque dans la Méditerranée. Mais on sait aujourd'hui que les maquereaux passent l'hiver dans les fonds de la mer plus ou moins éloignés des côtes dont ils s'approchent vers le printemps; qu'au commencement de la belle saison, ils s'avancent vers le rivage qui leur convient le mieux, se montrent souvent à la surface de la mer, parcourent des chemins plus ou moins directs, ou plus ou moins sinueux, mais ne suivent point le cercle périodique auquel on a voulu les attacher, et n'obéissent pas à cet ordre de lieux et de temps auquel on les a dits assujettis.

Dans les régions polaires, ils restent une partie de l'année enfouis au fond de la mer, dans un état d'engourdissement complet. Ce n'est que vers la fin de juin qu'ils reprennent une partie de leur activité, sortent de leurs trous, s'élancent dans les flots, et parcourent les grands rivages. Il semble même que la stupeur ou l'engourdissement dans lequel ils doivent avoir été plongés pendant les très-grands froids, ne se dissipe que par degrés : leurs sens paraissent très-affaiblis pendant une vingtaine de jours : leur vue est alors si débile, qu'on les croit aveugles, et qu'on les prend facilement au filet. Après ce temps de faiblesse, on est souvent forcé de renoncer à cette manière de les pêcher ; les maquereaux, recouvrant entièrement l'usage de leurs yeux, ne peuvent plus en quelque sorte être pris à l'hameçon ; mais comme ils sont encore très-maigres, et qu'ils se ressentent beaucoup de la longue diète qu'ils ont éprouvée, ils sont très-avides d'appâts, et on en fait une pêche très-abondante.

Comme les appétits des maquereaux sont très-violents, et que leur nombre leur inspire peut-être une sorte de confiance, ils sont voraces et même hardis : ils attaquent souvent des poissons plus gros et plus forts qu'eux ; et on les a même vus quelquefois se jeter avec une audace aveugle sur des pêcheurs qui voulaient les saisir, ou qui se baignaient dans les eaux de la mer. Mais s'ils cherchent à faire beaucoup de victimes, ils sont perpétuellement entourés de nombreux ennemis. Les grands habitants des mers les dévorent ; et des poissons en apparence assez faibles, tels que les murènes et les murénophis, les combattent avec avantage.

LE ROUGET.

Avec quelle magnificence la nature n'a-t-elle pas décoré ce poisson ! Quels souvenirs ne réveille pas ce mulle dont le nom se trouve dans les écrits de tant d'auteurs fameux de la Grèce et de Rome ! C'est à sa brillante parure qu'il a dû sa célébrité. Et, en effet, non-seulement un rouge éclatant le colore en se mêlant à des teintes argentines sur ses côtés et sur son ventre ; non-seulement ses nageoires resplendissent des divers reflets de l'or ; mais encore le rouge dont il est peint, appartenant au corps proprement dit du poisson, et paraissant au travers des écailles très-transparentes qui revêtent l'animal, reçoit par sa transmission et le passage que lui livre une substance diaphane, polie et luisante, toute la vivacité que l'art peut donner aux nuances qu'il emploie, par le moyen d'un vernis habilement préparé. Voilà pourquoi le rouget montre encore la teinte qui le distingue lorsqu'il est dépouillé de ses écailles ; et voilà pourquoi encore les Romains gardaient les rougets dans leurs viviers, comme un ornement qui devint bientôt si recherché, que Cicéron reproche à ses compatriotes l'orgueil insensé auquel ils se livraient, lorsqu'ils pouvaient montrer de beaux mulles dans les eaux de leurs habitations favorites.

Le devant de la tête du rouget paraît comme tronqué, ou, pour mieux dire, le sommet de la tête de ce poisson est très-élevé. Les deux mâchoires, également avancées, sont, de plus, garnies d'une grande quantité de petites dents.

Les écailles qui recouvrent la tête, le corps et la queue, se détachent facilement.

Le rouget vit souvent de crustacés. Il n'entre que rarement dans les rivières, et il est des contrées où on le prend dans toutes les saisons. On le pêche non-seulement à la ligne, mais encore au filet.

On le trouve dans plusieurs mers, auprès des côtes du Portugal, de l'Espagne, de la France, et particulièrement à une petite distance de l'embouchure de la Gironde, dans la Méditerranée, aux environs de la Sardaigne, de Malte, du Tibre et de l'Hellespont, et dans les eaux qui baignent le rivage des îles Moluques.

LA PERCHE.

La perche habite parmi nous ; elle peuple nos lacs et nos rivières ; elle est servie sur toutes nos tables. Elle attire les regards par la nature et par la disposition de ses couleurs, surtout lorsqu'elle vit au milieu d'une onde pure.

On en a pêché en Angleterre du poids de quatre ou cinq kilogrammes. On en trouve, en Sibérie et dans la Laponie, d'une grandeur telle, que plusieurs écrivains les ont nommées monstrueuses.

Elles se plaisent beaucoup dans les lacs ; elles les quittent néanmoins pour remonter dans les rivières et dans les ruisseaux, lorsqu'elles doivent frayer. On ne les voit guère que dans les eaux douces.

La perche habite dans presque toute l'Europe, et si elle est assez rare vers l'embouchure des rivières, elle est commune auprès de leurs sources, dans les lacs d'où elle tire son origine.

Ce poisson vit de proie. Il ne peut attaquer avec avantage que de petits animaux ; mais il se jette avec avidité non-seulement sur des poissons très-jeunes ou très-faibles, mais encore sur des campagnols aquatiques, des salamandres, des grenouilles, des couleuvres encore peu développées. Il se nourrit aussi quelquefois d'insectes ; et lorsqu'il fait très-chaud, on le voit s'élever à la surface des lacs ou des rivières, et s'élancer avec agilité pour saisir les cousins qui se pressent par milliers au-dessus de ces rivières ou de ces lacs.

La perche est même si vorace qu'elle se précipite fréquemment et sans précaution sur des ennemis dangereux pour elle par leurs armes, s'ils ne le sont pas par leur force. Elle veut souvent dévorer des épinoches ; mais ces derniers poissons, s'agitant avec vitesse, font pénétrer leurs piquants dans le palais de la perche, qui dès lors ne pouvant ni les avaler, ni les rejeter, ni fermer sa bouche, est contrainte de mourir de faim.

Lorsqu'elle peut se procurer facilement la nourriture qui lui est nécessaire, et qu'elle vit dans les eaux qui lui sont le plus favorables, elle est d'un goût exquis. Sa chair est d'ailleurs blanche, ferme et très-salubre.

Les perches du Rhin sont particulièrement très-estimées.

LA LIMANDE

Ce poisson, très-commun sur nos tables, se trouve non-seulement dans l'océan Atlantique, mais encore dans la Baltique et dans la Méditerranée. Le temps de l'année où il est le plus agréable au goût, au moins dans les contrées du nord de l'Europe, est la fin de l'hiver ou le commencement du printemps.

La limande vit de vers ou d'insectes marins, et très-souvent de petits crabes.

LA SOLE.

Ce poisson est recherché, même pour les tables les plus somptueuses. Sa chair est si tendre, si délicate et si agréable au goût, qu'on l'a surnommé la *perdrix de mer*. On le trouve non-seulement dans la Baltique et dans l'océan Atlantique boréal, mais encore dans les environs de Surinam et dans la mer Méditerranée, où l'on en fait particulièrement une pêche abondante. Il paraît que sa grandeur varie suivant les côtes qu'il fréquente, et vraisemblablement suivant la nourriture qu'il peut avoir à sa portée. On en prend quelquefois, auprès de l'embouchure de la Seine, qui ont cinq, six et sept décimètres de longueur. Il se nourrit d'œufs, ou de très-petits individus de quelques espèces de poissons ; mais lorsqu'il est encore très-jeune, il est la proie des grands crabes, qui le déchirent, le dépècent et le dévorent. On le voit quelquefois entrer dans les rivières. Pendant l'hiver, il se tient dans les profondeurs de l'Océan. Il quitte le fond de la mer lorsque la belle saison arrive. Il va chercher alors les endroits voisins des rivages ou des embouchures des fleuves, où les rayons du soleil peuvent parvenir assez facilement pour faciliter l'accroissement des œufs.

On a d'autant plus de motifs de pêcher la sole, qu'une saveur exquise n'est pas la seule qualité précieuse de la chair de ce poisson. Cette même chair présente aussi la propriété de pouvoir être gardée pendant plusieurs jours sans se corrompre.

LE TURBOT.

Ce poisson est très-recherché et doit l'être. En effet, il réunit la grandeur à un goût exquis, ainsi qu'à une chair ferme ; et voilà pourquoi on l'a nommé *faisan d'eau*, ou *faisan de mer*. Le turbot habite non-seulement dans la mer du Nord et dans la Baltique, mais encore dans la Méditerranée. On en prend quelquefois sur les côtes de France et d'Angleterre, qui pèsent de dix à quinze kilogrammes.

Le turbot est très-goulu ; sa voracité le porte souvent à se tenir auprès de l'embouchure des fleuves, ou de l'entrée des étangs qui communiquent avec la mer, pour trouver un plus grand nombre de jeunes poissons dont il se nourrit, et pour les saisir avec plus de facilité lorsqu'ils pénètrent dans ces étangs et dans ces fleuves, ou lorsqu'ils en sortent pour revenir dans la mer. Quoique très-grand, il ne se contente pas d'employer la force contre sa proie : il a recours à la ruse. Il se précipite au fond de l'Océan ou des méditerranées, applique son large corps sur le sable, se couvre en partie de limon, trouble l'eau autour de lui, et se tenant en embuscade au milieu

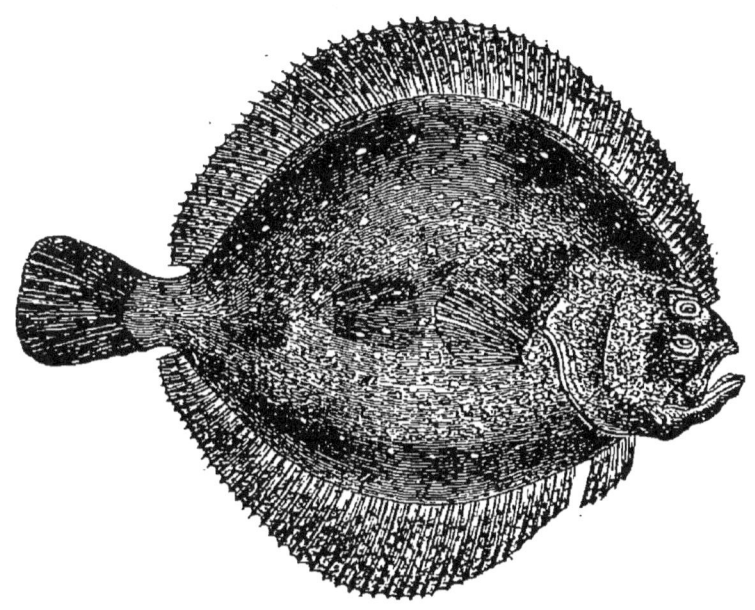

de cette eau agitée, vaseuse et peu transparente, il trompe ses victimes, et les dévore.

Au reste, les turbots sont très-difficiles dans le choix de leur nourriture ; ils ne touchent guère qu'à des poissons vivants ou très-frais. Ils sont très-abondants sur les côtes de Suède, d'Angleterre et de France. On en trouve notamment un très-grand nombre entre Honfleur et l'embouchure de l'Orne.

La forme générale du turbot est un losange ; et c'est de cette figure qu'est venu le nom de *rhombe*, que tant d'auteurs anciens et modernes lui ont donné. La mâchoire inférieure, plus avancée que la supérieure, est garnie, comme cette dernière, de plusieurs rangées de petites dents. Les nageoires sont jaunâtres avec des taches et des points bruns ; le côté gauche est marbré de brun et de jaune ; le côté droit, qui est l'inférieur, est blanc avec des taches brunes.

LE CARRELET.

Le carrelet est très-commun. On le trouve dans l'océan Atlantique boréal, ainsi que dans la Méditerranée. Il se plaît particulièrement dans cette dernière mer, auprès des côtes de la Sardaigne. Il pénètre quelquefois dans les fleuves ; il entre notamment dans l'Elbe.

Le carrelet et le turbot sont les pleuronectes qui présentent le plus de largeur ou plutôt de hauteur.

On doit remarquer chez le carrelet sa mâchoire inférieure, un peu plus avancée que la supérieure, les différentes rangées de dents petites, inégales et pointues, qui arment les deux mâchoires, et la couleur blanche du côté droit de l'animal.

LA LOCHE.

La loche est très-petite ; elle ne parvient guère qu'à la longueur de dix ou douze centimètres ; mais le goût de sa chair est très-agréable, et dans plusieurs contrées de l'Europe on a donné beaucoup d'attention et des soins très-multipliés à ce poisson. On le trouve le plus souvent dans les ruisseaux et dans les petites rivières qui coulent sur un fond de pierres ou de cailloux, et particulièrement dans ceux qui arrosent les pays montagneux. Il vit de vers et d'insectes aquatiques. Il se plaît dans l'eau courante, et paraît éviter celle qui est tranquille ; il préfère les eaux profondes, et même quelquefois les eaux dormantes, à celles qui sont très-agitées et très-battues. Il change rarement de place dans ces portions de rivière dont le courant est moins fort ; il s'y tient comme collé contre le sable et le gravier, et semble s'y nourrir de ce que l'eau y dépose.

La loche est la victime d'un très-grand nombre de poissons contre lesquels sa petitesse ne lui permet pas de se défendre, et, malgré cette même petitesse, elle est la proie des pêcheurs. On la recherche surtout vers la fin de l'automne, et pendant le printemps, qui est la saison de sa ponte. A ces deux époques, sa chair est si délicate, qu'on la préfère à celle de presque tous les autres habitants des eaux, surtout lorsqu'elle a expiré dans du vin ou dans du lait. Elle meurt très-vite dès qu'elle est sortie de l'eau, et même dès qu'on l'a placée dans quelque vase dont l'eau est dans un repos absolu. On la conserve, au contraire, pendant longtemps en vie, en la renfermant dans une sorte de huche trouée que l'on met au milieu du courant d'une rivière.

LE SAUMON.

Le saumon se plaît dans presque toutes les mers. Il préfère pourtant le voisinage des grands fleuves et des rivières, dont les eaux douces et rapides lui servent d'habitation pendant une très-grande partie de l'année. Il n'est point étranger aux lacs immenses ou aux mers intérieures qui ne paraissent avoir aucune communication avec l'Océan.

Il tient le milieu entre les poissons marins et ceux des rivières. S'il croît dans la mer, il naît dans l'eau douce ; si pendant l'hiver il se réfugie dans l'Océan, il passe la belle saison dans les fleuves. Il en recherche les eaux les plus pures ; il ne supporte qu'avec peine ce qui peut en troubler la limpidité.

Il parcourt avec facilité toute la longueur des plus grands fleuves. Il parvient jusqu'en Bohème par l'Elbe, en Suisse par le Rhin, et auprès des hautes Cordillières de l'Amérique méridionale, par l'immense Maragnon, dont le cours est de quatre cents myriamètres.

Dans les contrées tempérées, les saumons quittent la mer vers le commencement du printemps. Si les chaleurs de l'été deviennent trop fortes, ils se réfugient dans les endroits les plus profonds, où ils peuvent jouir de la fraîcheur qu'ils recherchent.

Ils redescendent dans la mer vers la fin de l'automne, pour remonter de nouveau dans les fleuves à l'approche du printemps. Ils s'éloignent de la mer en troupes nombreuses, et présentent souvent dans l'arrangement de celles qu'ils forment autant de régularité qu'en offrent les époques de leurs grands voyages. Le plus gros de ces poissons, qui est ordinairement une femelle, s'avance le premier ; à sa suite viennent les autres femelles, deux à deux, et chacune à la distance d'un ou deux mètres de celles qui la précède ; les mâles les plus grands paraissent ensuite, observent le même ordre que les femelles, et sont suivis des plus jeunes.

S'ils donnent contre un filet, ils le déchirent, ou cherchent à s'échapper par-dessous ou par les côtés de cet obstacle : et dès qu'un de ces poissons a trouvé une issue, les autres le suivent, et leur premier ordre se rétablit.

Lorsqu'ils nagent, ils se tiennent au milieu du fleuve et près de la surface de l'eau ; et comme ils sont souvent très-nombreux, qu'ils agitent l'eau violemment, et qu'ils font beaucoup de bruit, on les entend de loin comme le murmure sourd d'un orage lointain. Lorsque la tempête menace, que le soleil lance des rayons très-ardents, et que l'atmosphère est très-échauffée, ils remontent les fleuves sans s'éloigner du fond de la rivière.

Si la température de la rivière, la nature de la lumière du soleil, la vitesse et les qualités de l'eau leur conviennent, ils voyagent lentement ; ils jouent à la surface du fleuve ; ils s'écartent de leur route. Mais s'ils veulent se dérober à quelque sensation incommode, éviter un danger, échapper à un piége, ils s'élancent avec tant de rapidité, que l'œil a de la peine à les suivre.

Ils ont dans leur queue une rame très-puissante. Les muscles de cette partie de leur corps jouissent même d'une si grande énergie, que des cataractes élevées ne sont pas pour ces poissons un obstacle insurmontable.

Indépendamment de leur queue longue, agile et vigoureuse, ils ont, pour attaquer ou pour se défendre, des dents nombreuses et très-pointues qui garnissent les deux mâchoires et le palais, sur chacun des côtés duquel elles forment une ou deux rangées.

Les jeunes saumons qui ont atteint une longueur de quatre ou cinq décimètres quittent la mer pour remonter dans les rivières ; mais ils partent le plus souvent beaucoup plus tard que les gros saumons ; ils attendent communément le commencement de l'été.

On les suppose âgés de deux ans lorsqu'ils pèsent de trois à quatre kilogrammes. A l'âge de cinq ou six ans, ils pèsent de cinq à six kilogrammes, et parviennent bientôt à un développement très-considérable.

Les saumons vivent d'insectes, de vers, de jeunes poissons. Ils saisissent leur proie avec beaucoup d'agilité ; et, par exemple, on les voit s'élancer avec la rapidité de l'éclair sur les moucherons, les papillons, les sauterelles, et les autres insectes que les courants charrient, ou qui voltigent à quelques centimètres au-dessus de la surface des eaux.

Mais s'ils sont à craindre pour un grand nombre de petits animaux, ils ont à redouter des ennemis bien puissants et bien nombreux. Ils sont poursuivis par les grands habitants des mers et de leurs rivages, par les squales, par les phoques, par les marsouins. Les gros oiseaux d'eau les attaquent aussi ; et les pêcheurs leur font surtout une guerre cruelle.

Leur chair, surtout celle des mâles, est, à la vérité, un peu difficile à digérer, mais grasse, nourrissante, et très-agréable au goût. Elle plaît d'ailleurs à l'œil par sa belle couleur rougeâtre. Ses nuances et sa délicatesse ne sont cependant pas les mêmes dans toutes les eaux.

Les saumons meurent bientôt, non-seulement lorsqu'on les tient hors de l'eau, mais encore lorsqu'on les met dans une huche qui n'est pas placée au milieu d'une rivière. Des pêcheurs prétendent que, pour empêcher ces poissons de perdre leur goût, il faut se presser de les tuer dès le moment où on les tire de l'eau.

LA TRUITE.

La truite n'est pas seulement un des poissons les plus agréables au goût, elle est encore un des plus beaux.

On trouve la truite dans presque toutes les contrées du globe, et particulièrement dans presque tous les lacs élevés, tels que ceux du Léman, de Joux, de Neufchâtel.

Elle a ordinairement trois ou quatre décimètres de longueur, et pèse alors deux ou trois hectogrammes. On en pêche cependant, dans quelques rivières, du poids de deux ou trois kilogrammes ; on a parlé d'une truite qui pesait quatre kilogrammes, et qu'on avait prise en Saxe.

Le salmone truite aime une eau claire, froide, qui descende de montagnes élevées, qui s'échappe avec rapidité, et qui coule sur un fond pierreux.

Les grandes chaleurs peuvent incommoder la truite au point de la faire périr. Aussi la voit-on vers le solstice d'été, lorsque les nuits sont très-courtes et qu'un soleil ardent rend les eaux presque tièdes, quitter les bassins pour aller habiter au milieu d'un courant, ou chercher près du rivage l'eau fraîche d'un ruisseau ou celle d'une fontaine.

Elle peut d'autant plus aisément choisir entre ces divers asiles, qu'elle nage contre la direction des eaux les plus rapides avec une vitesse qui étonne l'observateur, et qu'elle s'élance au-dessus de digues ou de cascades de plus de deux mètres de haut.

Elle se nourrit de petits poissons très-jeunes, de petits animaux à coquille, de vers, d'insectes, et particulièrement d'éphémères, qu'elle saisit avec adresse lorsqu'elles voltigent auprès de la surface de l'eau.

On marine la truite comme le saumon, et on la sale comme le hareng. Mais c'est surtout lorsqu'elle est fraîche que son goût est très-agréable. Sa chair est tendre, particulièrement pendant l'hiver ; les personnes même dont l'estomac est faible la digèrent facilement.

Comme on ne voit guère la truite séjourner naturellement que dans les lacs élevés et dans les rivières ou ruisseaux des montagnes, elle est très-chère dans un grand nombre d'endroits.

LA TRUITE SAUMONÉE.

Sa forme, ses couleurs, ses habitudes, la rapprochent beaucoup du saumon et de la truite.

Elle habite dans un très-grand nombre de contrées; mais on la trouve principalement dans les lacs des hautes montagnes et dans les rivières froides qui en sortent ou qui s'y jettent. Elle se nourrit de vers, d'insectes aquatiques, et de très-petits poissons. Les eaux vives et courantes sont celles qui lui plaisent; elle aime les fonds de sable ou de cailloux. Ce n'est ordinairement que vers le milieu du printemps qu'elle quitte la mer pour aller dans les fleuves, les rivières, les lacs et les ruisseaux, choisir l'endroit commode et abrité où elle dépose ses œufs.

Elle parvient à une grandeur considérable. Quelques individus de cette espèce pèsent quatre ou cinq kilogrammes; et ceux même qui n'en pèsent encore que trois ont déjà plus de six décimètres de longueur.

La bonté de la chair de la truite saumonée dépend très-souvent de la qualité des eaux où elle a séjourné; mais en général, et surtout un peu avant le frai, cette chair est toujours tendre et facile à digérer.

LE BROCHET.

Le brochet est le requin des eaux douces ; il y règne en tyran dévastateur, comme le requin au milieu des mers. S'il a moins de puissance, il ne rencontre pas de rivaux aussi redoutables ; si son empire est moins étendu, il a moins d'espace à parcourir pour assouvir sa voracité ; si sa proie est moins variée, elle est souvent plus abondante ; et il n'est point obligé, comme le requin, de traverser d'immenses profondeurs pour l'arracher à ses asiles. Insatiable dans ses appétits, il ravage avec une promptitude effrayante les viviers et les étangs.

Le sens de l'ouïe du brochet est plus parfait que celui de presque tous les autres poissons osseux. Sous Charles IX, roi de France, des individus de cette espèce, réunis dans un bassin du Louvre, venaient, lorsqu'on les appelait, recevoir la nourriture qu'on leur avait préparée.

C'est dans les rivières, les fleuves, les lacs et les étangs, qu'il se plaît à séjourner. On ne le voit dans la mer que lorsqu'il y est entraîné par des accidents passagers, et retenu par des causes extraordinaires qui ne l'empêchent pas d'y dépérir ; mais on l'a observé dans presque toutes les eaux douces de l'Europe.

Il parvient jusqu'à la longueur de deux ou trois mètres, et jusqu'au poids de quarante ou cinquante kilogrammes.

Le brochet n'est pas seulement dangereux par la grandeur de ses dimensions, la force de ses muscles, le nombre de ses armes ; il l'est encore par les finesses de la ruse et les ressources de l'instinct.

Lorsqu'il s'est élancé sur de gros poissons, sur des serpents, des grenouilles, des oiseaux d'eau, des rats, de jeunes chats, ou même de petits chiens tombés ou jetés dans l'eau, et que l'animal qu'il veut dévorer lui oppose un trop grand volume, il le saisit par la tête, le retient avec ses dents nombreuses et recourbées, jusqu'à ce que la portion antérieure de sa proie soit ramollie dans son large gosier ; il en aspire ensuite le reste, et l'engloutit.

On prend les brochets de diverses manières : en hiver, sous les glaces ; en été, pendant les orages, qui, en éloignant d'eux leurs victimes ordinaires, les portent davantage vers les appâts ; dans toutes les saisons, au clair de la lune ; dans les nuits sombres, au feu des bois résineux.

Leur chair est agréable au goût.

LE HARENG.

Ces poissons ne forment pour tant de peuples une branche immense de commerce, que depuis le temps où l'on a employé, pour les préserver de la corruption, les différentes préparations que l'on a successivement inventées et perfectionnées. Avant la fin du quatorzième siècle, époque à laquelle Guillaume Deukelzoon, pêcheur célèbre de Flandre, trouva l'art de saler les harengs, ces animaux devaient être et étaient, en effet, moins recherchés ; mais, dès le commencement du quinzième siècle, les Hollandais employèrent à la pêche de ces clupées de grands filets et des bâtiments considérables et allongés, auxquels ils donnent le nom de *buys :* et depuis ce même siècle il y a eu des années où ils ont mis en mer trois mille vaisseaux et occupé quatre cent cinquante mille hommes pour la pêche de ces poissons.

Les filets dont ces mêmes Hollandais se servent pour prendre les harengs ont de mille à douze cents mètres de longueur; ils sont composés de cinquante à soixante *nappes,* ou parties distinctes. On les fabrique avec une grosse soie que l'on fait venir de Perse, et qui dure deux ou trois fois plus que le chanvre. On les noircit à la fumée, pour que leur couleur n'effraye pas les harengs. La partie supérieure de ces instruments est soutenue par des tonnes vides ou par des morceaux de liége; et leur partie inférieure est maintenue par des pierres ou par d'autres corps pesants, à la profondeur convenable.

On jette ces filets dans les endroits où une grande abondance de harengs est indiquée par la présence des oiseaux d'eau, des squales, et des autres ennemis de ces poissons, ainsi que par une quantité plus ou moins considérable de substance huileuse ou visqueuse que l'on nomme *graissin* dans plusieurs pays, qui s'étend sur la surface de l'eau au-dessus des grandes troupes de ces clupées, et que l'on reconnaît facilement lorsque le temps est calme. Les harengs, comme plusieurs autres poissons, se précipitent vers les feux qu'on leur présente; et on les attire dans les filets en les trompant par le moyen de lumières que l'on place de la manière la plus convenable dans différents endroits des vaisseaux, ou qu'on élève sur des rivages voisins.

On prépare les harengs de différentes manières, dont les détails varient un peu, suivant les contrées où on les emploie, et dont les résultats sont plus ou moins agréables au goût et avantageux au commerce.

On sale en pleine mer les harengs que l'on trouve les plus gras et que l'on croit les plus succulents.

La préparation qui procure particulièrement au commerce d'immenses bénéfices est celle qui fait donner le nom de *harengs blancs* aux clupées harengs pour lesquels on l'a employée.

Dès que les harengs dont on veut faire des *harengs blancs* sont hors de la mer, on les ouvre, on en ôte les intestins, on les met dans une saumure assez chargée pour que ces poissons y surnagent; on les en tire au bout de quinze ou dix-huit heures; on les met dans des tonnes; on les transporte à terre; on les y *encaque* de nouveau; on les place par lits dans les *caques* ou tonnes qui doivent les conserver, et on sépare ces lits par des couches de sel.

On a soin de choisir du bois de chêne pour les tonnes ou caques, et de bien en réunir toutes les parties, de peur que la saumure ne se perde et que les harengs ne se gâtent.

LA SARDINE.

La sardine se trouve non-seulement dans l'océan Atlantique boréal et dans la Baltique, mais encore dans la Méditerranée, et particulièrement aux environs de la

Sardaigne, dont elle tire son nom. Elle s'y tient dans les endroits très-profonds ; mais, pendant l'automne, elle s'approche des côtes pour frayer.

Les individus de cette espèce s'avancent alors vers les rivages en troupes si nombreuses, que la pêche en est très-abondante. On les mange frais, ou salés, ou fumés. La branche de commerce qu'ils forment est importante dans plusieurs contrées de l'Europe.

L'ALOSE.

Les aloses habitent non-seulement dans l'océan Atlantique septentrional, mais encore dans la Méditerranée et dans la mer Caspienne.

Elles forment des troupes nombreuses, que les pêcheurs de la plupart des rivières où elles s'engagent voient arriver avec une grande satisfaction. Le nombre de ces clupées cependant varie beaucoup d'une année à l'autre. Dans la Seine inférieure, par exemple, on prend treize ou quatorze mille aloses dans certaines années, et, dans d'autres, on n'en prend que quinze cents ou deux mille.

Elles sont le plus souvent maigres et de mauvais goût en sortant de la mer ; mais le séjour dans l'eau douce les engraisse. Elle parviennent à la longueur d'un mètre.

L'ANCHOIS.

Il n'est guère de poisson plus connu que l'anchois, de tous ceux qui aiment la bonne chère. Ce n'est pas pour son volume qu'il est recherché, car il n'a souvent qu'un décimètre ou moins de longueur; il ne l'est pas non plus pour la saveur particulière qu'il présente lorsqu'il est frais; mais on consomme une énorme quantité d'individus de cette espèce, lorsque après avoir été salés ils sont devenus un assaisonnement des plus agréables et des plus propres à ranimer l'appétit. On les prépare en leur ôtant la tête et les entrailles; on les pénètre de sel; on les renferme dans des barils avec des précautions particulières; on les envoie à de très-grandes distances sans qu'ils puissent se gâter. Ils sont employés, sur les tables modestes comme dans les festins somptueux, à relever la saveur des végétaux, et à donner aux sauces un piquant de très-bon goût. Les Grecs et les Romains, dans le temps où ils attachaient le plus d'importance à l'art de préparer les aliments, faisaient avec ces clupées une liqueur que l'on nommait *garum*, et qu'ils regardaient comme une des plus précieuses.

LA CARPE.

Les carpes se plaisent dans les étangs, dans les lacs, dans les rivières qui coulent doucement. Il y a même dans les qualités des eaux des différences qui sont si sensibles pour ces cyprins, qu'ils abondent quelquefois dans une partie d'un lac ou d'un fleuve, et sont très-rares dans une autre partie peu éloignée cependant de la première.

Ces poissons frayent en mai et même en avril, quand le printemps est chaud. Ils cherchent alors les places couvertes de verdure pour y déposer ou leur laite ou leurs œufs.

A cette même époque, les carpes qui habitent dans les fleuves ou dans les rivières s'empressent de quitter leurs asiles pour remonter vers les eaux plus tranquilles. Si, dans cette sorte de voyage annuel, elles rencontrent une barrière, elles s'efforcent de la franchir. Elles peuvent, pour la surmonter, s'élancer à une hauteur de deux mètres.

Leur conformation et la force de leurs muscles leur donnent une grande facilité pour cette manœuvre. Leurs proportions indiquent, en effet, la vigueur et la légèreté.

Leur tête est grosse; leurs lèvres sont épaisses, leur front est large; leurs quatre barbillons sont attachés à leur mâchoire supérieure; leurs écailles sont grandes et striées.

Quand elles sont bien nourries, elles croissent vite, et parviennent à une grosseur considérable.

On en pêche dans plusieurs lacs de l'Allemagne septentrionale qui pèsent plus de quinze kilogrammes. On en a pris une du poids de plus de dix-neuf kilogrammes à Dertz, dans la nouvelle Marche de Brandebourg sur les frontières de la Poméranie.

On assure qu'on en a pris du poids de quarante-cinq

kilogrammes dans le lac de Zug, en Suisse ; et enfin il en habite dans le Dniester de si grosses que leurs arêtes peuvent servir à faire des manches de couteau.

Ces poissons deviennent très-vieux. Ils se multiplient avec une facilité extraordinaire.

Tous les fleuves et toutes les rivières ne communiquent pas les mêmes qualités à la chair des carpes. Il est des rivières dont les eaux donnent à ceux de ces cyprins qu'elles nourrissent une saveur bien supérieure à celle des autres carpes ; et parmi les rivières de France on peut citer particulièrement celle du Lot.

LE BARBEAU.

Ce poisson a quelques rapports extérieurs avec le brochet, à cause de l'allongement de sa tête, de son corps et de sa queue.

Le barbeau se plaît dans les eaux rapides qui coulent sur un fond de cailloux ; il aime à se cacher parmi les pierres et sous les rives avancées. Il se nourrit de plantes aquatiques, de limaçons, de vers et de petits poissons ; on l'a vu même rechercher des cadavres. Il parvient au poids de neuf ou dix kilogrammes. On le pêche dans les grands fleuves de l'Europe, et particulièrement dans ceux de l'Europe méridionale.

Les barbeaux se réunissent en troupes de douze, de quinze et quelquefois de cent individus. Ils se renferment dans une grotte commune, à laquelle leur association doit le nom de *nichée* que leur donnent les pêcheurs.

LE GOUJON ET LA TANCHE.

Le goujon se trouve dans les eaux de l'Europe dont le sel n'altère pas la pureté, et particulièrement dans celles qui reposent ou coulent mollement et sans mélange sur un fond sablonneux. Il préfère les lacs que la tempête n'agite pas. Il y passe l'hiver, et lorsque le printemps est arrivé, il remonte dans les rivières, où il dépose sur les pierres sa laite ou ses œufs, dont la couleur est bleuâtre et le volume très-petit. Les femelles de l'espèce du goujon sont cinq ou six fois plus nombreuses que les mâles.

Vers l'automne les goujons reviennent dans les lacs. On les prend de plusieurs manières ; on les pêche avec des filets et avec l'hameçon. Ils sont d'ailleurs la proie des oiseaux d'eau, ainsi que des grands poissons, et cependant ils sont très-multipliés, ils vivent de plantes, de petits œufs, de débris de corps organisés. Ils paraissent se plaire plusieurs ensemble ; on les rencontre presque toujours réunis en troupes nombreuses. Ils perdent difficilement la vie. A peine parviennent-ils à la longueur d'un ou deux décimètres.

Leurs couleurs varient avec leur âge, leur nourriture, et la nature de l'eau dans laquelle ils sont plongés ; mais le plus souvent un bleu noirâtre règne sur leur dos; leurs côtés sont bleus dans leur partie supérieure ; le bas de ces mêmes côtés et le dessous du corps offrent des teintes mêlées de blanc et de jaune ; des taches bleues sont placées sur la ligne latérale ; et l'on voit des taches noires sur la caudale et sur la dorsale, qui sont jaunâtres ou rougeâtres, comme les autres nageoires.

Les tanches sont aussi sujettes que les goujons à varier dans leur nuances, suivant l'âge, le sexe, le climat, les aliments et les qualités de l'eau. Communément on remarque du jaune verdâtre sur leurs joues, du blanc sur leur gorge, du vert foncé sur leur front et sur leur dos, du vert clair sur la partie supérieure de leurs côtés, du jaune sur la partie inférieure de ces dernières portions, du blanchâtre sur le ventre, du violet sur les nageoires. Dans les femelles comme dans les mâles la tête est grosse, le front large, l'œil petit, la lèvre épaisse, le dos un peu arqué.

On trouve des tanches dans presque toutes les parties du globe. Elles habitent dans les lacs ou dans les marais; les eaux stagnantes et vaseuses sont celles qu'elles recherchent. Elles ne craignent pas les rigueurs de l'hiver.

On peut mettre des tanches dans des viviers, dans des mares, même dans de simples abreuvoirs; elles se contentent de peu d'espace.

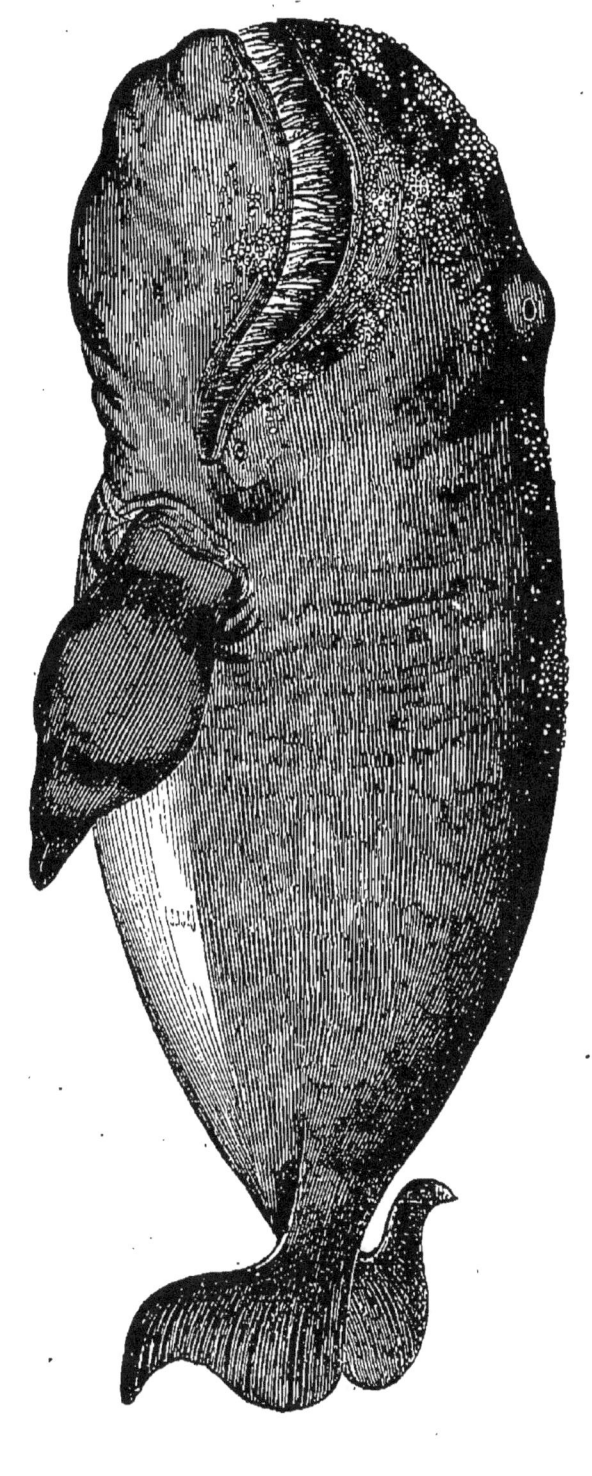

CÉTACÉS.

LA BALEINE FRANCHE.

Les individus de cette espèce, que l'on rencontre à une assez grande distance du pôle arctique, ont depuis vingt jusqu'à quarante mètres de longueur. Leur circonférence n'est pas toujours dans la même proportion avec leur longueur totale. La plus grande circonférence surpassait, en effet, la moitié de la longueur dans un individu de seize mètres de long ; elle n'égalait pas cette même longueur totale dans d'autres individus longs de plus de trente mètres. Le poids total de ces derniers individus surpassait cent cinquante kilogrammes.

En s'approchant néanmoins de cette masse, on la voit en quelque sorte se changer en un tout mieux ordonné. On peut comparer ce gigantesque ensemble à une espèce de cylindre immense et irrégulier.

La tête forme la partie antérieure de ce cylindre démesuré ; son volume égale le quart et quelquefois le tiers du volume total de la baleine. Elle est convexe, pardessus, de manière à représenter une portion d'une large sphère. Vers le milieu de cette grande voûte et un peu sur le derrière, s'élève une bosse, sur laquelle sont placés les orifices des deux *évents*.

On donne ce nom d'*évents* aux deux canaux qui partent du fond de la bouche, parcourent obliquement, et en se courbant, l'intérieur de la tête, et aboutissent vers le milieu de sa partie supérieure.

Ils servent à rejeter l'eau qui pénètre dans l'intérieur de la gueule de la baleine franche, ou à introduire jusqu'à son larynx, et par conséquent jusqu'à ses poumons, l'air nécessaire à la respiration de ce cétacé.

La baleine fait sortir par ces évents un assez grand volume d'eau pour qu'un canot puisse en être bientôt rempli. Elle lance ce fluide avec tant de rapidité, particulièrement quand elle est animée par des affections vives, tourmentée par des blessures et irritée par la douleur, que le bruit de l'eau qui s'élève et retombe en colonnes, ou se disperse en gouttes, effraye presque tous ceux qui l'entendent pour la première fois, et peut retentir fort loin, si la mer est très-calme. On a comparé ce bruit, ainsi que celui que produit l'aspiration de la baleine, au bruissement sourd et terrible d'un orage éloigné.

Elle n'a pas de dents ; mais tout le dessous de la mâchoire inférieure, ou, pour mieux dire, toute la voûte du palais est garnie de lames que l'on désigne sous le nom de *fanons*.

La queue de la baleine a la figure d'un cône, dont la base s'applique au corps proprement dit. Les muscles qui la composent sont très-vigoureux. Une saillie longitudinale s'étend dans sa partie supérieure, depuis le milieu de sa longueur jusqu'à son extrémité. Elle est terminée par une grande nageoire, dont la position est remarquable. Cette nageoire est horizontale, au lieu d'être verticale comme la nageoire de la queue des poissons.

Ce grand instrument de natation est le plus puissant de ceux que la baleine a reçus ; mais il n'est pas le seul. Ses deux bras peuvent être comparés aux deux nageoires pectorales des poissons : au lieu d'être composés, ainsi que ces nageoires, de rayons soutenus et liés par une membrane, ils sont formés d'os, de muscles, et de chair tendineuse, recouverts par une peau épaisse ; mais l'ensemble que chacun de ces bras présente consiste dans une sorte de sac aplati, arrondi dans la plus grande partie de sa circonférence, terminé en pointe, ayant une surface assez étendue, réunissant enfin tous les caractères d'une rame agile et forte.

La peau de la baleine est très-forte, quoique percée de grands pores. Son épaisseur surpasse deux décimètres. Elle n'est pas garnie de poils, comme celle de la plupart des mammifères.

La chair qui est au-dessous de l'épiderme et de la peau est rougeâtre, grossière, dure et sèche, excepté celle de la queue, qui est moins coriace et plus succulente, quoique peu agréable à un goût délicat, surtout dans certaines circonstances où elle répand une odeur rebutante.

Entre cette chair et la peau est un lard épais, dont une partie de la graisse est si liquide, qu'elle s'écoule et forme une huile, même sans être exprimée.

Le baleineau tette au moins pendant un an.

Il est, pendant le temps qui suit immédiatement sa naissance, l'objet d'une grande tendresse, et d'une sollicitude qu'aucun obstacle ne lasse, qu'aucun danger n'intimide. La mère le soigne même quelquefois pendant trois ou quatre ans. Elle ne le perd pas un instant de vue.

La baleine franche n'a vraisemblablement pour aliments que des crabes et des mollusques. Ces animaux dont elle fait sa proie sont bien petits ; mais leur nombre compense le peu de substance que présente chacun de ces mollusques ou insectes. Ils sont si multipliés dans les mers fréquentées par la baleine franche, que ce cétacé n'a souvent qu'à ouvrir la gueule pour en prendre plusieurs milliers à la fois.

A quelque distance que la baleine franche doive aller chercher l'aliment qui lui convient, elle peut la franchir avec une grande facilité : sa vitesse est si grande, que ce cétacé laisse derrière lui une voie large et profonde comme celle d'un vaisseau qui vogue à pleines voiles. Elle parcourt onze mètres par seconde.

Une baleine franche peut peser plus de cent cinquante mille kilogrammes. Sa masse est donc égale à celle de cent rhinocéros, ou de cent hippopotames, ou de cent éléphants.

Voici trois ennemis de la baleine, remarquables par leur grandeur, leur agilité, leur force et leurs armes. Ils la suivent avec acharnement, ils la combattent avec fureur. Ces trois ennemis sont : la scie, le dauphin gladiateur et le requin.

La scie rencontre-t-elle une baleine franche dont l'âge soit encore très-peu avancé et la figure peu développée, elle ose, si la faim la dévore, se jeter sur ce cétacé. La jeune baleine, pour la repousser, enfonce sa tête dans l'eau, relève sa queue, l'agite, et frappe des deux côtés.

Si elle atteint son ennemi, elle l'accable, le tue, l'écrase d'un seul coup. Mais le squale se précipite en arrière, l'évite, bondit, tourne et retourne autour de son adversaire, change à chaque instant son attaque, saisit le moment favorable, s'élance sur la baleine, enfonce dans son dos la lame longue, osseuse et dentelée, dont son museau est garni, la retire avec violence, blesse profondément le jeune cétacé, le déchire, le suit dans les profondeurs de l'Océan, le force à remonter vers la surface de la mer, recommence un combat terrible, et, s'il ne peut lui donner la mort, expire en frémissant.

Les dauphins gladiateurs se réunissent, forment une grande troupe, s'avancent tous ensemble vers la baleine franche, l'attaquent de toutes parts, la mordent, la harcèlent, la fatiguent, la contraignent à ouvrir la gueule, et, se jetant sur sa langue, dont on dit qu'ils sont très-avides, la mettant en pièces, et l'arrachant par lambeaux, causent des douleurs insupportables au cétacé vaincu par le nombre, en l'ensanglantant par des blessures mortelles.

Les énormes requins du Nord, que quelques navigateurs ont nommé *ours de mer* à cause de leur voracité, combattent la baleine sous l'eau ; ils ne cherchent pas à se jeter sur sa langue, mais ils parviennent à enfoncer dans son ventre les quintuples rangs de leurs dents pointues et dentelées, et lui enlèvent d'énormes morceaux de téguments et de muscles.

Un mugissement sourd exprime, a-t-on dit, et les tourments et la rage de la baleine. Une sueur abondante manifeste l'excès de sa lassitude et le commencement de son épuisement. Blessée, privée de presque tout son sang, harassée, excédée, accablée par ses propres efforts, elle n'a plus qu'un faible reste de sa vigueur et de sa puissance. L'*ours blanc* ou plutôt l'*ours maritime*, ce vorace et redoutable animal que la faim rend si souvent plus terrible encore, quitte alors les bancs de glaces ou les rives gelées sur lesquels il se tient en embuscade, se jette à la nage, arrive jusqu'à ce cétacé, ose l'attaquer. Mais la baleine, quoique expirante, montre encore qu'elle est le plus grand des animaux ; elle ranime ses forces défaillantes ; et peu d'instants même avant sa mort, un coup de sa queue immole l'ennemi trop audacieux qui a cru ne trouver en elle qu'une victime sans défense.

Le cadavre de la baleine flotte sur la mer. L'ours maritime, les squales, les oiseaux de mer, se précipitent alors sur cette proie facile, la déchirent et la dévorent.

La baleine franche habite tous les climats ; elle appartient aux deux hémisphères, ou plutôt les mers australes et boréales lui appartiennent.

En considérant les résultats et les bénéfices si importants que procure la pêche de la baleine, pourrait-on être étonné de l'attention, des soins, des précautions multipliées par lesquels on tâche d'assurer ou d'accroître les succès de cette pêche ? Tous les procédés qu'on emploie pour cette pêche sont curieux ; mais le détail nous mènerait trop loin.

LE CACHALOT MACROCÉPHALE.

Moins fort que le premier des cétacés, il a reçu des armes formidables, que la nature n'a pas données à la baleine. Des dents terribles par leur force et par leur nombre garnissent les deux côtés de la mâchoire inférieure. Son organisation intérieure, un peu différente de celle de la baleine, lui impose d'ailleurs le besoin d'une nourriture plus substantielle. Aussi ne règne-t-il pas sur les ondes en vainqueur pacifique comme la baleine ; il y exerce un empire redouté : il ne se contente pas de repousser l'ennemi qui l'attaque, de briser l'obstacle qui l'arrête, d'immoler l'audacieux qui le blesse ; il cherche sa proie, il poursuit ses victimes, il provoque au combat.

Sa tête est une des plus volumineuses, si elle n'est pas la plus grande de toutes celles que l'on connaît. Sa longueur surpasse presque toujours le tiers de la longueur totale du cétacé. Elle paraît comme une grosse masse tronquée par devant, presque cubique, et terminée par conséquent à l'extrémité du museau par une surface très-étendue, presque carrée, et presque verticale. C'est dans la surface inférieure de ce cube immense, mais imparfait, que l'on voit l'ouverture de la bouche, étroite, longue, un peu plus reculée que le bout du museau, et fermée à la volonté du cachalot par la mâchoire d'en bas, comme par un vaste couvercle renversé.

Cette mâchoire d'en bas est donc évidemment plus courte que celle d'en haut. Chaque branche de la mâchoire d'en bas a quelquefois, cependant, un mètre d'épaisseur. La chair des gencives est ordinairement très-blanche, dure comme de la corne, revêtue d'une sorte d'écorce profondément ridée.

Le nombre des dents qui garnissent de chaque côté la mâchoire d'en bas est de vingt-trois. Ces dents sont fortes, coniques, un peu recourbées vers l'intérieur de la gueule. Les deux premières et les quatre dernières de chaque rangée sont quelquefois moins grosses et plus pointues que les autres. Elles ont à l'extérieur la couleur et la dureté de l'ivoire ; mais elles sont, à l'intérieur, plus tendres et plus grises.

La langue est charnue, un peu mobile, d'un rouge livide, et remplit presque tout le fond de la gueule.

L'œil est situé plus haut que dans plusieurs grands cétacés. Il est noirâtre, entouré de poils très-ras et très-difficiles à découvrir. Cet organe n'a d'ailleurs qu'un très-petit diamètre.

La Méditerranée n'est pas la seule mer intérieure dans laquelle pénètre le macrocéphale ; il appartient même à presque toutes les mers. Il ne se nourrit pas seulement de mollusques ; il est aussi très-avide de poissons. On en a trouvé de deux mètres de longueur dans son estomac. Il poursuit les phoques, les baleinoptères, les dauphins vulgaires. Il chasse les requins avec acharnement ; et ces squales, si dangereux pour tant d'autres animaux, sont saisis d'une telle frayeur à la vue du terrible macrocéphale, qu'ils s'empressent de se cacher sous le sable ou sous la vase, qu'ils se précipitent au travers des écueils, qu'ils se jettent contre les rochers avec assez de violence pour se donner la mort, et qu'ils n'osent pas même approcher de son cadavre, malgré l'avidité avec laquelle ils dévorent les restes des autres cétacés. Le macrocéphale est assez vorace pour saisir un bateau pêcheur, le briser dans sa gueule, et engloutir les hommes qui le montent ; aussi les pêcheurs islandais redoutent-ils son approche.

La mère a pour son petit une affection plus grande encore que dans presque toutes les autres espèces de cétacés. Ce sentiment de la mère pour le jeune cétacé auquel elle a donné le jour se retrouve même dans presque tous les macrocéphales pour les cachalots avec lesquels ils ont l'habitude de vivre. Lorsqu'on attaque une troupe de macrocéphales, ceux qui sont déjà pris sont bien moins à craindre pour les pêcheurs que leurs compagnons encore libres, lesquels, au lieu de plonger dans la mer, ou de prendre la fuite, vont avec audace couper les cordes qui retiennent les premiers, repousser ou immoler leurs vainqueurs, et rendre la liberté aux captifs.

Les macrocéphales résistent plus longtemps que beaucoup d'autres cétacés aux blessures que leur font la lance et le harpon des pêcheurs. On ne leur arrache que difficilement la vie, et l'on assure que l'on a vu de ces cachalots respirer encore, quoique privés de parties considérables de leur corps, que le fer avait désorganisées au point de les faire tomber en putréfaction.

LE DAUPHIN VULGAIRE.

L'homme trouve le dauphin sur la surface de toutes les mers ; il le rencontre et dans les climats heureux des zones tempérées, et sous le ciel brûlant des mers équatoriales. Partout il le voit, léger dans ses mouvements, rapide dans sa natation, étonnant dans ses bonds, se plaire autour de lui, disparaître comme l'éclair, s'échapper comme l'oiseau qui fend l'air, reparaître, s'enfuir et se montrer de nouveau.

Les formes générales du dauphin vulgaire sont plus agréables à la vue que celles de presque tous les autres cétacés ; ses proportions sont moins éloignées de celles que nous regardons comme le type de la beauté. Sa tête, par exemple, montre, avec les autres parties de ce cétacé, des rapports de dimension beaucoup plus analogues à ceux qui nous ont charmés dans les animaux que nous croyons les plus favorisés par la nature. Son ensemble est comme composé de deux cônes allongés presque égaux, et dont les bases sont appliquées l'une contre l'autre. La tête forme l'extrémité du cône antérieur ; aucun enfoncement ne la sépare du corps proprement dit, et ne sert à la faire reconnaître ; mais elle se termine par un museau très-distinct du crâne, très-avancé, très-aplati de haut en bas, arrondi dans son contour, de manière à présenter l'image d'une portion d'ovale, et comparé par plusieurs auteurs à un énorme *bec d'oie* ou de *cygne*, dont ils lui ont donné le nom.

Lorsqu'ils nagent en troupe nombreuse, les dauphins

présentent souvent une sorte d'ordre : ils forment des rangs réguliers ; ils s'avancent quelquefois sur une ligne, comme disposés en ordre de bataille ; et si quelqu'un d'eux l'emporte sur les autres par sa force ou par son audace, il précède ses compagnons, parce qu'il nage avec moins de précaution et plus de vitesse ; il paraît comme leur chef ou leur conducteur.

Mais les animaux de leur espèce ne sont pas les seuls êtres sensibles pour lesquels ils paraissent concevoir de l'affection ; ils se familiarisent du moins avec l'homme. Ils se rassemblent autour des bâtiments, et avec tous les signes de la confiance et d'une sorte de satisfaction, ils s'agitent, se courbent, se replient, s'élancent au-dessus de l'eau, pirouettent, retombent, bondissent, et s'élancent de nouveau pour pirouetter, tomber, bondir et s'élever encore.

Ils se nourrissent de substances animales : ils recherchent particulièrement les poissons ; ils préfèrent les morues, les églefins, les persèques, les pleuronectes ; ils poursuivent les troupes nombreuses de muges jusqu'auprès des filets des pêcheurs ; et à cause de cette sorte de familiarité hardie, ils ont été considérés comme les auxiliaires de ces marins, dont ils ne voulaient cependant qu'enlever ou partager la proie.

On les a vus non-seulement dans l'océan Atlantique septentrional, mais encore dans le grand Océan équinoxial, auprès des côtes de la Chine, près des rivages de l'Amérique méridionale, dans les mers qui baignent l'Afrique, dans toutes les grandes méditerranées, dans celle particulièrement qui arrose et l'Afrique et l'Asie et l'Europe.

Les dauphins n'ayant pas besoin d'eau pour respirer, et ne pouvant même respirer que dans l'air, il n'est pas surprenant qu'on puisse les conserver très-longtemps hors de l'eau sans leur faire perdre la vie.

On a distingué les dauphins d'un brun livide; ceux qui ont le dos noirâtre, avec les côtés et le ventre d'un gris de perle moucheté de noir; ceux dont la couleur est d'un gris plus ou moins foncé; et enfin ceux dont toute la surface est d'un blanc éclatant comme celui de la neige.

LE DAUPHIN MARSOUIN.

Le marsouin ressemble beaucoup au dauphin vulgaire; il présente les mêmes traits; il est doué des mêmes qualités; il offre les mêmes attributs; il éprouve les mêmes affections : et cependant, quelle différence dans leur fortune! le dauphin a été divinisé, et le marsouin porte le nom de *pourceau de la mer*.

L'ensemble formé par le corps et la queue du marsouin représente un cône très-allongé. Vers les deux tiers de la longueur du dos, s'élève une nageoire assez peu échancrée par derrière, et assez peu courbée dans le haut, pour paraître de loin former un triangle rectangle. La tête, un peu renflée au-dessus des yeux ressemble d'ailleurs à un cône très-court, à sommet obtus, et dont la base serait opposée à celle du cône allongé que forment le corps et la queue.

Les deux mâchoires, presque aussi avancées l'une que

l'autre, sont dénuées de lèvres proprement dites, et garnies chacune de dents petites, un peu aplaties, tranchantes, et dont le nombre varie depuis quarante jusqu'à cinquante.

Les yeux sont petits et situés à la même hauteur que les lèvres. Une humeur muqueuse enduit la surface intérieure des paupières, qui sont très-peu mobiles. L'iris est jaunâtre et la prunelle paraît souvent triangulaire.

Un bleu très-foncé ou un noir luisant règne sur la partie supérieure du marsouin, et une teinte blanchâtre sur sa partie inférieure.

Un épiderme très-doux au toucher, mais qui se détache facilement, et une peau très-lisse, recouvrent une couche assez épaisse d'une graisse très-blanche.

La longueur totale du marsouin peut aller à plus de trois mètres, et son poids à plus de dix myriagrammes.

La distance qui sépare l'orifice des évents de l'extrémité du museau, est ordinairement égale aux trois vingt-sixièmes de la longueur de l'animal ; la longueur de la nageoire pectorale égale cette distance ; et la largeur de la nageoire de la queue atteint presque le quart de la longueur totale du cétacé.

Cette grande largeur de la caudale, cette étendue de la rame principale du marsouin, ne contribuent pas peu à cette vitesse étonnante que les navigateurs ont remarquée dans la natation de ce dauphin, et à cette vivacité de mouvements qu'aucune fatigue ne paraît suspendre, et que l'œil a de la peine à suivre.

Le marsouin, devant lequel les flots s'ouvrent, pour ainsi dire, avec tant de docilité, paraît se plaire à surmonter l'action des courants et la violence des vagues que les grandes marées poussent vers les côtes ou ramènent vers la haute mer.

Lorsque la tempête bouleverse l'Océan, il en parcourt la surface avec facilité, non-seulement parce que la puissance électrique qui, pendant les orages, règne sur la mer comme dans l'atmosphère, le maîtrise, l'anime, l'agite ; mais encore parce que la force de ses muscles peut aisément contre-balancer la résistance des ondes soulevées. Il joue avec la mer furieuse.

Les marsouins vont presque toujours en troupes.

La portée n'est le plus souvent que d'un petit, qui est déjà parvenu à une grosseur considérable lorsqu'il voit la lumière. Le marsouin nouveau-né ne cesse d'être auprès de sa mère pendant tout le temps où il a besoin de teter, et ce temps est d'une année. Il se nourrit ensuite, comme son père et sa mère, de poissons qu'il saisit avec autant d'adresse qu'il les poursuit avec rapidité.

On trouve les marsouins dans la Baltique, près des côtes du Groënland et du Labrador, dans le golfe Saint-Laurent, dans presque tout l'océan Atlantique, dans le grand Océan, auprès du golfe de Panama ; ils appartiennent à presque toutes les mers. Ces cétacés paraissent plus fréquemment en hiver qu'en été dans certains parages ; et dans d'autres, au contraire, ils se montrent pendant l'été plus que pendant l'hiver.

TABLE

PAR ORDRE DE MATIÈRES ET PAR ORDRE ALPHABÉTIQUE

L'HOMME.

Sa supériorité sur les Animaux.......................... 1

ANIMAUX DOMESTIQUES.

Ane (l')...................	14	Chien (le).................	39
Bœuf (le).................	20	Cochon (le)...............	32
Brebis (la)................	24	Cochon (le) de Siam......	32
Chat (le)..................	48	Mulet (le).................	13
Cheval (le)................	8	Sanglier (le)..............	32
Chèvre (la)...............	29		

ANIMAUX SAUVAGES.

Adive (l').................	106	Bouquetin (le)............	246
Aï (l')....................	173	Buffle (le)................	244
Anta (l').................	200	Campagnol (le)...........	149
Babouin (le) proprement dit.	56	CARNASSIERS............	66
Belette (la)...............	90	Castor (le)................	155
Blaireau (le)..............	80	Cerf (le)..................	224

Chacal (le)	106	Marte (la)	83
Chameau (le)	211	Mouflon (le) et les autres Brebis	243
Chamois (le)	246		
Chauve-Souris (la)	66	Mulot (le)	148
Chevreuil (le)	231	Musaraigne (la)	71
Civette (la)	108	Musaraigne (la) d'eau	72
Cochon (le) d'Inde	171	Musc (le)	222
Daim (le)	227	Once (l')	126
Dromadaire (le)	211	Opossum (l')	178
Écureuil (l')	135	Orang-Outang (l') Pongo	53
Élan (l')	235	Ours (l')	76
Éléphant (l')	183	Ours blanc (l')	79
Fouine (la)	85	**PACHYDERMES**	183
Fourmilier (le)	174	Paco (le)	218
Furet (le)	88	Panthère (la)	126
Gazelles (les)	242	Papion (le) ou Baboin proprement dit	56
Genette (la)	112		
Gibbon (le)	55	Pekan (le)	93
Girafe (la)	240	Petit-Gris (le)	138
Guenons (les)	57	Pithèque (le)	54
Hérisson (le)	69	Porc-Épic (le)	162
Hermine (l')	91	Putois (le)	86
Hippopotame (l')	207	**QUADRUMANES**	52
Hyène (l')	114	Rat (le)	142
Jaguar (le)	131	Rat d'eau (le)	154
Lama (le)	218	Renard (le)	103
Lamantin (le)	134	Renne (le)	235
Lapin (le)	167	Rhinocéros (le)	202
Léopard (le)	126	**RONGEURS**	135
Lièvre (le)	163	Roselet (le)	91
Lion (le)	117	**RUMINANTS**	211
Loir (le)	151	Sagouins (les)	58
Loup (le)	96	Sapajous (les)	58
Loup Cervier (le)	131	Sarigue (le)	178
Loris (le)	65	Singe (le)	52
Loutre (la)	94	Souris (la)	146
Lynx (le)	131	Tamandua (le)	174
Magot (le)	55	Tamanoir (le)	174
Makis (les)	63	Tapir (le)	200
Marmotte (la)	139	Taupe (la)	73
MARSUPIAUX	178	Tigre (le)	122

TABLE ALPHABÉTIQUE

Unau (l')	173	Zibeline (la)	92
Vison (le)	93	Zibet (le)	103
Zèbre (le)	209		

OISEAUX.

Aigle (l') commun	251	Coq (le)	376
Aigle (le grand)	248	Corbeau (le)	315
Aigle (le petit)	252	Cormoran (le)	433
Aleyrion (l')	320	Coucou (le)	338
Alouette (l')	345	Courlis (le)	414
Aras (les)	369	Courlis (le) de terre	406
Autour (l')	265	Cygne (le)	424
Autruche (l')	401	Dindon (le)	394
Balbuzard (le)	254	Duc (le) ou grand Duc	268
Bécasse (la)	409	**ÉCHASSIERS**	404
Bécassine (la)	411	Émerillon (l')	265
Becfigue (le)	340	Épervier (l')	267
Bengali (le)	294	Étourneau (l')	313
Bergerettes (les)	343	Faisan (le)	391
Bergeronnettes (les)	343	Faisan (le) doré	393
Bouvreuil (le)	296	Faucon (le)	262
Busard (le)	266	Fauvette (la)	338
Buse (la)	261	Fourmiliers (les)	291
Buses (les)	259	**GALLINACÉS**	371
Butor (le)	422	Geai (le)	322
Caille (la)	383	Gerfaut (le)	263
Canard (le)	429	**GOBE-MOUCHES, MOUCHE-**	
Casoar (le)	403	**ROLLES ET TYRANS**	280
Chardonneret (le)	307	Gobe-Mouches	281
Chat-Huant (le)	272	Gobe-Mouches noir à col-	
Chevêche (la)	274	lier (le)	282
Chevêche (la grande)	273	Gobe-Mouches de Lorraine	182
Choucas (les)	319	Goëlands (les)	434
Chouette (la)	273	Grive (la)	286
Chouette (la petite)	274	**GROS-BECS**	292
Cigogne (la)	417	Grue (la)	415
Colibri (le)	329	Héron (le) commun	420
Condor (le)	257	Hibou (le) ou moyen Duc	269

HIRONDELLES	347	Perroquet (le) cendré	366
Hirondelle (l') de cheminée	347	Pics (les)	354
Hirondelle (l') domestique	347	Pic vert (le)	356
Hirondelles (les) de mer	353	Pie (la)	320
Hulotte (la)	271	Pies-Grièches (les)	275
Jaco (le)	366	Pie-Grièche (la) grise	277
Kakatoës (le)	365	Pie-Grièche (la) rousse	278
Kamichi (le)	419	Pigeon (le)	271
Linotte (la)	303	Pinson (le)	298
Loriot (le)	825	Pintade (la)	398
Martinet (le) noir	351	Pluviers (les)	404
Martin-Pêcheur (le)	330	Pluvier (le grand)	406
Merle (le)	288	Poule (la)	376
Mésanges (les)	332	Poule (la) d'eau	413
Milan (le)	259	PSITTACÉS	363
Moineau (le)	300	Pygargue (le)	253
Mouettes (les)	434	Râle (le) d'eau	424
Oie (l')	427	Râle (le) de terre ou de genêt	423
OISEAUX-AQUATIQUES	404	Ramier (le)	373
Oiseau-Mouche (l')	326	RAPACES	248
Oiseau (l') de Paradis	325	Roi des Cailles	423
OISEAUX DE PROIE	248	Roitelet (le)	342
OISEAUX DE PROIE NOC-		Rossignol (le)	335
TURNES	268	Rouge-Gorge (le)	341
Orfraie (l')	254	Sarcelles (les)	431
Ortolan (l')	292	Scops (le) ou petit Duc	270
Outarde (l')	399	Serin (le) des Canaries	302
PALMIPÈDES	424	STRUTHIONS	401
Paon (le)	385	Tarin (le)	309
PASSEREAUX	273	Tourterelle (la)	375
Pélican (le)	432	Tricolor (le) huppé de la Chine	393
Perdrix (la) grise	380	Vanneau (le)	407
Perdrix (la) rouge d'Europe	882	Vautours (les)	255
Perroquet (le)	363	Vautour (le petit)	258

REPTILES ET POISSONS.

Alose (l')	509	Baleine (la) franche	517
Anchois (l')	510	Barbeau (le)	512
Anguille (l')	483	Boa (le) ou Devin	469

Boiquira (le)	471	Loche (la)	498
Brochet (le)	505	Lote (la)	487
Cachalot (le) macrocéphale	523	Maquereau (le)	489
Caméléon (le)	447	Merlan (le)	486
Carpe (la)	510	Morue (la)	485
Carrelet (le)	497	Perche (la)	492
CÉTACÉS	517	**POISSONS CARTILA-**	
COULEUVRES ET VI-		**GINEUX**	474
PÈRES	461	**POISSONS OSSEUX**	483
Couleuvre (la) à collier	465	Raie (la) batis	474
Couleuvre (la) des dames	466	Requin (le)	478
Couleuvre (la) verte et jaune	464	Rouget (le)	491
Crapaud (le) commun	453	Sardine (la)	508
Crocodile (le) proprement dit	442	Saumon (le)	499
Dauphin (le) marsouin	528	**SERPENTS**	455
Dauphin (le) vulgaire	526	Serpent (le) à Sonnette	471
Devin (le) ou Boa	469	Sole (la)	494
Esturgeon (l')	481	Tanche (la)	513
Goujon (le)	513	Thon (le)	488
Grenouille (la) commune	450	Torpille (la)	477
Hareng (le)	506	**TORTUES**	435
LÉZARDS	437	Truite (la)	502
Lézard (le) gris	440	Truite (la) saumonée	504
Lézard (le) vert	438	Turbot (le)	495
Limande (la)	494	Vipère (la) commune	461

FIN DE LA TABLE.

Clichy. — Imp. Paul Dupont, rue du Bac-d'Asnières, 12.

www.ingramcontent.com/pod-product-compliance
Lightning Source LLC
Chambersburg PA
CBHW070841230426
43667CB00011B/1884